Wilhelm Heinrich Roscher

Hermes der Windgott

Wilhelm Heinrich Roscher

Hermes der Windgott

ISBN/EAN: 9783743460737

Hergestellt in Europa, USA, Kanada, Australien, Japan

Cover: Foto ©ninafisch / pixelio.de

Weitere Bücher finden Sie auf **www.hansebooks.com**

HERMES DER WINDGOTT.

EINE VORARBEIT

ZU

EINEM HANDBUCH DER GRIECHISCHEN MYTHOLOGIE

VOM VERGLEICHENDEN STANDPUNKT.

VON

Dr. **WILHELM HEINR. ROSCHER,**
PROFESSOR AN DER FÜRSTEN- UND LANDESSCHULE ZU ST. AFRA B. MEISSEN.

LEIPZIG,
DRUCK UND VERLAG VON B. G. TEUBNER.
1878.

IOHANNES OVERBECK

UND

HUGO ILBERG

ZUR FEIER IHRER 25JÄHRIGEN AMTSJUBILÄEN

ALS ZEICHEN DER TREUE UND DANKBARKEIT

ZUGEEIGNET.

Uebersicht des Inhalts.

Vorbemerkungen.

Ueber Aufgabe und Methode der Untersuchung. Ziel: die Ermittelung der Naturbasis des Hermes und des Zusammenhangs aller einzelnen Mythen und Funktionen des Gottes. Methode: Vergleichung aller im Cultus und Mythus des H. vorhandenen Vorstellungen mit den von den Alten an die Winde geknüpften Anschauungen und Nachweis der Aehnlichkeit des griechischen Hermes mit andern anerkannten Windgöttern der verwandten Völker: Wuotan-Odhin, Vaju, Marut (S. 1—3). Die Quellen, aus denen die von den Alten an den Wind geknüpften Anschauungen geschöpft wurden (S. 3—4). Kurze Uebersicht über die gewonnenen Resultate (S. 4—6). Klassifikation und Widerlegung der entgegenstehenden Deutungen des Hermes (S. 6—9). Kuhn's Deutungsversuch (S. 9—13). Die Beobachtung, dass die Vielheit der Winde bei den Griechen sich seit ältester Zeit stetig gesteigert hat und dass die Inder und Germanen einheitliche Windgötter (Vaju und Wuotan-Odhin) besassen, macht auch für die griechische Mythologie die einstige Existenz eines einheitlichen Windgottes wahrscheinlich. An dessen Stelle ist später eine Vielheit von Windgöttern getreten (S. 14—15).

Kapitel I.

A.

Der Wind als Diener und Bote des Zeus und der übrigen Götter, aus den Wolken oder dem Aether herabfahrend und in Gebirgshöhlen wohnend gedacht.

Indra, der als Himmels- und Wettergott dem griechischen Zeus entspricht, tritt oft in Verbindung mit den Gottheiten des Windes (Vaju, Maruts) auf (S. 16—17). Ebenso gebietet der germanische Thôrr über den Wind. Juppiters Verhältniss zu den Tempestates (S. 17). Der Wind als Diener und Werkzeug des Zeus und der übrigen Götter den Menschen oft als freundlicher Geleiter (πόμπιμος, ἐσθλὸς ἑταῖρος) gesendet. Winde tragen den Opferdampf gen Himmel (S. 17—18. Vgl. S. 122 f.). Die Vorstellung, dass die Winde Hunde der Götter seien, lässt sich in der griechischen Mythologie nicht nachweisen. Die Winde wurden deshalb dem Zeus und den übrigen Göttern untergeordnet, weil sie nach antiker Vorstellung aus den Wolken oder dem Aether niederfahren. Erklärung der darauf bezüglichen Ausdrücke (S. 19—20). Daneben existirt auch die Vorstellung von dem Aufenthalt der Winde auf den Spitzen oder in den Höhlen der Gebirge, worunter man ursprünglich wohl die „hohlen" Wolken zu verstehen hat (S. 20—21).

B.

Hermes als Diener und Bote des Zeus und anderer Götter, in der Höhle eines Berges geboren gedacht, Sohn des Aethergottes Zeus und der Regenwolkengöttin (*Πλειάς* — *pluvia*) Maia.

H. als *κῆρυξ* und *ἄγγελος* des Zeus und der übrigen Götter. Amt der *κήρυκες* (S. 21—23). H. trägt Götterkinder und geleitet (*πέμπει*) die unter göttlichem Schutze stehenden Helden. Seine Beinamen *πομπός* und *πομπαῖος* (S. 23—24). H. als Opferherold und Erfinder des Opferfeuers (S. 24—25). Aeltere Darstellungen des H. als Herolds und weitere an diese Funktion angeknüpfte Vorstellungen (S. 26—28). H. als *λόγιος* und Erfinder (S. 28—30). Die Vorstellung von H. als Sohn des Aethergottes Zeus und der Regenwolkengöttin Maia entspricht der Anschauung, dass die Winde aus dem Aether oder den Wolken niederfahren (S. 30). Seine Geburt im „Hohlberge" (*Κυλλήνη*) lässt sich der Vorstellung von den in Berghöhlen (= Wolken) hausenden Winden vergleichen (S. 31).

Kapitel II.

A.

Die Winde beflügelt, schnell und kraftvoll gedacht.

Die Schnelligkeit des Windes zu häufigen Vergleichen benutzt (S. 31). Verschiedenartige Beflügelung des Boreas, Notos, Euros, Zephyros u. s. w., der Boreaden Zetes und Kalais und der Harpyien (S. 32—33). Ungeheure Kraft der Winde (S. 33 Anm. 128).

B.

Hermes beflügelt, schnell, gewandt und kraftvoll gedacht. H. als Gott der Gymnastik und Agonistik.

Namen und Epitheta, welche sich auf die Schnelligkeit des H. beziehen (S. 33—34). Verschiedenartige Beflügelung des H. (S. 35—36). Epitheta, welche die Kraft des Gottes ausdrücken (S. 36, Anm. 139—141). Schnelligkeit und Kraft die Hauptstrebziele der Epheben in Gymnasien und Palästren (S. 36). H. als Patron der wettkämpfenden Jugend. Er wurde selbst später als Ephebe gedacht (S. 36—38).

Kapitel III.

A.

Die Winde als Räuber, Diebe und Betrüger.

Der Wind als Sinnbild trügerischen Wesens (S. 38—39). Die *Ἅρπυιαι* und *θύελλαι* sind Räuberinnen und lassen Menschen spurlos verschwinden (S. 39—40). Boreas raubt Oreithyia (S. 40). Der Mythus von Harpalykos und Harpalyke (S. 40—41). [Skeiron als Räuber in der Theseussage: vgl. Preller, gr. Myth.[3] II, 290.]

B.

Hermes als Räuber, Dieb und Betrüger.

Hermes als Entführer der Götterrinder (= Wolken) (S. 41—43). Nachweis ähnlicher Vorstellungen in der indischen, germanischen und griechischen Mythologie (S. 43—45). Anderweitige Spuren der ursprünglichen Windbedeutung des H. im homerischen Hymnus: H. vollführt den Diebstahl am vierten Monatstage und schlüpft einem Herbstlüftchen gleich durch's Schlüsselloch (S. 46—47). Sonstige Diebstähle des Gottes (S. 47). Beinamen, welche sich auf diese Seite seines Wesens beziehen (S. 48—49). H. entführt Dryaden (S. 49—50).

Kapitel IV.

A.
Der Wind als göttlicher Sänger und Musiker.

Oft wird das Rauschen des Windes mit der menschlichen Stimme oder dem Tone der Blasinstrumente, auch der Leier und Harfe verglichen (S. 50—51). Darauf bezügliche Ausdrücke wie Ζεφύροιο ἰωή (ἠχή), κεκληγὼς Ζέφυρος, ἄνεμος λιγυρός, βύκτης, ἠπύων, συρίζων, ventus loquax, silens, susurrans, sibilans, stridens u. s. w. (S. 52).

B.
Hermes als Erfinder der Syrinx, Flöte, Lyra.

Die Bedeutung der sich hierauf beziehenden Mythen (S. 52—53). Verhältniss des H. zu andern musikalischen Göttern (S. 53—54).

Kapitel V.

A.
Winde als Seelenträger und Traumbringer.

Der Gedanke, dass der Wind oder die Luft das Element der Seele sei, beruht auf der Vorstellung der Seele als eines Lufthauches (S. 54). Der Wind beseelt oder belebt (S. 55—56). Die Seelen beflügelt und in den Lüften schwebend gedacht (S. 56—57, Anm. 215). Der Windgott Wuotan-Odhin als Seelenführer (S. 57). Verwandte Vorstellungen bei den Mongolen und Lykiern (S. 58). Nach Homer tragen die θύελλαι die Seelen in's westliche oberweltliche Todtenreich (S. 58). Nach Hesiod schweifen die Seelen der Menschen des goldenen Zeitalters als wohlthätige Dämonen in Nebel gehüllt allenthalben über die Erde dahin (S. 58—59). Verwandte Vorstellungen bei Epicharm, Pindar, den Pythagoreern (vgl. S. 59, Anm. 226 u. S. 66), Euripides, Platon und im griechischen Volksglauben, wonach die Seelen nach dem Tode in die Luft oder den Aether entschweben (S. 59—62). Schon Homer kennt die beiden verschiedenen Vorstellungen von einem westlichen, oberweltlichen und einem unterirdischen Todtenreich, was mit den beiden verschiedenen Arten der Bestattung (Begraben und Verbrennen) zusammenhängen dürfte (S. 62, Anm. 236—237[b]). Beziehungen des Windes zu Traum und Schlaf. Etymologie von ὄναρ, ὄνειρος, ὕπνος, somnus (S. 62—63). εἴδωλον, simulacrum, σκιά, umbra gleicherweise von den Seelen und Träumen gebraucht (S. 63). Die Träume schweben oder fliegen wie die Seelen in der Luft und werden vom Winde getragen (S. 64—65). Die Träume wohnen wie die Seelen in der Unterwelt. Verwandtschaft der Traum- und Todtenorakel (S. 65—66).

B.
Hermes als Seelenführer, Schlaf- und Traumgott.

Hermes als ψυχοπομπός schon in der Odyssee und im homerischen Hymnus geschildert (S. 66—67). Vorstellung des H. als ταμίας τῶν ψυχῶν bei den Pythagoreern (S. 67). Kult und Beinamen des H. als Seelenführers (S. 68—69). Beziehungen des H. zu Schlaf und Traum (S. 69). Kult und Beinamen des H. als ὀνειροπομπός und ὑπνοδότης (S. 70).

Kapitel VI.

A.
Die Winde als Beförderer der Fruchtbarkeit der Pflanzen und Thiere sowie der Gesundheit.

Die Fruchtbarkeit der Vegetation hängt wesentlich vom Winde ab. Darauf bezügliche Redensarten und Sprichwörter (S. 71—72). Der Westwind und Nordwind gelten für besonders fruchtbar (S. 72—73). Schlimme Winde empfangen das Opfer eines weissen Hahnes (S. 73). Befruchtung von Thieren durch den Wind. Einfluss des Windes auf die Erzeugung männlicher und weiblicher Individuen (S. 74). Winde reinigen die Luft und werden dadurch zu Beförderern der Gesundheit (S. 74—75. S. 80 Anm. 294).

B.
Hermes als Förderer der Fruchtbarkeit von Pflanzen und Thieren sowie der Gesundheit.

H. phallisch gedacht (S. 75—76). H. mit Aehren auf Münzen sowie als Liebhaber der Baumnymphen (S. 66—77). H. befördert die Fruchtbarkeit des Heerdenviehs und verleiht auf diese Weise dem Menschen Reichthum (S. 77—78). Darauf bezügliche Kulte, Beinamen und Mythen des H. (S. 78—79). H. befreit Tanagra von einer Pest, empfängt wie die Winde Opfer von Böcken und Lämmern und wird neben Hygieia verehrt. Seine Beinamen ἀκάκητα, ἐριούνιος und δώτωρ ἐάων (S. 79—80). Aehnliche Vorstellungen bei Vaju und den Maruts (S. 81).

Kapitel VII.

A.
Der Wind metaphorisch für Glück.

Häufig wird der Wind mit dem Glücke verglichen. Darauf bezügliche Ausdrücke, Sprichwörter und Redensarten (S. 81—82).

B.
Hermes als Gott des Glücks.

H. führt den Stab des Glückes und Reichthums (= Wünschelruthe) und ist wie Wuotan-Odhin ein Gott der Loose und der Würfel (S. 83). Dem H. sind auch die mantischen Loose (= sortes) oder Thrien geheiligt (S. 84). H. als Gott des Fundes (εὕρημα) oder glücklichen Zufalls. Erklärung der Ausdrücke κοινὸς Ἑρμῆς und εὐερμία, δυσερμία (S. 85).

Kapitel VIII.

A.
Der Wind als Beförderer des Verkehrs (Handels) zu Wasser und zu Lande.

Ἔμπορος bezeichnet zugleich den Seefahrer und den Kaufmann, so dass dieser vorzugsweise von Wind und Wetter abhängig erscheint (S. 86). Belege für die gleiche Abhängigkeit auch des Landreisenden vom Winde (S. 87).

B.
Hermes als Beförderer des Verkehrs und Handels zu Wasser und zu Lande.

H. der Gott der Kaufleute, mit dem Beutel abgebildet und auf Marktplätzen aufgestellt (S. 87—88). Von den Römern als *Mercurius* verehrt (S. 88). Gott der Wege und aller Reisenden (S. 88—89). Alle Wegezeichen (ἑρμαῖα, ἑρμαῖοι λόφοι, ἕρμακες, Ἑρμαῖ) ihm geheiligt (S. 89). Die viereckigen Hermensäulen waren wahrscheinlich Wegweiser und Windrosen, mittelst deren man sich über die vier Himmelsgegenden orientirte (S. 90). Hermen als Grenzmarken. H. ἐπιτέρμιος (S. 91). H. Gott aller Thüren und Eingänge (S. 91—92). Beinamen dieses H. (S. 91).

Kapitel IX.
Sonstige Beziehungen des Hermes zum Winde.

Sein alter Name Ἀργειφόντης. Frühere Deutungen dieses Namens (S. 92—94). Wir fassen Ἀργειφόντης im Sinne von ἀργεστής, was eine gewöhnliche Bezeichnung eines das Wetter aufhellenden, die Wolken vertreibenden Windes ist (S. 94—97). Διάκτορος dagegen, was in der Regel in Verbindung mit Ἀργειφόντης erscheint, bedeutet den Vertreiber der Wolken (von διώκω) (S. 97—99). Ἑρμείας, Ἑρμῆς, Ἑρμάων etc. bezeichnet den Gott der raschen Bewegung (S. 99—100). Seine Verehrung am vierten Monatstage (τετράς) erklärt sich aus der Vorstellung, dass dieser Tag für Wind und Wetter während der folgenden Monatstage entscheidend sei (S. 101). Der Hahn ist H. geheiligt als Wetterprophet (S. 101—102). H. wurden Lämmer und Böcke geopfert, weil auch diese Thiere Beziehungen zum Winde zu haben schienen (S. 102). Hermes am Morgen geboren gedacht, weil die Winde in der Regel am Morgen sich erheben (S. 103).

Kapitel X.
Dem Hermes vergleichbare Götter verwandter Völker.

Wuotan-Odhin, ein altgermanischer Luft- und Windgott (S. 104—105), im Himmel oder an der Pforte des Himmels wohnend gedacht (S. 106). Berge wurden ihm geheiligt, in deren Höhlen er haust (S. 106). Wuotan-Odhin reitet ein schnelles achtfüssiges Luftross, trägt Siebenmeilenstiefel und tritt als Beschützer (Geleiter) kraftvoller Helden auf (S. 107). Entführt und schlachtet Wolkenkühe (S. 107—108). Wird als ein göttlicher Sänger und Pfeifer gedacht (S. 108—110). Wuotan-Odhin als Seelenführer (S. 110—111). Verleiht Glück und Reichthum (S. 111). Befruchtet das Getreide und wird mit Ernteopfern bedacht (S. 111—112). Wuotan als Förderer der Gesundheit (S. 112—113), als wilder Jäger mit Breithut und Mantel (S. 113). Wölfe, Raben und Habichte ihm geheiligt als Wetterpropheten. Der vierte Wochentag gehört dem Wuotan wie die τετράς dem Hermes (S. 113).

Vaju und die Maruts sind vedische Wind- und Sturmgötter. Die Maruts kommen vom Himmel und fliegen durch die Lüfte, sie durchbrausen Waldungen und Gebirge, häufen Wetterwolken, erzeugen Winde und Blitze und verdrängen die Wolkenberge (S. 113—115). Die Maruts stehen zu Indra und Priçni (= Regenwolke) in einem ähnlichen Verhältniss wie Hermes zu Zeus und Maia. Ebenso Vaju. Schnelligkeit und Kraft der Maruts (S. 115—116). Die Maruts wie Hermes als Vorsteher der Wettkämpfe. Sie plündern das Wolkenmeer, führen die Wolkenkühe herbei und werden ebenso wie Vaju als Sänger und Musiker gepriesen (S. 116—117). Vaju und die Maruts als Reichthumspender und Verleiher der Fruchtbarkeit. Sie verleihen Kindersegen und Gesundheit (S. 117—118). Vaju und die Maruts vertreiben die finstern Wolken und hellen dadurch den Himmel auf wie Hermes Argeiphontes (S. 119).

Von den altitalischen Göttern scheint Ianus ein Windgott und dem Hermes vergleichbar zu sein. Der Name *Ianus* (= *Dianus*) bedeutet wahrscheinlich den Himmlischen (S. 119—120). Ianus *Patulcius* und *Clusius*, der Thürhüter des Himmels. Die Wolken als Thore des Himmelsgebäudes, die vom Winde geöffnet und geschlossen werden. *Caelum apertum* und *caelum clausum* (S. 120—121). Ianus als Gott der Opfer dem Opferherold Hermes vergleichbar. Bedeutung des Windes bei Opfern und Gebeten und bei der Feuererzeugung (S. 121—123). Ianus als Gott der Thore und Wege, als Gott des Verkehrs und Handels (S. 124). Ianus als *Matutinus pater* scheint dem bei Anbruch der Morgenröthe geborenen Hermes zu entsprechen. Ianus an den Neumonden verehrt wie Hermes. Ianus als Gott der Befruchtung (S. 124—125). Die Zweiköpfigkeit und Vierköpfigkeit des Ianus erinnert an den Ἑρμῆς τρικέφαλος und τετρακέφαλος. Ianus empfängt das Opfer von Schafböcken. Versuch die Schliessung und Oeffnung des Ianustempels zu erklären (S. 125—126). Teutates der keltische Mercurius (S. 126).

Alphabetisches Register (S. 127—132).

Nachträge (S. 133).

Vorbemerkungen.

Die vorliegende Abhandlung über Hermes als Windgott schliesst sich nach Resultat und Methode ziemlich eng an meine früher erschienenen „Studien zur vergleichenden Mythologie der Griechen und Römer" (Heft I: Apollon und Mars 1873, Heft II: Juno und Hera 1875) an. Hier wie dort ist es meine Aufgabe gewesen, einerseits die bisher noch nicht mit voller Sicherheit erkannte Naturbasis einer antiken Gottheit durch Zurückführung ihrer sämmtlichen Funktionen auf eine einheitliche Grundidee zu ermitteln, anderseits die strenge Methode der Vergleichung, wie sie namentlich von Georg Curtius und seiner Schule für die Disciplin der griechischen und lateinischen Grammatik ausgebildet worden ist, so gut als möglich auch auf die Behandlung der griechischen und römischen Mythen zu übertragen. Zu meiner grossen Freude stehe ich mit meiner Ueberzeugung, dass die vergleichende Methode, welche bereits auf den Gebieten der germanischen und indischen Mythologie so treffliche Resultate ergeben hat, auch für den Bearbeiter griechischer und römischer Sagen von höchstem Werthe sei, keineswegs allein da. Immer mehr bricht sich die Ueberzeugung Bahn, dass nur mit Hülfe einer möglichst ausgedehnten und methodischen Vergleichung die ursprüngliche Bedeutung der verschiedenen Götter und der wahre Zusammenhang ihrer einzelnen Mythen und Funktionen, dessen Darlegung sicher eine Hauptaufgabe der mythologischen Forschung bildet, sich erkennen lässt. In dieser Beziehung brauche ich nur an die trefflichen Arbeiten von Preuner, Mannhardt und Usener [1]) zu erinnern. Der Umstand, dass gegen die neue vergleichende Methode und deren

---

1) Preuner, Hestia-Vesta. Tübingen 1864. Mannhardt, Antike Wald- und Feldkulte. Berlin 1877. Usener, Italische Mythen im Rhein. Museum Bd. XXX (1875) S. 182—229.

Resultate noch immer hie und da eifrige Widersacher auftreten, welche grösstentheils der rationalistischen Schule von Voss und Lobeck angehören, darf Niemand irre machen. Je bereitwilliger die Anhänger der vergleichenden Methode die Verdienste, welche sich Voss und Lobeck einstmals um die klassische Mythologie erworben haben, anerkennen und je ausgedehnteren Gebrauch sie von den Resultaten der rationalistischen Schule machen, um so energischer müssen sie doch auch gegen die im Tone der Ueberlegenheit vorgetragene Behauptung protestiren, dass der Standpunkt der genannten Männer noch immer der allein richtige und wahrhaft historische sei. Sicherlich wird der von rationalistischer Seite gegen die vergleichende Richtung erhobene Widerspruch bald von selbst verstummen, wenn man durch die Thatsachen belehrt zu der Ueberzeugung gelangen wird, dass die ältere Methode im Vergleich zur neueren nur noch höchst geringfügige Ergebnisse zu liefern vermag. Immer und immer wieder muss auf die Analogie von Sprache und Sage, von Grammatik und Mythologie hingewiesen werden: wie heutzutage schon Jeder, der die Bedeutung der vergleichenden Methode für die Grammatik leugnet, für einen Anhänger des Rückschritts in wissenschaftlicher Forschung gilt, so wird in einer hoffentlich nicht fernen Zeit auch Derjenige, welcher noch immer den Standpunkt von Voss und Lobeck einnehmen will, nicht mehr für stimmberechtigt in den grossen Fragen der klassischen Mythologie angesehen werden. Die Zukunft gehört auf mythologischem wie auf grammatischem Gebiete ohne Zweifel den Vergleichern und nicht den rationalistischen Kritikern.

Wie in meinen früheren Arbeiten kam es mir auch in der vorliegenden Untersuchung vor Allem darauf an, die Fülle der gleichartigen in Kultus und Mythus vorhandenen Thatsachen zu sammeln, sie unter verschiedenen einheitlichen Gesichtspunkten zusammenzufassen und diese wiederum auf die ihnen zu Grunde liegende gemeinsame Naturbasis der Gottheit zurückzuführen. Während ich aber in den Studien über Mars und Hera die auf diese Weise gewonnenen Resultate hauptsächlich durch die Vergleichung einer völlig kongruenten und in ihrer Naturbedeutung bereits sicher erkannten

Gottheit, in dem einen Falle des Apollon, in dem andern der Juno, zu möglichst grosser Gewissheit zu erheben suchte, habe ich in Betreff des Hermes einen andern Weg der Vergleichung einschlagen zu müssen geglaubt. Hauptsächlich aus dem nahe liegenden Grunde, weil das den Griechen nächstverwandte Volk der Italiker keine Gottheit besass, die als dem Hermes völlig kongruent zu bezeichnen wäre. Es galt demnach entweder sich nach einer zur Vergleichung mit Hermes geeigneten Gottheit eines andern verwandten Volkes umzusehen oder auf griechischem Boden zu bleiben und die im Kultus und Mythus des Hermes vorausgesetzten Naturanschauungen als wirklich bei den Griechen vorhanden nachzuweisen. Eine in der Hauptsache kongruente Gottheit bei einem verwandten Volke zu finden und mit Hermes zu vergleichen war nicht schwer: schon eine oberflächliche Umschau genügt, um in dem germanischen Windgott Wodan die meisten Züge wiederzuerkennen, die für Hermes so charakteristisch sind. In zweiter Linie boten sich auch die vedischen Windgötter Vaju und die Maruts zur Vergleichung dar, die ebenfalls in mehreren wichtigen Punkten mit dem griechischen Gotte übereinstimmen. Wenn ich gleichwohl diesen Weg der Untersuchung vermieden habe, so habe ich es gethan, weil er nicht dieselben Vortheile wie der andere bot und vor allen Dingen, weil es mir darauf ankam, einmal an einem deutlichen Beispiele zu zeigen, dass, selbst wenn eine kongruente Gottheit bei einem verwandten Volke sich nicht findet, doch der Nachweis der von den Alten an eine bestimmte Naturerscheinung geknüpften Anschauungen vollauf genügt, um ein greifbares Resultat zu erzielen. Aus diesen Gründen bin ich diesmal absichtlich von meiner früheren Methode in Etwas abgewichen und habe diese nur im letzten Kapitel, das die Vergleichung des Hermes mit Wodan, Vaju und den Maruts enthält, gewissermassen zur Probe der Richtigkeit der vorausgehenden Untersuchungen, zur Geltung kommen lassen.

Was die Quellen betrifft, aus denen ich die zur Vergleichung herangezogenen Anschauungen der Alten vom Winde geschöpft habe, so sind diese bei der Reichhaltigkeit der griechischen und römischen Literatur natürlich sehr verschiedener Art. Die ältesten und werthvollsten unter ihnen waren erstens die Etymologien der zur Bezeichnung der Vorstellungen vom Winde gebrauchten Ausdrücke, zweitens Homer und die übrigen älteren Dichter und, wo diese nicht ausreichen, die ganze übrige Literatur. Besonderer Werth wurde auf die Ermittelung derjenigen Anschauungen gelegt, welche den Stempel des Einfachen und Volksthümlichen tragen. Oft mussten auch die Werke der antiken Naturforscher, wie Aristoteles, Theophrast, Seneca, Plinius, zu Rathe gezogen werden, insofern sie gewisse auf den Wind bezügliche Beobachtungen, wie sie auch der von Wind und Wetter abhängige Hirt, Ackerbauer und Schiffer machen musste und konnte, mittheilen. Diesen Schriftstellern verdanke ich unter Anderm die wichtige Nachricht, dass die Alten wie auch die Germanen an eine befruchtende Wirkung des Windes bei Thieren und Pflanzen sowie an einen Wind und Wetter bestimmenden Einfluss gewisser Monatstage und Tagesstunden glaubten. Dass vielfach auch schon bei der Besprechung derartiger Vorstellungen auf Verwandtes bei andern Völkern hingewiesen werden musste, was später in dem Kapitel über Vaju Wodan u. s. w. wiederkehrt, versteht sich wohl von selbst, da die Sache dadurch nur an Deutlichkeit gewinnen kann.

Das Ergebniss sämmtlicher Untersuchungen lässt sich folgendermassen darstellen.

Die Bedeutung, welche Hermes als Diener der Götter, namentlich des Zeus hatte, erklärt sich ganz einfach aus der das ganze Alterthum, vor allem aber Homer und die übrigen Dichter beherrschenden Anschauung, dass der Wind das Werkzeug der Götter, namentlich des Zeus sei und von diesem gesendet werde (vgl. $Ζεὺς\ εὐάνεμος$, $οὖρος$, $Iuppiter\ auctor\ tempestatum$, $Διὸς\ οὖρος$, $ἦλθ'\ ἄνεμος\ Ζέφυρος\ μέγας$, $αἴθριος\ ἐκ\ Διὸς\ αἴσης$, $ἐπὶ\ δὲ\ Ζεὺς\ τερπικέραυνος\ ὦρσεν\ ἀπ'\ Ἰδαίων\ ὀρέων\ ἀνέμοιο\ θύελλαν$ u. s. w.). Wie die Winde in der Regel aus dem Aether oder den Wolken oder von den Spitzen der Gebirge niederfahren und in Berghöhlen wohnend gedacht werden (vgl. Ausdrücke wie $Βορέας\ αἰθρηγενής$, $ἐκνεφίας$, $ἐπαΐσσειν\ Διὸς\ ἐκ\ νεφελάων$, $ἐπαιγίζειν\ ἐξ\ αἰθέρος$, $καταιγίζειν$, $κατιέναι$, $Ῥιπαῖα\ ὄρη$, $ἑπτάμυχον\ Βορέαο\ σπέος$ u. s. w.), so ist Hermes, der Sohn des Aethergottes

Zeus und der Regenwolkengöttin *Maīa* (vgl. *Πλειάς* mit lat. *pluvia*), entweder auf dem Olymp oder in der Höhle der Kyllene, d. i. des Hohlberges (vgl. *Κυλλήνη* mit lat. *caelum*), worunter man ursprünglich den Wolkenberg verstand, geboren (Cap. I). Den an Schultern und Füssen beflügelten Winden (Boreaden) vergleicht sich der an Schultern oder Füssen beflügelte Hermes, wie jene so wird auch dieser zugleich als schnell, gewandt und kraftvoll gedacht (vgl. die häufigen Bezeichnungen *ῖς ἀνέμοιο, ἀνέμων μένος, βίας ἀνέμων, ventus validus, violentus, Βορέης κραιπνός, Βορ. αἰψηροκέλευθος, ἀνέμων σπέρχωσιν ἄελλαι, ταχύπτεροι πνοαί, πνοαὶ ὑψιπετᾶν ἀνέμων, κρατὺς Ἀργειφόντης, Ἑ. Διὸς ἄλκιμος υἱός* u. s. w.). Hiermit hängt die Funktion des Hermes als Gottes der Gymnastik und Agonistik zusammen (Cap. II). Der sehr verbreiteten Vorstellung von dem Stehlen, Rauben und Betrügen der Winde (*ἀνέλοντο θύελλαι, ἅρπυιαι ἀνηρείψαντο, ἀνήρπασε θέσπις ἄελλα, aurae fallaces, petulantes, venti proterri, ἄνεμος ἀσελγής, ὑβριστής, ἀνέμοις παραδοῦναί τι* u. s. w.) entspricht das diebische, trügerische Wesen des Gottes, der unter Anderm auch als Entführer der Götterrinder (Wolken) auftritt (Cap. III). Wie die Winde überall als göttliche Pfeifer und Sänger auftreten — ich erinnere an die Mythen der Maruts, des Vaju und des Wodan und berufe mich auf Ausdrücke wie *Ζεφύροιο ἰωή, ἠχή, κεκληγὼς Ζέφυρος, ἄνεμος λιγύς, λιγυρός, βύκτης, συρίζων, σύριγμα ἀνέμων, ventus susurrans, aura sibilans* u. s. w. — so gilt Hermes zunächst als Erfinder des *αὐλός* und der *σῦριγξ*, als der einfachsten Blasinstrumente, und sodann auch der Lyra (Cap. IV). Auch die Psychopompie des Hermes lässt sich leicht auf seine ursprüngliche Bedeutung als Windgott zurückführen, wenn man bedenkt, dass die Seelen (*ψυχαί, animae*) von jeher luftartig gedacht wurden und demnach bei der Trennung vom Körper in das Reich des Windes oder der Luft, dem sie entstammen, zurückkehren müssen. Wie die Seelen, scheinen aber auch die ihnen verwandten Traumbilder aus der Luft zu stammen und den Schlafenden vom Winde zugeführt zu werden (vgl. Redensarten wie *εἴδωλον σταθμοῖο παρὰ κληῖδα λιάσθη ἐς πνοιὰς ἀνέμων; ὄνειρος* ist verwandt mit *ἄνεμος*): darum ist Hermes zugleich Seelenführer und Traum- oder Schlafgott geworden (Cap. V). Da die Winde dem Ackerbauer und Hirten bald die fruchtbaren Regenwolken bald trockenes Wetter bringen und daher vielfach als befruchtend und zeugerisch gedacht wurden (Ζεφυρίη πνείουσα τὰ μὲν φύει, ἄλλα δὲ πέσσει, genitabilis aura, genitabilis Favonius, ἀὴρ πυροφόρος, ἔγχος ἀνεμοτρεφές etc.) und sogar nach einem von Aristoteles und Plinius bezeugten Hirtenglauben die Befruchtung der Heerden hauptsächlich vom Winde abhängt, so gilt Hermes als δώτωρ ἐάων und ἐριούνιος, als Verleiher des Heerdenreichthums und Hirtengott und wird oft phallisch dargestellt. Auch als Förderer der Gesundheit wurde er verehrt, weil die Winde oft die Luft von schädlichen Miasmen reinigen und dadurch Krankheiten abwehren oder mindern (Cap. VI). Weil der Wind wegen seiner Launenhaftigkeit und Unbeständigkeit von jeher und überall als ein Sinnbild des Glückes angesehen wurde, so ist Hermes als Windgott zu einem Gotte des plötzlich und unerwartet eintretenden Glückes und Zufalls geworden, dem deshalb auch die Glücksruthe und die Loose geheiligt waren (Cap. VII). Sehr einfach erklärt sich die Funktion des Hermes als Gottes der Wege und Wanderer aus seiner ursprünglichen Windbedeutung, wenn man bedenkt, dass Reisende vorzugsweise von Wind und Wetter abhängig sind (Cap. VIII). Die uralten Namen und Beinamen Ἀργειφόντης (= ἀργέστης), διάκτορος und Ἑρμείας enthalten ebenfalls noch deutliche Beziehungen zum Winde, ebenso die Verehrung des Gottes am vierten Monatstage, weil an diesem Wind und Wetter wechseln, ferner das Symbol des Hahnes, eines Wetter prophezeihenden Thieres, und die Sage von der Geburt des Hermes am frühen Morgen (Cap. IX). Endlich findet sich vielfache Uebereinstimmung des Hermes mit andern anerkannten Windgöttern indogermanischer Völker, namentlich mit Wodan, Vaju und den Maruts (Cap. X).

Schon nach diesen kurzen Darlegungen dürfte es Jedem, der nicht principiell die von mir befolgte Methode und den Grundsatz, dass bei weitem die meisten griechischen und überhaupt indogermanischen Götter ursprünglich Naturgottheiten waren, verwirft, einleuchten, weshalb alle anderen Deutungen des Hermes Anspruch auf Richtigkeit nicht machen können. Ganz einfach darum nicht, weil keiner der entgegenstehenden Erklärungsversuche alle scheinbar so weit auseinanderliegenden Funktionen des Gottes in Cultus und Mythus auf eine einheitliche Grundidee zurückzuführen vermag, während bei unserer Deutung eine völlig befriedigende Ableitung sämmtlicher Funktionen des Hermes gewonnen wird. Um diese Behauptung durch ein Beispiel klar zu machen: wie in aller Welt will man denn mit der Ansicht von Lehrs, nach welchem Hermes von Anfang an nichts weiter als der Götterbote gewesen sein soll, den diebischen Charakter des Gottes, seine Funktion als Hirtengott, als Förderer der animalischen und vegetabilischen Fruchtbarkeit, als Erfinder der Syrinx und Lyra, als Gott des glücklichen Zufalls, seine Verehrung am vierten Monatstage u. s. w. vereinigen? Sicherlich sind das unüberwindliche Schwierigkeiten, die zu lösen selbst der Scharfsinn eines Lehrs und seiner Schule kaum ausreichen dürfte.[2]) Und genau dasselbe, was von dem Lehrs'schen Deutungsversuche gilt, lässt sich auch von den sämmtlichen übrigen behaupten: keiner von ihnen vermag mehr als etwa vier oder fünf Züge im Charakter des Hermes zu einem einheitlichen widerspruchslosen Bilde zu gestalten. Aus diesem Grunde möge es mir gestattet sein, auf eine eingehende Widerlegung der sämmtlichen Deutungsversuche zu verzichten und mich mit ihrer Aufzählung zu begnügen. Sie lassen sich in folgende drei Gruppen einordnen.

1) **Abstrakte oder philosophische Deutungen.** Sie sind die ältesten unter allen und waren schon im Alterthum namentlich durch den Einfluss Platons und der Stoa sehr verbreitet. Der Erste, welcher eine solche versucht hat,

---

2) Bei dieser Widerlegung der Lehrs'schen Ansicht habe ich von andern Erwägungen, die dagegen geltend gemacht werden könnten, abgesehen. Nicht verschweigen kann ich jedoch, dass es mir überhaupt sonderbar vorkommt, einen so alten und vielseitig ausgeprägten Gott wie H. nur dem Bedürfniss, im Götterstaate auch einen Boten zu haben, entspringen zu lassen. Nach diesem Erklärungsprincip müsste z. B. Artemis oder Eileithyia ihr Dasein dem Bedürfniss, eine göttliche Hebamme zu haben, verdanken, Hephästos wäre ursprünglich weiter nichts als der den Göttern nothwendige Schmied, Apollon der im Olymp unentbehrliche Sänger und Prophet gewesen u. s. w. Die Lehrs'sche Ansicht setzt somit für die Urzeit einen Anthropomorphismus der Götter voraus, der nichts weniger als wahrscheinlich ist.

ist Platon gewesen, der im Kratylos (p. 408 A) den Hermes wegen der Ableitung des Namens von $εἴρω$ und $μήσασθαι$ als den Gott der Rede und Vernunft ($λόγος$) deutet, eine Auffassung, in der ihm später die Stoiker folgten.[3]) In neuerer Zeit haben, ebenfalls auf Grund der verkehrten Etymologie Platons, Guigniaut, Creuzer, Baur und Heffter[4]) dieselbe Ansicht ausgesprochen, ohne jedoch damit Beifall zu gewinnen, so dass dieselbe nunmehr wohl allgemein als antiquirt angesehen wird. Abstrakte Deutungen versuchten ferner auch Welcker und Gerhard.[5]) Ersterer erblickt in Hermes den Gott der Bewegung schlechthin, letzterer will ihn als zeugenden und belebenden Naturgeist fassen. Aehnlich meint Rinck[6]), Hermes sei ursprünglich die Vergötterung des männlichen Zeugungsgliedes.

2) Die rationalistische Deutung des Hermes als des Götterboten, aus welcher Idee sich alle Züge im Charakter des Gottes erklären sollen, ist meines Wissens zuerst von Stuhr (Die Religionssysteme der Hellenen, Berlin 1838 S. 48) gegeben und neuerdings von Lehrs (Populäre Aufsätze[2] S. 135) und Schoemann (Die Hesiodische Theogonie ausgelegt und beurtheilt S. 267) vertheidigt worden.[7])

3) Physikalische Deutungen. Sie sind bei weitem die zahlreichsten, aber auch — mit einziger Ausnahme der von uns versuchten — schon aus dem oben angegebenen Grunde die unwahrscheinlichsten. Wir begnügen uns mit ihrer Aufzählung. Für einen chthonischen Gott halten den Hermes Schwenck, Jacobi, O. Müller, Eckermann, Preller (Demeter und Persephone S. 201), H. D. Müller.[8]) Dagegen ist er

---

3) Vgl. Cornutus 16; Schol. in Il. II, 104; I, 38; Pseudoplut. de vita et poesi Homeri 126; Porphyrius b. Euseb. praep. ev. III p. 114 ed. Col.
4) Guignaut de 'Ερμοῦ s. Mercurii mythologia Paris. 1835; Creuzer, Symb. III, 286; Baur, Symbol. u. Mythol. II, 136; Heffter, Mythol. d. Griechen u. Römer 261.
5) Welcker, Götterl. I, 333; Gerhard, gr. Myth. § 274.
6) Rinck, Religion d. Hell. I, 95.
7) Vgl. auch Göttling im Hermes Bd. XXIX p. 262.
8) Schwenck, Audeut. 121; Jacobi, Handwörterb. d. gr. u. röm. Myth. 437; O. Müller, Hdb. d. Arch. § 379; Eckermann Lehrb. d. Re-

— 9 —

nach Lauer ein Gott des Aethers, gewissermassen „ein minorenner Zeus", nach Preller (gr. Myth.² I S. 294) ein Gott der Licht- und Luftveränderung, der Wolken- und Nebelbildung und Dämmerung, nach Haupt ein Gott des Thaus, nach Mehlis der Gott der auf- und untergehenden Sonne [9]), während Max Müller in ihm die göttliche Personifikation der Morgen- und Myriantheus der Abenddämmerung erkennen will. [10]) Mir ist keine griechische Gottheit bekannt, die sich so viele und willkürliche Deutungen hätte gefallen lassen müssen, wie Hermes.

Schliesslich habe ich mich noch mit Demjenigen auseinanderzusetzen, der schon vor mir die Ansicht ausgesprochen hat, dass Hermes ein Windgott sei, ohne jedoch damit in mythologischen Kreisen Beifall zu finden. Ich meine keinen Geringeren als A. Kuhn, den verdienstvollen Sprachforscher und Mitgründer der vergleichenden Mythologie, welcher bereits im Jahre 1848 im 6. Bande der Haupt'schen Ztschr. f. deutsches Alterthum S. 117 f. seinen Deutungsversuch begründet hat. Die Beweisführung Kuhn's ist folgende [11]):

'Ερμῆς, sagt Kuhn, ist aus 'Ερμείας entstanden, und dies stimmt fast genau mit *Sárameyas*, dem vedischen Namen zweier vieräugiger Hunde, welche Wächter des Unterweltgottes Yama sind und als seine Boten zu den Sterblichen gehen. Von diesen beiden Hunden handelt der Hymnus Rigv. VII, 55, den Grassmann (I S. 343 vgl. S. 555) folgendermassen übersetzt [12]):

---

ligionsgeschichte u. Myth. II, 95; H. D. Müller, Mythologie d. gr. Stämme II, 286.

9) Lauer, System d. gr. Myth. 222; Haupt in d. Ztschr. f. Alterthumswissenschaft 1842 No. 32; Mehlis, Die Grundidee des Hermes I Erlangen 1875, II Erlangen 1877 (vgl. meine Recensionen in der Jenaer Literaturztg. 1875 Art. 538, 1877 Art. 395).

10) Max Müller, Vorl. üb. d. Wissensch. d. Sprache übers. von Böttger² II, 505 u. 508; Myriantheus, Die Açvins oder Arischen Dioskuren 69.

11) Vgl. auch die Darstellung und Kritik der Kuhn'schen Deutung, welche H. D. Müller, Mythologie der gr. Stämme II S. 220 f. gegeben hat.

12) Vgl. ausserdem Max Müller, Vorles.² II, 506; Myriantheus, Die Açvins 66; Aufrecht, Indische Studien IV, 337.

[1. Der Leid du tilgst, o Wohnungsherr,
du gehst in alle Formen ein,
Sei uns ein heilbegabter Freund!][13)

2. Wenn weisser Sarameja du,
wenn brauner du die Zähne fletschst,
Dann leuchten sie den Schwertern gleich
in dem Gebiss des schnappenden. — O schlaf in Ruh!

3. O Sarameja, bell den Dieb,
den Räuber an, o lauf zurück!
Was bellst du Indra's Sänger an?
warum willst du uns Böses thun? — O schlaf in Ruh!

4. Den wilden Eber packe an,
der Eber stürze sich auf dich;
Was bellst du Indra's Sänger an?
warum willst du uns Böses thun? — O schlaf in Ruh!

Schlummerlied.[14)

5. Die Mutter schlaf, der Vater schlaf,
es schlafe Hund und Hausherr auch,
Es schlafe alles, was verwandt,
es schlafe rings umher das Volk.

6. Wer sitzet, und wer sich bewegt,
und auch wer stehend uns erblickt,
Die Augen derer schliessen wir,
so wie wir schliessen dieses Haus.

7. Der Stier, der tausend Strahlen wirft,
der aus dem Meere stieg empor,
durch diesen allgewaltigen
versenken wir das Volk in Schlaf.[15)

8. Die Frauen, die auf Bänken ruhn,
auf Sänften und auf weichem Bett,
Die Jungfrau'n reinen Duftes voll,
die alle senken wir in Schlaf.

Nach Kuhn, der die soeben angeführten acht Verse für einen einheitlichen Hymnus hält, ist der eine angerufene *Sárameyas* ein Gott des Schlafes, der zu gleicher Zeit als

---

13) Vgl. hinsichtlich der Zugehörigkeit dieses Verses zu den folgenden Max Müller a. a. O. S. 506 und Grassmann a. a. O. S. 555.

14) Grassmann a. a. O. S. 343 u. 555 will dieses „Schlummerlied" scharf von den vorausgehenden Strophen trennen.

15) „Der Stier in Vers 7 ist der Sternenhimmel" Grassmann a. a. O. S. 343.

Hüter des Hauses und Bewahrer vor Krankheit erscheint. Nach einem andern Rigv. X, 14 mitgetheilten Liede (Grassmann II S. 301 V. 10—12) bewachen die beiden Hunde der *Saramá* den Eingang zum Orte der Seligen und werden als die Boten des Jama geschildert, die die Todten abholen und in's jenseitige Leben führen. Für den andern *Sárameyas* hält Kuhn den Genius des Todes, da dieser bekanntlich auch sonst als Bruder des Schlafes auftritt. *Sárameyas* ist nun aber ein Patronymikon oder vielmehr Metronymikon von *Saramá*, der Götterhündin [16]; die beiden Hunde müssen deshalb Söhne derselben sein. Von *Saramá* ist aber ein Mythus, der in den vedischen Hymnen mehrmals erwähnt wird, bekannt, der etwa Folgendes enthält. Die Pani's hatten aus dem Götterhimmel Kühe geraubt und in einer finstern Höhle verborgen. *Saramá* ward von Indra abgeschickt, um sie aufzusuchen; diese vernahm beim Suchen der Kühe das Gebrüll derselben und benachrichtigte den Indra davon, der dieselben wieder herausführte. [17]) — Nun tritt aber Hermes ganz wie *Sárameyas* als Schützer der Wohnung auf, als Gott des Schlafes, der die Träume sendet, als Seelenführer. Kuhn nimmt an, dass auch in dem Mythus von der Entführung der apollinischen Götterkühe durch Hermes eine ursprüngliche Uebereinstimmung mit dem Mythus von der *Saramá* vorhanden gewesen, aber nach und nach verdunkelt worden sei. Der ursprünglichen Fassung desselben, wie sie in der indischen Mythologie vorliegt, standen die Sagen von Herakles und Geryones, sowie namentlich die römische von Hercules (Recaranus) und Cacus noch näher, indem hier wie im indischen Mythus die Kühe ihren Aufenthalt durch Gebrüll verrathen. Kuhn meint, die bis in's Einzelne gehenden Uebereinstimmungen zeigten, dass Griechen und Römer den indischen Mythus vom Raub und von der Zurückführung der Götterkühe gleichfalls ursprünglich gehabt hätten, wenn sie ihn auch mit mancherlei Entstellungen bewahrten. Des Hundes geschehe zwar bei Beiden keine Erwähnung, allein die

---

16) Vgl. in Betreff der *Saramá* die Bemerkungen von **Max Müller**, Vorles.² II S. 495.

17) **Max Müller** a. a. O. S. 496 f.

Identität des *Sárameyas* mit Ἑρμείας zeige, dass ihn die Griechen ebenfalls einmal gekannt haben müssten, und es sei leicht denkbar, dass Kerberos, vielleicht zuerst ein Beiname des Hermes, sich von diesem schliesslich losgelöst und ein gesondertes Dasein empfangen habe. Aus dem Umstande, dass die Griechen in der späteren Zeit in dem hundsköpfigen Thoth der Aegypter ihren Hermes zu erkennen glaubten, schliesst Kuhn, dass auch vom Hermes in älterer Zeit Darstellungen mit einem Hundskopfe oder ähnlichen vom Hunde entlehnten Attributen vorhanden waren. Da die Götterhündin *Saramā* nur eine Personification des Windes sei [16]), so habe man auch in *Sárameyas* einen Gott des Sturmes oder Windes zu erblicken.

Gegen diese Beweisführung A. Kuhn's, die, wie man auf den ersten Blick erkennt, von der meinigen total verschieden ist und Beifall, wie schon gesagt, eigentlich nur bei Nichtmythologen gefunden hat [19]), habe ich nach dem Vorgange H. D. Müller's und Max Müller's Folgendes zu bemerken. Bereits der erstgenannte Gelehrte hat richtig erkannt, dass selbst wenn man die lautliche Identität der Namen Ἑρμείας und *Sárameyas* — die für sich allein jedoch noch keineswegs ausreicht, um eine mythologische Identität zu behaupten — zugeben wollte, dennoch die beiden mythischen Wesen so gut wie nichts mit einander gemein haben würden. In der That sieht sich Kuhn, um die mythologische Identität von Ἑρμείας und *Sárameyas* behaupten zu können genöthigt zu einer Reihe von gänzlich unbeweisbaren Hypothesen z. B. von der ursprünglichen Hundegestalt des griechischen Gottes und von der allmählichen Umwandlung des ursprünglichen Mythus bei den Griechen seine Zuflucht zu nehmen. Vor allem hat Kuhn gänzlich übersehen, dass die Identificirung des Mythus von der Götterhündin *Saramā* mit der Sage von der Entführung der Götterrinder durch Hermes die behauptete Identität des *Sárameyas* und des Hermes völlig aufhebt. Denn nicht *Sárameyas* tritt in dem indischen Mythus auf, sondern seine vermuthliche Mutter, die *Saramā*, und auch diese raubt

---
18) Vgl. dagegen Max Müller a. a. O. S. 495 f.
19) Vgl. A. Benary bei Heffter, Relig. d. Gr. u. Röm.² I S. 10; Schwartz, Ursprung d. Myth. Vorr. S. V; Mommsen, Röm. Gesch. I S. 14.

nicht die Kühe, sondern wird vielmehr von Indra ausgeschickt, um die geraubten und versteckten Thiere aufzuspüren. Will man die beiden Mythen parallelisiren, so ist es klar wie der Tag, dass Hermes den raubenden Pani's, und Indra dem Apollon entspricht. Man müsste folglich in den Pani's das Urbild des griechischen Hermes nachweisen, wenn man überhaupt noch daran denken wollte, zwei nur durch die zufällige äussere Aehnlichkeit des Ausdrucks sich berührende Mythen aus einer gemeinsamen Quelle abzuleiten. Das sind die Einwendungen H. D. Müller's gegen die Kuhn'sche Hypothese, gegen die sich schwerlich etwas Triftiges wird vorbringen lassen. Ausserdem ist noch wohl zu beachten, dass sich auf Grund des vorhin angeführten Hymnus des Rigveda, auch Kuhn's Annahme, *Sârameyas* sei ein Gott des Schlafes gewesen, durchaus nicht als gesichert erweist. Derselben Ansicht ist auch ein so ausgezeichneter Kenner des Rigveda wie Max Müller, welcher meint, dass *Sârameyas* in dem Hymnus eher als ein Schlafstörer erscheinen könne. Ueberhaupt ist es sehr fraglich, ob die Verse 1 und 5—8 mit den Versen 2—4 einen einheitlichen Hymnus bilden und ob wirklich in dem Schlummerliede die beiden Hunde des Yama gemeint sind. Vielmehr scheint Grassmann Recht zu haben, wenn er S. 343 und 555 (Anhang) seiner Uebersetzung behauptet, Vers 1 und 5—8 seien sowohl ihres Inhalts als auch ihres Versmasses wegen von Vers 2—4 abzusondern und enthielten spätere an den Refrain *ní sú svapa* angeschlossene Hinzufügungen. Hiernach wird kein Unbefangener mehr zweifeln, dass die Kuhn'sche Beweisführung allerdings Vieles zu wünschen übrig lässt.[20]

20) Ausser Kuhn erblicken auch Bursian (Ueber den religiösen Charakter des gr. Mythos. Festrede gehalten in der Münchner Akademie 1875 S. 10), Mannhardt (Antike Wald- u. Feldkulte Vorw. S. XIX) und von Hahn (Sagwissenschaftl. Studien 1876 S. 152 f.) in Hermes einen Gott des Windes. Während aber Bursian und Mannhardt ihre Ansicht einfach, ohne genauere Begründung, aussprechen, hat von Hahn, der übrigens die Kuhn'schen Beweise als zwingend anerkennt (S. 153 Anm. 5), mehrere Gründe angeführt, die mit meinen eigenen mehr oder weniger übereinstimmen. Ich sehe mich deshalb genöthigt hiermit zu erklären, dass ich zu meiner Ansicht völlig unabhängig von Hahn bereits im Jahre 1875 gelangt war, noch ehe ich das Werk von Hahn's kannte. Vgl. meinen Aufsatz in der Jenaer Literaturzeitung vom Jahre

Zum Schluss möge noch eines Einwandes gedacht werden, der etwa gegen meine Deutung des Hermes als Windgott gemacht werden möchte. Es könnte nemlich Jemand aus dem Umstande, dass die Griechen des historischen Zeitalters in der Regel nicht von dem Winde im Singular, sondern von einer Pluralität der Winde reden, schliessen wollen, dass das griechische Volk überhaupt nie einen einheitlichen Windgott gekannt habe. Dieser Schluss würde jedoch keineswegs als zwingend anerkannt werden können. Denn man muss sich sehr hüten anzunehmen, dass alle mythischen Begriffe, die in der späteren Zeit pluralisch gefasst wurden, auch in der Urzeit so gedacht worden seien. Oft sehen wir vielmehr das Gegentheil stattfinden. So hat sich z. B. aus den ursprünglich nur singularischen Begriffen Eileithyia, Moira, Erinys, Seilenos, Pan, Nemesis später durch die Einwirkung der poetisch und plastisch gestaltenden Phantasie eine Pluralität herausgebildet. Zumal den Begriff des Windes sehen wir deutlich im Laufe der Zeit zu einer sich immer mehr steigernden Vielheit entwickeln. Nach Aristoteles und Strabon unterschieden Einige — und das ist wohl die älteste Auffassung — nur zwei Hauptwinde, den Boreas und Notos, indem sie alle übrigen für deren $\pi\alpha\varrho\epsilon\kappa\beta\acute{\alpha}\sigma\epsilon\iota\varsigma$ hielten[21]), Homer nennt schon vier Winde, Boreas, Notos, Euros und Zephyros, Spätere dagegen reden von acht Winden[22]), zu Alexanders des Grossen Zeit hatte die Windrose bereits zwölf[23]), zu Augustus' Zeit sogar 24 Winde.[24]) Die-

---

1875 Art. 538. Das von mir ebenda (Jahrg. 1877 Art. 729) angezeigte von Hahn'sche Buch ist mir erst im Sommer 1877 von der Redaktion der Literaturzeitung zugesendet worden.

21) Aristot. Pol. IV, 3, 4: Μάλιστα δὲ δοκοῦσιν εἶναι δύο [πολιτεῖαι], καθάπερ ἐπὶ τῶν πνευμάτων λέγεται τὰ μὲν βόρεια τὰ δὲ νότια, τὰ δ' ἄλλα τούτων παρεκβάσεις. Strab. 29: Εἰσὶ δέ τινες οἵ φασιν δύο τοὺς κυριωτάτους ἀνέμους βορέαν καὶ νότον, τοὺς δὲ ἄλλους κατὰ μικρὰν ἔγκλισιν διαφέρειν. Isid. or. 13, 11: Ex omnibus autem ventis duo cardinales sunt: Septentrio et auster.

22) Plin. n. h. II, 119. Acht Winde waren dargestellt am Thurm der Winde zu Athen: Hirt, myth. Bilderb. S. 140 ff. Stuart, Antiq. of Athens I, 3. Baumstark in Pauly's Realencycl. III S. 752 f.

23) Sen. Q. N. V, 16. Veg. Mil. V, 8. Auct. epigr. in Anthol. lat. T. II p. 381 Burm.

24) Vitruv. I, 6.

selbe Steigerung der Zahl sehen wir bei den Jahreszeiten, deren man ursprünglich nur zwei, Sommer und Winter, unterschied[25]), stattfinden. Hierzu kommt noch die Thatsache, dass sowohl die Germanen als auch die Inder sich den Wind als eine Gottheit (Wodan, Vaju) denken. Sollte es demnach wahrscheinlich sein, dass den Griechen der ältesten Zeit ein einheitlicher Windgott fehlte, und dass ein Volk, welches alle mächtigen Naturerscheinungen vergötterte, einen so wichtigen Faktor des Naturlebens nicht als einheitlichen Begriff zu fassen vermochte? Dass an die Stelle des ursprünglichen aber schon frühzeitig in seiner Naturbedeutung verkannten und völlig anthropomorphisch gewordenen Windgottes Hermes, später Boreas, Zephyros u. s. w. getreten sind, welche noch völlig mit der Naturerscheinung, der sie entsprungen sind, zusammenfallen, darf ebenfalls keinen Anstoss erregen, da wir dieselbe Beobachtung verschiedener Götterschichten, die übereinander gelagert sind, indem reine Naturgottheiten an Stelle frühzeitig anthropomorphisirter Götter und Göttinnen traten, schon in mehreren Fällen z. B. hinsichtlich der Hera, Artemis-Hekate und Selene, des Apollon und Helios haben konstatiren können.[26])

25) Roscher, Apollon u. Mars S. 20. Anm. 29. Pfannenschmid, German. Erntefeste S. 511 Anm. 57. Später unterschied man 7 Jahreszeiten: Baumstark in Pauly's Realenc. III S. 756.
26) Roscher, Juno und Hera S. 100 f.

Kapitel I.

A.

Der Wind als Diener und Bote des Zeus und der übrigen Götter, aus den Wolken oder dem Aether herabfahrend und in Gebirgshöhlen wohnend gedacht.

In den religiösen Mythen der meisten indogermanischen Völker findet sich der auf der einfachsten Naturanschauung beruhende Gedanke ausgesprochen, dass der Wind ein Werkzeug oder Diener des obersten Himmelsgottes sei, welchem man namentlich die Herrschaft über das Wetter und die Wolken zuschrieb.[27]) So nimmt Indra, der als Himmels- und Wettergott dem griechischen Zeus entspricht, häufig die Winde zu Hülfe, um die Dämonen der Finsterniss zu vertreiben.[28]) Er ist nicht nur der Herrscher der Maruts, d. i. der pluralisch gedachten Winde oder Stürme, sondern er tritt auch vielfach in engster Verbindung mit Vâju, der höheren Einheit sämmtlicher Winde, welcher an einer Stelle Vater der Maruts genannt wird[29]), auf. So heisst es Rigveda I, 2 B (nach Grassmann's Uebersetzung II S. 3):

>Hier, Indra-Vaju, steht der Saft,
>so kommt zu ihm nach eurer Lust,
>Die Tropfen sehnen sich nach euch.
>
>O Vaju, Indra, nehmet wahr
>der Tränke, labungsreiche ihr,
>So kommet eilig denn herbei.

---

27) Vgl. Psalm 104, 3 f. Du führest auf den Wolken wie auf einem Wagen; und gehest auf den Fittichen des Windes; der du machest deine Engel zu Winden und deine Diener zu Feuerflammen.

28) Vgl. z. B. Rigv. I, 23 C.

29) Rigv. I, 134, 4 (Grassmann II S. 137): Und aus des Himmels Mutterleibe zeugtest du die Maruts, aus des Himmels Leib.

Wie hier so werden noch an mehreren andern Stellen Vâju und Indra vereint zum Empfang des Somaopfers angerufen.[30]) Mehrfach heisst Vâju *Indrasârati*, d. i. Indra zum Kampfgenossen habend. Dasselbe gilt von den Maruts.[31]) Der stehende Refrain des vielstrophigen Liedes Rigv. I, 100 lautet: „Er mög' uns helfen, Indra mit den Maruts!" Rigv. I, 167, 7 und 169, 1 wird Indra der Herrscher der Maruts, Rigv. I, 170, 2 ihr Bruder genannt, wem Indra gnädig ist, dem sind es auch die Maruts (Rigv. I, 171, 6). Beide werden in mehreren Liedern gemeinsam angerufen und empfangen gemeinsame Opfer.[32])

In germanischen Mythen entspricht Thôrr fast durchweg dem Indra.[33]) Von ihm bemerkt Adam von Bremen ausdrücklich, dass er auch den Wind beherrsche („*ventos gubernat*"). Seinen Gegnern sendet er Sturm und Untergang auf dem Meere. Die Friesen kennen ihn unter dem Namen *Uald* (der Alte) oder *Pitje von Skotland*, als Erreger der Nordweststürme, wodurch Sand- und Wasserfluthen, Schiff- und Uferbrüche bewirkt werden.[34])

Genau dieselben Vorstellungen finden wir bei dem italischen Juppiter und dem griechischen Zeus wieder. Nicht selten werden auf Inschriften Juppiter und die Tempestates d. h. die Gewitterstürme neben einander genannt. Letztere erscheinen mehrfach als seine Diener, da Juppiter als *Tempestatum divinarum potens* oder *autor bonarum Tempestatum* verehrt wurde.[35]) Von Zeus ist es bekannt, dass er geradezu die Beinamen $εὐάνεμος$ und $οὔριος$ führte.[36]) Auch in dem bei Homer so oft vorkommenden Epitheton $νεφεληγερέτης$ glaube ich eine nahe verwandte Vorstellung erblicken zu müssen, da doch die Sammlung der Wolken durch den Wind

---

30) Rigv. I, 2 B. 23 A. 135. IV, 46—48. V, 51 B. VII, 90—92.
31) Rigv. I, 23 C. I, 100. 101. 165. 167. 169—171. X, 32.
32) Vgl. Anm. 31.
33) Mannhardt, German. Mythen Vorr. S. XIII f.
34) Mannhardt a. a. O. S. 143.
35) Preller, röm. Myth.¹ S 170, 1. 229 und 292, 4.
36) $Ζεὺς$ $εὐάνεμος$ hatte in Sparta ein Heiligthum nach Paus. III, 13, 5. Z. $οὔριος$: Aesch. Suppl. 594. Anth. XII, 53, 7. Alciphr. 2, 4. Cic. Verr. 2, 4, 57, 128. Marcian. Heracl. p. 121 Miller. Welcker, Götterl. II, 197 Anm. 40 u. 41.

bewirkt wird.³⁷) Oft heisst es von Zeus, dass er die Winde sende oder einschläfere, und Διὸς οὖρος bedeutet einfach den guten von Zeus gesandten Fahrwind.³⁵) Nach Od. κ 21 hat Kronion den Aeolos, der bei Homer durchaus nicht als Gott oder Vater der Winde gedacht ist, als Aufseher über die Winde gesetzt:

κεῖνον γὰρ ταμίην ἀνέμων ποίησε Κρονίων
ἠμὲν παυέμεναι ἠδ᾽ ὀρνύμεν ὅν κ᾽ ἐθέλῃσιν.

Zuweilen wird die Herrschaft über den Wind auch andern Götter übertragen z. B. dem Poseidon und der Here, sogar Nymphen wie Kirke und Kalypso können über ihn verfügen. Denn alle Götter haben die Macht, ihren Lieblingen günstigen Fahrwind (οὖρος) zu senden³⁹), der als freundlicher Geleiter (πέμπων, πόμπιμος, ἀπήμων, ἴκμενος, ἐσθλὸς ἑταῖρος u. s. w.) gefasst wird.⁴⁰) An einer Stelle der Ilias werden die Winde sogar als Vermittler zwischen Menschen und Göttern gedacht, indem sie den Opferdampf gen Himmel tragen.⁴¹)

---

37) Od. μ 313 und ι 67 (s. Anm. 38), Il. E 524. Γ 357 f.
38) Il. M 252: ἐπὶ δὲ Ζεὺς τερπικέραυνος | ὦρσεν ἀπ᾽ Ἰδαίων ὀρέων ἀνέμοιο θύελλαν. Od. μ 313: ὦρσεν ἔπι ζαῆν ἄνεμον νεφεληγερέτα Ζεὺς | λαίλαπι θεσπεσίῃ, σὺν δὲ νεφέεσσι κάλυψεν | γαῖαν ὁμοῦ καὶ πόντον. ο 475: ἐπὶ δὲ Ζεὺς οὖρον ἴαλλεν. ε 176: [νῆες] ἀγαλλόμεναι Διὸς οὔρῳ. Ν 795: οἱ δ᾽ ἴσαν, ἀργαλέων ἀνέμων ἀτάλαντοι ἀέλλῃ, ἥ ῥα θ᾽ ὑπὸ βροντῆς πατρὸς Διὸς εἶσι πέδονδε, | θεσπεσίῳ δ᾽ ὁμάδῳ ἁλὶ μίσγεται κ. τ. λ. Μ 281: κοιμήσας δ᾽ ἀνέμους χέει ἔμπεδον. Od. ι 67: νηυσὶ δ᾽ ἐπῶρσ᾽ ἄνεμον Βορέην νεφεληγερέτα Ζεὺς | λαίλαπι θεσπεσίῃ, σὺν δὲ νεφέεσσι κάλυψεν || γαῖαν ὁμοῦ καὶ πόντον. ο 297: ἡ δὲ Φεὰς ἐπέβαλλεν ἐπειγομένη Διὸς οὔρῳ. Hymn. in Ap. Pyth. 255: ἦλθ᾽ ἄνεμος Ζέφυρος μέγας, αἴθριος, ἐκ Διὸς αἴσης.
39) Il. Δ 479: τοῖσιν δ᾽ ἴκμενον οὖρον ἵει ἑκάεργος Ἀπόλλων. Η 4: θεὸς ναύτῃσιν ἐελδομένοισιν ἔδωκεν οὖρον. Od. δ 585: δίδοσαν δέ μοι οὖρον | ἀθάνατοι, τοί μ᾽ ὦκα φίλην ἐς πατρίδ᾽ ἔπεμψαν (vgl. ρ 148). ο 292. η 266. ε 268. λ 7. ε 167. ο 34. ε 109. λ 400 u. 407. η 272.
40) Od. λ 7: Κίρκη] ἴκμενον οὖρον ἵει πλησίστιον, ἐσθλὸν ἑταῖρον. ε 268: Καλυψώ] οὖρον δὲ προέηκεν ἀπήμονά τε λιαρόν τε. ἴκμενος vom Winde gebraucht: Il. Δ 479. Β 420. Od. ο 292 u. öfter. οὖρος πομπαῖος: Pind. Pyth. I, 67 (34). Ζεφύροιο πομπαί Pind. Nem. VII, 43. πέμπισθαι σὺν Νότου αὔραις Pind. Pyth. IV, 203. αὖραι πέμπουσι Aesch. Prom. 131. αὔρα ναυσίπομπος Eur. Phoen. 170, 2. οὐρία πόμπα Iph. Aul. 352. πόμπιμοι πνοαί Hec. 1290. πομπὸς ἄνεμος Aelian. n. an. III, 13.
41) Il. Θ 549: κνίσην . . . ἄνεμοι φέρον οὐρανὸν εἴσω.

Die namentlich in der germanischen Sagenwelt sehr verbreitete Vorstellung, dass der Wind ein Hund der Götter sei [42]), lässt sich in griechischen Mythen kaum nachweisen. Zwar nennt Apollonios von Rhodos (Arg. II, 289) die Harpyien μεγάλοιο Διὸς κύνας, indess darf man diese Bezeichnung schwerlich im eigentlichen Sinne nehmen, da bekanntlich auch Adler, Greife, Eumeniden, Keren und Bakchen als Diener verschiedener Gottheiten so genannt werden, nur um ihre Unterwürfigkeit und Dienstwilligkeit recht drastisch zu bezeichnen. [43])

Wenn wir jetzt die Frage aufwerfen, woher es komme, dass die Winde als Werkzeuge und Diener zunächst des höchsten Himmelsgottes und sodann sämmtlicher oberen Götter angesehen wurden, so ist darauf zu antworten, dass nach der griechischen Volksmeinung der ältesten Zeit der Wind in der Regel von oben aus den Wolken oder dem Aether auf die Erde niederführt [44]), also mythisch ausgedrückt von dem Aethergotte Zeus gesendet wird. Darum heissen die Winde bei Homer geradezu αἰθρηγενεῖς, αἰθρηγενέται, αἴθριοι [45]), und Boreas trägt auf Bildwerken als Symbol seiner Herkunft aus dem Aether einen Nimbus um sein Haupt. [46]) Die Bewegung

---

42) Mannhardt, German. Mythen S. 172. 198. 217 f. 301. 330. 717.
43) S. Passow's Wörterb. unter κύων.
44) Il. B 145: Εὖρός τε Νότος τε] ὥρορ' ἐπαΐξας πατρὸς Διὸς ἐκ νεφελάων. Ξ 19: πρίν τινα κεκριμένον καταβήμεναι ἐκ Διὸς οὖρον. Od. o 292: οὖρον ... λάβρον, ἐπαιγίζοντα δι' αἰθέρος. ξ 475: Βορέαο πεσόντος. Ebenso Hes. ἔργα 547, wozu Proculus bemerkt: πνεῖ γὰρ ἀπὸ ὑψηλοτέρων ὁ Βορέας, ὃ δηλοῖ τὸ πεσεῖν. Il. Ψ 216: ἐν δὲ πυρῇ πεσέτην [Βορέης ἠδὲ Ζέφυρος]. Hes. Theog. 873: αἵ δ' ἤτοι πίπτουσαι ἐς ἠεροειδέα πόντον [αἱ αὖραι]. Od. ε 296: σὺν δ' Εὖρός τε Νότος τ' ἔπεσον Ζέφυρός τε δυσαὴς | καὶ Βορέης αἰθρηγενέτης, μέγα κῦμα κυλίνδων. Die Harpyien kommen aus den Wolken nach Apoll. Rh. II, 268: νεφέων ἐξάλμεναι ἐσσεύοντο. Alcaeus fr. 136 B. Pind Pyth. III, 105: πνοαὶ ὑψιπετᾶν ἀνέμων. κατιέναι von Winden gebraucht Thuc. II, 25, 3. VI, 2, 4. καταιγίζω Strab. IX, 391. ἄνεμοι οὐράνιοι Artem. onirocr. 130, 24 Herch. venti aërii Catull. LXIV, 142. cadunt venti a sideribus Plin. II, 85. 116. 131 f. Dasselbe gilt von den Maruts: Rigv. V, 53. 8: Vom Himmel kommt, o Maruts, her. In einem bekannten deutschen Kindermährchen heisst der Wind „das himmlische Kind".
45) Βορέης αἰθρηγενέτης Od. ε 296. αἰθρηγενέος Βορέαο Il O 171 u. T 358. Ζέφυρος μέγας, αἴθριος: Hymn. in Ap. P. 255.
46) Preller, gr. Myth.² I, 370.

des Windes wird durch Ausdrücke wie πίπτειν, ἐπαίσσειν Διὸς ἐκ νεφελάων, ἐπαιγίζειν δι' αἰθέρος, καταιγίζειν, κατιέναι bezeichnet. Die aus den Wolken stammenden Orkane heissen davon ἐκνεφίαι oder καταιγίδες.[47]) Daneben existirte auch die nahverwandte und wohl auf genauer Naturbeobachtung beruhende Vorstellung, dass die Winde entweder auf den höchsten Spitzen der Berge oder in Gebirgshöhlen hausten und von da in die Thäler und Ebenen hinabführen.[48]) Das beweist nicht bloss die Etymologie des Βορέας, des vornehmsten und mächtigsten aller Winde, insofern der Name eigentlich den „Bergwind" bedeutet[49]), sondern auch die Benennung Ῥίπαια ὄρη, hinter welchen die Ὑπερβόρειοι wohnen, denn es ist kaum zweifelhaft, dass dies Gebirge von den ῥιπαῖς Βορέαο benannt wurde.[50]) Ausserdem redet Kallimachos (hymn. in Del. 65) von einer siebengrottigen Höhle des Boreas (ἑπτάμυχον Βορέαο σπέος), und hochgelegene Orte führen vorzugsweise das Epitheton „windig" (ἠνεμόεις).[51]) Die Combination dieser Vorstellung von dem Aufenthalt der Winde in einer Berghöhle und der oben erwähnten homerischen Sage von Aeolos hat offenbar Vergil zu seiner eigenthümlichen Schilderung des Windberges veranlasst (Aen. I, 52).

Schliesslich mache ich darauf aufmerksam, dass in der mythischen Sprache der Inder und Germanen Berg und Wolke gewissermassen als Synonyma erschienen[52]) und dass bei la-

---

47) Vgl. oben Anm. 44.
48) Strabo IX p. 391: Ἀπὸ δὲ τῶν ἄκρων τούτων καταιγίζοντα σκαιὸν τὸν ἀργέστην σκείρωνα προσηγορεύκασιν Ἀθηναῖοι. Il. M. 253: ὦρσεν ἀπ' Ἰδαίων ὀρέων ἀνέμοιο θύελλαν. Theophr. de vent. 32: τῶν ὑψηλῶν τόπων . . . . τυγχάνει τὰ ἐπισκεπῆ πνευματώδη, καὶ οὐ μετρίως ἀλλὰ σφοδρῶς. ib. 44: ὁ ζέφυρος] ἐκ τῆς γῆς καὶ ὀρῶν τινῶν προσπίπτει. Theophr. de sign. pluv. 34: πρὸς κορυφῆς ὄρους ὁπόθεν ἂν νεφέλη μηκύνηται ταύτῃ ἄνεμος πνευσεῖται. Arist. Probl. XIV, 7: Ἐν μὲν οὖν τοῖς ὑψηλοῖς διὰ τὴν εὔπνοιαν ὁ ἀὴρ ἐν κινήσει ἐστίν.
49) Curtius, Grundz. d. gr. Etymol.⁴ 350 u. 474.
50) Preller, gr. Myth.² I, 369 Anm. 2. Il. O 171, T 358: ψυχρὴ ὑπὸ ῥιπῆς αἰθρηγενέος Βορέαο.
51) Od. ι 400. π 365. hymn. XXVII, 4: ἄκριας ἠνεμοέσσας. τ 432: Παρνησοῦ . . . . πτύχας ἠνεμοέσσας.
52) Mannhardt, German. Mythen S. 754 unter Wolke. Schwartz, Sonne, Mond und Sterne S. 294 unter Wolke = Berg, Wolkengrotte,

teinischen Dichtern *cavus* eines der gewöhnlichsten Beiworte der Wolken ist.[53]) Nicht undenkbar ist es daher, dass unter den Bergen oder Berghöhlen, in welchen die Winde hausen sollen, ursprünglich die hohlen Wolken des Himmels zu verstehen sind. Wir werden im folgenden Abschnitt sehen, wie sich aus dieser Annahme leicht und einfach die Vorstellung von der Pleiade Maia als Mutter des Hermes, sowie von seiner Geburt auf dem „Hohlberge" (Κυλλήνη) erklären lässt.

B.

Hermes als Diener und Bote des Zeus und anderer Götter, in der Höhle eines Berges geboren gedacht, Sohn des Aethergottes Zeus und der Regenwolkengöttin (Πλειάς — pluvia) Maia.

Wie der Wind in der Regel als ein Werkzeug des höchsten Gottes erscheint, so wird auch Hermes seit ältester Zeit als ein Diener des Zeus bei allen möglichen Gelegenheiten gedacht. Das beruht, wie wir soeben gesehen haben, auf der überaus einfachen Vorstellung, dass der Wind von oben aus dem Aether herniederfahre[54]), weswegen er, als persönliche Gottheit gefasst, von selbst zu einem vom Himmelsgotte Zeus gesendeten Diener werden musste. Als solcher heisst er Διὸς κῆρυξ, Διὸς λάτρις, Διὸς τρόχις, Διὸς ἄγγελος[55])

Wolkenhöhle. Schwartz, Ursprung d. Mythol. S. 298 unter Wolkenberg. Mannhardt, Die Götter d. deutschen u. nord. Völker S. 91. M. Müller, Vorl.* II, 413.

53) Verg. Aen. I, 81 cavum montem [ventorum]. I, 516 u. V, 810: nube cava. Vgl. IX, 671. X, 636. Ov. Met. V, 261. VI, 696. κύφελλα bedeutet eigentlich hohle Wolken. Aristot. Probl. XXVI, 6 sagt: αἱ κοιλίαι συμπίπτουσι τοῦ νέφους, ὕδατος γενομένου, ἐν αἷς ἡ ἀρχὴ τοῦ πνεύματος συνίσταται.

54) Den von den Winden gebrauchten Ausdrücken πίπτειν, καταβήμεναι ἐκ Διός, ἐπαιγίζειν ἐξ αἰθέρος u. a. (s. oben Anm. 44) entspricht das homerische vom Hermes gesagte ἐξ αἰθέρος ἔμπεσε πόντῳ (ε 50).

55) ε 29 sagt Zeus selbst zum H. Ἑρμεία· σὺ γὰρ αὖτε τά τ' ἄλλα περ ἄγγελός ἐσσι und sendet ihn α 38 zum Aegisthos, Ω 336 zum Priamos, hy. in Cer. 340 u. 407 in die Unterwelt, hy. in Ven. 212 zum Tros. Διὸς κῆρυξ heisst er bei Apollodor III, 10, 2, Διὸς ὑπηρέτης b. Luc. de sacrif. 8, Διὸς λάτρις b. Eurip. Ion 4, Διὸς τρόχις b. Aesch. Prom. 941, Διὸς ἄγγελος Ω 169, 173 u. Eur. El. 462. Nach dem Ἑ

und wird von den Künstlern in entsprechender Weise entweder als ein laufender Eilbote oder als ein jedes Winks gewärtiger Diener dargestellt.[56]) Oft wird er aber auch von andern Göttern oder von der Götterversammlung ausgesendet und darum θεῶν κῆρυξ, θεῶν ἄγγελος schlechtweg genannt.[57]) Als Diener des Zeus entspricht er gewissermassen den homerischen Herolden, die jeder Fürst zu seinem Privatdienst hatte; als Herold der Götterversammlung oder einzelner Mitglieder derselben lässt er sich dagegen den sogenannten δημιοεργοί (s. Ameis zu τ 135) vergleichen. Ueberhaupt ist wohl zu beachten, dass H. als Götterherold genau dieselben Funktionen wie ein homerischer κῆρυξ hat und daher keineswegs bloss als ein Ueberbringer göttlicher Botschaften zu denken ist. Wie also der Herold der homerischen Zeit nicht nur Bote war, sondern auch alle möglichen andern Geschäfte zu verrichten hatte z. B. den Fürsten begleiten[58]), dem Sänger die Laute, die Geschenke, das Fleisch zutragen[59]), den Wein einschenken[60]), den Wagen lenken[61]), die Opferthiere durch die Stadt treiben, beim Opfer das Fleisch austheilen und Wasser und Wein zur Spendung mischen musste[62]), so sehen wir auch den Hermes bei allen diesen Verrichtungen als Götterdiener thätig. Nach den Kyprien führte er die drei um den Preis der Schönheit streitenden Göttinnen zum Paris, ein

Κῆρυξ war der Berg *Κηρύκιον* bei Tanagra benannt, wo er geboren sein sollte (Paus. IX, 20, 3). Ebenso hiess ein Berg bei Ephesos: Suid. u. Hesych. s. v. Theognost. 129, 8.

56) S. O. Müller, Hdb. d. Archaeol. § 380, 7.

57) α 84 sagt Athene in der Götterversammlung: Ἑρμείαν μὲν ἔπειτα διάκτορον ἀργειφόντην | νῆσον ἐς Ὠγυγίην ὀτρύνομεν, ὄφρα τάχιστα | νύμφῃ ἐυπλοκάμῳ εἴπῃ νημερτέα βουλήν. Hy. in Cer. 407: Ἑ. ἦλθ' ἐριούνιος ἄγγελος ὠκύς | πὰρ πατέρος Κρονίδαο καὶ ἄλλων οὐρανιώνων. Hy. in Vestam 8: ἄγγελε τῶν μακάρων. Hy. in Pan. 29: θεοῖς θοὸς ἄγγελός ἐστι. Hes. ἔργα 85: θεῶν ταχὺν ἄγγελον. Theog. 938: κῆρυξ' ἀθανάτων (vgl. v 79). Pind. Ol. VI, 78: θεῶν κάρυκα. Anacr. fr. 111 ed. B. Ἑ. εὐάγγελος b). Hesych. Seine Tochter ist *Ἀγγελία* nach Pind. Ol. VIII, 81.

58) Ω 178, 325 u. 352.

59) θ 257, 399, 477.

60) α 143.

61) Ω 178, 325, 352.

62) ν 276, Γ 116, 245 f., 270, 273, Σ 558 f.

Mythus, der in unzähligen Bildwerken Darstellung gefunden hat[63]); die Horen geleitet er bei der Rückkehr der Kora,[64]) sowie er auch dieser selbst den Wagen lenkt und bei ihrer Entführung voranschreitet[65]); Alkäos und Sappho besingen ihn als Mundschenk bei dem Mahle der Götter,[66]) dem Zeus hält er die Schjcksalswage[67]) und raubt sogar auf dessen Geheiss die Alkmene aus ihrem Sarg, um sie dem Rhadamanth auf die Inseln der Seligen zuzuführen[68]), als Kampfwart der Götter tritt er auf in den Fabeln des Babrios.[69]) Ganz besonders häufig wird aber H. ausgesendet, um jugendliche Götterkinder zu erretten und an sichere Orte zu bringen. So trägt er den jungen Dionysos nach Nysa, um ihn den Nymphen zu übergeben[70]), die Dioskuren von Pephnos nach Pellana[71]), den Aristäos bringt er zu den Horen[72]), den Asklepios rettet er aus der Flamme des Scheiterhaufens[73]), den kleinen Arkas

---

63) Paus. V, 19, 5 u. III, 18, 12 berichtet, dass ein das Parisurtheil darstellendes Relief sich schon an der Lade des Kypselos und am Thron von Amyklä befand. Vgl. über die sonstigen Bildwerke Overbeck, die Bildwerke zum thebischen und troischen Heldenkreis S. 206 ff.

64) Welcker, Götterl. II, 445 Anm. 57.

65) Hy. in Cer. 377. Welcker a. a. O. Overbeck, gr. Kunstmythol. III, 654 u. 663 f.

66) Athen. 425ᶜ: *Ἀλκαῖος δὲ καὶ τὸν Ἑρμῆν εἰσάγει αὐτῶν οἰνοχόον, ὡς καὶ Σαπφὼ λέγουσα.*

Κῆ δ' ἀμβροσίας μὲν κράτηρ ἐκέκρατο,
Ἑρμᾶς δ' ἕλεν ὄλπιν θεοῖς οἰνοχόσαι.

Vgl. auch Ath. 192ᶜ und Bergk, Poetae lyr.² 678 (Sapph. fr. 51) u. S. 706 (Alc. fr. 7).

67) Welcker, Götterl. II, 445 Anm. 58.

68) Pherekyd. b. Anton. Lib. 33: *Ζεὺς δὲ Ἑρμῆν πέμπει κελεύων Ἀλκμήνην ἐκκλέψαι καὶ ἀπενεγκεῖν εἰς μακάρων νήσους καὶ δοῦναι Ῥαδαμάνθυι γυναῖκα.*

69) Babrii fab. 68, 4.

70) Welcker, Götterl II, 444 Anm. 50 u. 51. Vgl. ausser der hier angeführten Literatur noch Apollod. III, 4, 3. Apoll. Rh. IV, 1137. Paus. III, 18, 11. O. Jahn, archaeol. Aufs. S. 60 f.

71) Paus. III, 23, 2: *Τραφῆναι δὲ οὐκέτι ἐν τῇ Πέφνῳ φασὶν [ὁ Ἀλκμάν] αὐτούς, ἀλλὰ Ἑρμῆν τὸν ἐς Πελλάναν κομίσαντα εἶναι.*

72) Pind. Pyth. IX, 59: *τόθι παῖδα τέξεται, ὃν κλυτὸς Ἑρμᾶς εὐθρόνοις Ὥραισι καὶ Γαίᾳ | ἀνελὼν φίλας ὑπὸ ματέρος οἴσει.*

73) Paus. II, 26, 6: *ἐξημμένης δὲ ἤδη τῆς πυρᾶς ἁρπάσαι λέγεται τὸν παῖδα Ἑρμῆς ἀπὸ τῆς φλογός.*

trägt er auf Münzen von Pheneos [74]), ebenso den kleinen Herakles und Ion. [75]). Eine ganz ähnliche Funktion ist es, wenn Hermes solche Helden geleitet, welche wie Perseus, Herakles und Achilleus unter göttlichem Schutze stehen. [76]) Oft sehen wir ihn auf Vasengemälden neben Kriegern stehend, jedenfalls um die göttliche Obhut auszudrücken. So wird Hermes zu einem πομπός oder πομπαῖος, d. i. zu einem Geleiter und Beschützer der Lebenden; ein Beiname, der von dem weit häufigeren ψυχοπομπός wohl zu unterscheiden ist. [77]) Auf Bildwerken erscheint H. endlich öfters als Opferverrichter, den Widder herbeiführend und zugleich eine Opferschale haltend oder endlich andern Göttern, z. B. der Athene, Apollon und Artemis zum brennenden Altare voranschreitend. [78]) Offenbar erklärt sich dies aus seiner Eigenschaft als Opferherold, deren auch einzelne Schriftsteller gedenken [79]), denn bekanntlich lag es den Keryken auch ob, die Opferthiere zu schlachten und die Opfermahlzeiten anzurichten, bei denen sie oft als Mundschenken fungirten. [80]) Darum gilt Hermes, der ideale Herold, auch als Erfinder alles Opferkultus, namentlich des Opferfeuers [81]) und wurde zum Patron sämmtlicher

---

74) Müller, Hdb. d. Arch. § 381, 7. Denkm. d. a. K. I, 41, 179.
75) Eur. Ion 1598. Welcker, Götterl. II, 444 Anm. 54. O. Jahn, Beschr. d. Vasensamml. König Ludwigs S. 199 Nr. 611. Vgl. auch Eur. Hel. 44.
76) Eur. El. 462. Apollod. II, 4, 2. Müller-Wieseler, D. d. a. K. II, 71, 897. Od. λ, 625 sagt Herakles: 'Ερμείας δέ μ' ἔπεμψεν ἰδὲ γλαυκῶπις Ἀθήνη, vgl. O. Jahn a. a O. S. 384 unter Hermes. Auch den Priamos geleitet er Il. Ω 334 f. zum Achilleus.
77) πομπός Il. Ω 182, 153, 461. Aesch. Eum. 90 sagt Apollon zum H.: κάρτα δ' ὢν ἐπώνυμος | πομπαῖος ἴσθι, τόνδε ποιμαίνων ἐμὸν | ἱκέτην. σέβει τοι Ζεὺς τόδ' ἐκ νόμων σέβας, | ὁρμώμενον βροτοῖσιν ἐυκόμπῳ τύχῃ. Wegen dieser Bereitwilligkeit die Sterblichen schützend zu geleiten sagt Zeus Ω 334 zu ihm: Ἑρμεία σοὶ γάρ τε μάλιστά γε φίλτατόν ἐστιν | ἀνδρὶ ἑταιρίσσαι, καί τ' ἔκλυες ᾧ κ' ἐθέλησθα. Eur. Med. 759: σ' ὁ Μαίας πομπαῖος ἄναξ πελάσειε δόμοις. Pind. Pyth. IV, 178: πέμπε δ' Ἑρμᾶς χρυσόραπις διδύμους υἱούς.
78) Vgl. Welcker, Götterl. II, 447 Anm. 66 u. 71. Müller, Hdb. d. Arch. § 381, 1.
79) Vgl. Arist. Pac. 424 u. 433. Cic. de div. I, 23, 46.
80) Athen. 660ᵃ ᵘ. ᵇ.
81) Vgl. Hy. in Merc. 108—137. Diod. I, 16 sagt auch von dem ägyptischen Hermes: καὶ τὰ περὶ τὰς τῶν θεῶν τιμὰς καὶ θυσίας διαταχθῆναι.

Köche⁶²), denn μάγειρος und κῆρυξ galt vielfach als gleichbedeutend, da die Köche in der Regel sich auch auf's Opfern verstehen mussten und Herolde waren.⁸³) Endlich ist noch zu erwähnen, dass junge Opferdiener in Lebadea 'Ερμαί hiessen⁸⁴) und das berühmte Geschlecht der eleusinischen Hierokeryken sich von H. herleitete.⁸⁵) In der Welckerschen Sylloge epigr. gr. n. 136 wird er sogar „precum minister" genannt.⁸⁶)

Werfen wir am Schlusse dieser Betrachtung der verschiedenen Funktionen des Hermes als Götterherolds die Frage auf, ob sich in einzelnen von ihnen noch Spuren seiner einstigen Naturbedeutung auffinden lassen, so werden wir solche namentlich in dem Forttragen von Götterkindern und in dem Geleiten der unter göttlichem Schutze stehenden Helden erblicken dürfen, denn wer könnte wohl passender mit dem Forttragen solcher Kinder beauftragt werden als der Wind, von dem es hy. in Ven. 208 heisst, dass durch ihn Zeus den jugendlichen Ganymedes in den Himmel habe emportragen lassen⁸⁷), oder wer könnte passender das Geleite der unter

---

82) Welcker, Götterl. II, 449 Anm. 85ᵃ will ein Epigramm (Anthol. II, 258), womit die Werkzeuge eines Kochs dem H. geweiht worden, mit dem Hinweis auf Od. 15, 319 f. erklären. Viel näher liegt es an die Gleichsetzung der μάγειροι und κήρυκες zu erinnern, von der Athenäos 660ᵃ u. 425ᵉ redet.

83) Ath. 425ᵉ: Κλείδημος δὲ τοὺς μαγείρους κήρυκάς φησι καλεῖσθαι. Id. 660ᵃ: Ὅτι δὲ σεμνὸν ἦν ἡ μαγειρικὴ μαθεῖν ἔστιν ἐκ τῶν Ἀθήνησι Κηρύκων. οἶδε γὰρ μαγείρων καὶ βουτύπων ἐκείχον τάξιν κ. τ. λ.

84) Paus. 9, 39, 7. Nach dieser Analogie begreift man, wie Varro de l. l. VII, 34 dazu kommt zu sagen: hinc Casmilus nominatur Samothrece mysterius dius qnidam administer Diis Magnis. Vgl. Preller, gr. Myth.² I, 318, 3.

85) Paus. I, 38, 3: Τὸν Κήρυκα] αὐτοὶ Κήρυκες ... Ἑρμοῦ παῖδα εἶναι λέγουσιν, ἀλλ' οὐκ Εὐμόλπου. Plut. vit. X orat. Andoc. 1: καθήκει γὰρ εἰς αὐτὸν τὸ κηρύκων γένος. Vgl. Preller, gr. M.² I, 318, 2.

86) Noch andere Funktionen des H. als κῆρυξ s. b. Jacobi, Hdwörterb. d. gr. u. röm. Myth. S. 439.

87) Hy. in Ven. 208: Τρῶα δὲ πένθος ἄλαστον ἔχεν φρένας, οὐδέ τι ᾔδει, | ὅππη οἱ φίλον υἱὸν ἀνήρπασε θέσπις ἄελλα. Il. T 234 heisst es von demselben etwas unbestimmter: τὸν καὶ ἀνηρείψαντο θεοὶ Διὶ οἰνοχοεύειν. Ueberhaupt ist daran zu erinnern, dass man von allen spurlos Verschwundenen sagte, Stürme hätten sie geraubt (vgl. Ameis z. Od. α 241 und Schol. z. H. T 234: θύελλα καὶ νέφος ἀνήρ-

göttlichem Schutze stehenden Helden übernehmen als der Gott, welcher zugleich die Personifikation des im vorigen Abschnitte besprochenen οὖρος πομπαῖος und Beschützer aller Reisenden (s. Kap. VIII) ist?

Als Symbol seiner Heroldswürde führte Hermes das sogenannte κηρύκειον, das ursprünglich gewiss die einfache Gestalt eines σκῆπτρον hatte, wie es die homerischen Herolde führen⁸⁸), später aber in mannichfacher Weise verziert wurde.⁸⁹) Da solche Stäbe in der Regel von Gold oder doch mit Gold verziert waren⁹⁰), so erhielt H. davon schon in sehr alter Zeit das Epitheton χρυσόρραπις.⁹¹) Hie und da legte man diesem Stabe auch mantische oder magische Kraft bei, indem man glaubte, dass der Gott mit demselben einschläfere⁹²) oder die Seelen der Verstorbenen hinter sich her in die Unterwelt hinabziehen⁹³) oder endlich Verwandlungen bewirken könne.⁹⁴) Auf den Mythus, dass H. diesen Stab vom Apollon erhalten habe⁹⁵), ist nach meiner Ansicht nichts zu geben, da er ihm schon als Götterherold ursprünglich eignen musste.⁹⁶)

Ein zweites Attribut des Hermes als Götterherold war

πασεν αὐτόν). Die Sage von dem raubenden Adler ist erst beträchtlich später entstanden.

88) H 277.

89) Vgl. über die verschiedene Gestalt und Bedeutung des Hermesstabes: Preller in Pauly's Realencycl. IV S. 1859 f. u. im Philologus I, 512 f., gr. Myth.² I, 319 f. Von einem σκῆπτρον des H. spricht Apoll. Rh. I, 642; III, 198, von einer ῥάβδος Od. ε 47 u. ω 2.

90) Α 15, 246, Β 268, λ 91, 569, ε 47, ω 2, hy. in Merc. 530.

91) ε 87, κ 277, 331, hy. III, 539, IV, 117, XXIX, 8 u. 13.

92) Ω 339 f., ε 43, ω 2. Verg. Aen. IV, 244.

93) ω 5. Verg. Aen. IV, 243. Hor. ca. I, 10, 18. Luc. D. M. 23, 3. Ant. Lib. 10, 23.

94) Anton. Lib. 10, 15, 21, 23. H. in Merc. 529. Arrian. Epict. diss. III, 20, 12: τοῦτ' ἔστι τοῦ Ἑρμοῦ ῥαβδίον, οὗ θέλεις, φησίν, ἅψαι καὶ χρυσοῦν ἔσται. Cic. de off. I, 44, 158 si omnia nobis quae ad victum cultumque pertinent quasi virgula divina ut aiunt suppeditarentur.

95) H. in Merc. 529. Schol. Il. XV, 259. Auf Grund dieser Annahme bildete sich der weitere Mythus, dass dieser Stab des Apollon derselbe sei, womit er die Heerden des Admet geweidet (Apollod. III, 10, 2. Eust. p. 1353, 30).

96) Ebenso wie H. erscheinen auch Iris und Nike mit dem κηρύκειον.

der Petasos, ein Filzhut mit niedrigem Kopf und breitem Rande, der zum Schutz gegen Sonne und Regen diente und deshalb namentlich von den Wanderern und Boten getragen zu werden pflegte.[97]) Die Gestalt, in der man ihn sich nach Massgabe der älteren Kunstwerke auch in der älteren Poesie denken muss, war die „eines tüchtigen, kräftigen Mannes mit starkem spitzen Barte[98]), langen Haarflechten, in einer zurückgeschlagenen Chlamys, dem für rasche Bewegung geeignetsten Kleide"[99]), und mit hohen Stiefeln.[100]) Auch hierfür mag die Idee des Herolds massgebend gewesen sein, da man zu solchem Amte nur verständige reifere Männer ausgewählt zu haben scheint.[101])

Eine besondere Folge dieser Eigenschaft des Hermes als Götterherold war es, dass man eine starke Stimme[102]) und ein unverwüstliches Gedächtniss von ihm ableitete. So erklären sich die Sagen von Aethalides, dem Herolde der Argonauten, der von seinem Vater die Gabe erhalten hatte, nichts vergessen zu können, selbst im Hades nicht, und die vom Stentor, welcher sich mit Hermes in einen Wettkampf des lauten Ausrufs eingelassen habe und darüber habe sterben müssen.[103])

Das eigenthümliche Fest der kretischen Ἕρμαια, an welchem die Herren ihre Sklaven bedienen mussten[104]), scheint

---

97) Vgl. die beiden Darstellungen von Herolden bei Rich, Illustr. Wörterb. d. röm. u. gr. Alterth. unter Ceryx u. Preller, gr. Myth.² I, 320 Anm. 2.

98) Den Keilbart hatten nach Pollux IV, 138 auch die Boten der Bühne.

99) Worte Müller's, Hdb. d. Arch. § 379.

100) Ueber die Gestalt derselben spricht Welcker, G. II, 446.

101) Daher heisst es von den beiden Herolden der Ilias II 276: Ταλθύβιός τε καὶ Ἰδαῖος, πεπνυμένω ἄμφω und Ἰδαῖος wird Ω 325 δαΐφρων genannt. Vgl. ausserdem β 38 κῆρυξ Πεισήνωρ, πεπνύμενα μήδεα εἰδώς. Ω 282: κῆρυξ καὶ Πρίαμος, πυκινὰ φρεσὶ μήδε' ἔχοντες.

102) Ταλθύβιος δὲ θεῷ ἐναλίγκιος αὐδήν T 250. Vgl. Ἑρμᾶς ἐριβόας κᾶρυξ bei Simmias, Anth. I, 207.

103) Preller, gr. M. I, 318 f. Schol. Il. V, 785. Aus diesem Grunde war der Fisch βόαξ dem H geheiligt nach Athen. 287ᵃ.

104) Athen. 639ᵇ: εὐωχουμένων γὰρ τῶν οἰκετῶν οἱ δεσπόται ὑπηρετοῦσι πρὸς τὰς διακονίας.

dem idealen Diener der Götter, dem Schutzherrn aller Diener gegolten zu haben.

Mit dieser Vorstellung eines göttlichen Herolds und Dieners hängt es nun auf das engste zusammen, dass Hermes für ein überaus kluges in Rede und allerlei Arbeit erfinderisches Wesen galt, und es entstand der Gedanke, dass er der Gott der gewandten Rede, der Klugheit und der Erfindungen sei. Diese Funktionen werden durch das Beiwort λόγιος bezeichnet. Wenn dieses auch nur bei späteren Schriftstellern vorkommt[105]), so ist doch der Gedanke, dass H. der Gott der Klugheit und Geschicklichkeit sei, uralt, da schon Odysseus ihm diese Eigenschaften zu verdanken behauptet:

Ἑρμείαο ἕκητι διακτόρου, ὅς ῥά τε πάντων
ἀνθρώπων ἔργοισι χάριν καὶ κῦδος ὀπάζει,
δρηστοσύνῃ οὐκ ἄν μοι ἐρίσσειε βροτὸς ἄλλος,
πῦρ τ' εὖ νηῆσαι, διά τε ξύλα δανὰ κεάσσαι,
δαιτρεῦσαί τε καὶ ὀπτῆσαι καὶ οἰνοχοῆσαι,
οἷά τε τοῖς ἀγαθοῖσι παραδρώωσι χέρηες.[106])

Unter den Erfindungen, welche dem Hermes zugeschrieben werden, nehmen die des Feuers, der Lyra, Syrinx und Flöte die erste Stelle ein[107]), später behauptete man auch, dass er

---

105) Luc. Gall. 2: ἐγὼ δὲ Ἑρμοῦ πάρεδρος ὢν λαλιστάτου καὶ λογιωτάτου θεῶν ἁπάντων. Id. Pseudol. 24: κακὸν κακῶς σε ὁ λόγιος Ἑ. ἐπιτρίψειεν αὐτοῖς λόγοις. Synes. epist. CI p. 240 ed. Petavii: Ἀριστείδην Ἑρμοῦ λογίου τύπον. Arist. Soph. II, p. 307: ὂν (τὸν Δημοσθένη] ἐγὼ φαίην ἂν Ἑρμοῦ τινος λογίου τύπον. Vgl. auch Eunap. in Proaeresio, Julian. orat. VII. Damascius vita Isidori b. Phot. p. 1029. Suid. s. v. τύπος u. Bernhardy z. d. St. Jacobs, Anthol. gr. III, 278: Ἑρμῇ σκίνδετε τῷ λογίῳ. Philostr. vita Apollon. I, 176, 23 ed. Teubn. Athen. 561ᵃ: κατὰ γυμνάσια αὐτὸν [τὸν Ἔρωτα] συνιδρῦσθαι Ἑρμῇ καὶ Ἡρακλεῖ, τῷ μὲν λόγου, τῷ δ' ἀλκῆς προεστῶτι. Cornut. 16. Orph. hy. 27, 4 wird H. λόγου προφήτης genannt. Uebrigens verleiht H. schon bei Hes. ἔργα 79 der Pandora die Stimme.
106) Vgl. o 319 f. Schon die alten Scholiasten bemerken hierzu: Ὅτι κῆρυξ. καὶ γὰρ παρ' Ὁμήρῳ τὰ πολλὰ οὗτοι ποιοῦσι . . . . ἐπειδὴ τὸν Ἑ. τοῦ λόγου λέγουσιν ἔφορον καὶ τῶν τεχνῶν ἐπιστήμονα λέγει Ὀδυσσεὺς ὅτι τῇ τούτου βουλῇ ἐν πάσαις ὑπηρεσίαις δοκιμώτερος τῶν ἄλλων φανήσομαι.
107) Hy. in Merc. 108: σὺν δ' ἐφόρει ξύλα πολλά, πυρὸς δ' ἐπιμαίετο τέχνην. | δάφνης ἀγλαὸν ὄζον ἑλὼν ἐπέλεψε σιδήρῳ | ἄρμενον ἐν παλάμης· ἄμπνυτο δὲ θερμὸς ἀϋτμή κ. τ. λ. Vgl. Kuhn, Herab-

die Sprache, Mathematik, Astronomie und Schrift erfunden habe, was jedenfalls auf Rechnung seiner Identificirung mit dem ägyptischen Hermes oder Thoth zu setzen ist.[105] Auf diese Weise wurde H. zum idealen Typus der Redner[109], dessen Ueberredungskunst niemand zu widerstehen vermochte[110], und man führte die Sitte, ihm die Zunge der Opferthiere zu opfern, auf diese seine Bedeutung zurück.[111] Sehr viel scheint zu einer solchen Auffassung des Gottes auch der eigenthümliche Ausdruck ἑρμηνεύειν beigetragen zu haben, den man allgemein von ʿΕρμῆς ableitete[112]), jedoch, wie mir scheint, mit Unrecht, da er sich ganz ungezwungen zu

kunft d. Feuers u. d. Göttertranks S. 36. Die Erfindung der Lyra beschreibt d. hy. in Merc. v. 25 f., die der Syrinx v. 511: αὐτὸς δ' αὖθ' ἑτέρης σοφίης ἐκμάσσατο τέχνην· | συρίγγων ἐνοπὴν ποιήσατο τηλόθ' ἀκουστήν. Vgl. auch Athen. 184ᵃ: Εὐφορίων δ' ὁ ἐποποιὸς ἐν τῷ περὶ μελοποιῶν τὴν μὲν μονοκάλαμον σύριγγα Ἑρμῆν εὑρεῖν.
108) Apollod. b. schol. z. Od. 23, 198. Diod. V, 75 (vgl. I, 16). Strabo 816. Plut. Q. Conviv. IX, 3. de Iside et Osir. 3. Cic. de nat. deor. III, 22, 56. Hor. ca. I, 10 Mercuri, facunde nepos Atlantis | qui feros cultus hominum recentum | voce formasti catus. Ov. fa. V, 668 Quo didicit culte lingua docente loqui. In Betreff des ägyptischen Thoth vgl. Creuzer, Symbol. II, 287 f. u. Schwenck, Mythol. d. Aegypter S. 177. Als Erfinder der Schrift feiern H. mehrere Epigramme von Schreibern: Anthol. II, 495. 496. 87. III, 69.
109) Jacobs, Anthol. gr. III, 278: Εἰκὼν Καλλίστου τοῦ ῥήτορος· οἱ δὲ παρ' αὐτὴν | ἐρχόμενοι, Ἑρμῇ σπένδετε τῷ λογίῳ. Als Typus der Redner stellen ihn mehrere Bildwerke dar: Müller, Hdb. d. Arch. § 380, 7. Auch das Epitheton ἡγεμὼν Χαρίτων suchte man auf den Ἑ. λόγιος zu beziehen: Plut. de. aud. 13 und schol. z. Il. II, 104. Der Apostel Paulus wurde für H. gehalten ἐπειδὴ αὐτὸς ἦν ὁ ἡγούμενος τοῦ λόγου. Act. Ap. 14, 12. Δημοσθένης Ἑρμοῦ τινος λογίου τύπος Arist. II, 398.
110) Strabo 104: οὐδ' ἂν τῷ Ἑρμῇ πιστεῦσαι τις λέγοντι. Entstand eine plötzliche Stille in einer Gesellschaft, so pflegte man zu sagen: Ἑρμῆς ἐπεισῆλθε, um das Stocken des Gesprächs mit der Erscheinung des Gottes der Beredsamkeit zu erklären: Plut. de garr. 2.
111) Athen. 16ᵇ: προσνέμονται δ' αὐτῷ αἱ γλῶσσαι διὰ τὴν ἑρμηνείαν. Schol. Apoll. Rh. I, 517. Schol. u. Eustath. z. Od. III, 332 u. z. Il. II, 104.
112) Plat. Crat. 407ᵉ: ἔοικε περὶ λόγον τι εἶναι ὁ Ἑρμῆς, καὶ τὸ ἑρμηνεία εἶναι καὶ τὸ ἄγγελον καὶ τὸ κλεπτικόν τε καὶ τὸ ἀπατηλὸν ἐν λόγοις κ. τ. λ. Im Folgenden will Platon den Namen Ἑρμῆς aus εἴρειν = λέγειν erklären. Vgl auch Aristides II, 14. 135. 143. 398.

lateinisch *sermonari* stellen lässt.¹¹³) In Betreff der späteren philosophischen Deutung des H. als *νοῦς* und Prinzip aller Erkenntniss, als *λόγος προφορικός* u. s. w. genügt es auf Preller in Paulys Realencyclopädie IV S. 1849 und Welcker, Götterlehre II S. 452 f. zu verweisen.

Der Vorstellung, dass die Winde aus dem Aether geboren sind und aus Wolken niederfahren, entspricht genau der Mythus von der Abstammung des Hermes vom Aethergotte Zeus ¹¹⁴) und der Wolkennymphe Maia, der ältesten und ehrwürdigsten der Plejaden, d. i. der Regnenden.¹¹⁵) Der herbstliche Untergang dieses Gestirnes bedeutete dem Griechen das Herannahen gewaltiger Regenwolken und Stürme.¹¹⁶) Da nun, wie wir bereits gesehen haben, die Wolken, aus denen die Winde hervor-

---

113) Curtius, Grundz. d. gr. Etymol.⁴ 350 bezweifelt die Pott'sche Ableitung von *ἑρμηνεύω* aus *Ἑρμῆς*, weil er keinen in dieser Weise verwendeten Namen eines Gottes kennt, wogegen Mehlis, Grundidee des Hermes (1875) S. 62 auf *bacchari* (von *Bacchus*) verweist, mit dessen weiteren Ausführungen ich mich jedoch nicht einverstanden erklären kann, weil mir der Bedeutungszusammenhang von *Ἑρμῆς* und *ἑρμηνεύω* unklar ist.

114) Die ältesten Zeugnisse für die Abstammung des H. vom Zeus sind: Il. Ω 333, Od. ϑ 335. Hesiod. Theog. 938. hy. in Merc. 4, 28, 579.

115) *Πλειάδες, Πληιάδες* ist wohl zweifellos mit lat. *plu-it, pluv-ia* zusammenzustellen. Die Form *Πελειάδες* bei Hesiod, Pindar u. A. erklärt sich durch Einschub eines *ε* (vgl. Curtius Gr.⁴ 718 ff.). Dass die Plejaden nicht bloss als Sterne, sondern auch als Nymphen der nährenden Wolken gefasst wurden, ergibt sich

1. aus dem Namen *Μαῖα* = Amme, Mutter.
2. aus der Bezeichnung *νύμφη εὐπλόκαμος* (hy. in Merc. 4 u. 7).
3. aus der Identificirung der Plejaden mit den Ambrosia bringenden Tauben (*πελειάδες*) des Zeus (vgl. Od. μ 59).
4. aus der bei Pindar und Anderen vorkommenden Bezeichnung *ὄρειαι Πελειάδες*, womit man ursprünglich wohl die um die Gipfel der Berge sich lagernden Wolken meinte: vgl. Ar. nub. 279. Theophr. π. σημείων 1, 23; 24; 29. S. 45 Anm. 176.
5. aus dem Mythus von ihrer Abstammung vom westlichen Meeresriesen Atlas, da nach Aristoph. nub. 271 u. 277 die Wolken aus dem westlichen Ocean aufsteigen.

116) Hesiod. ἔργα 619 ff. εὖτ' ἂν Πληϊάδες σθένος ὄμβριμον Ὠρίωνος | φεύγουσαι πίπτωσιν ἐς ἠεροειδέα πόντον, | δὴ τότε παντοίων ἀνέμων θύουσιν ἀῆται | ... νῆα δ' ἐπ' ἠπείρου ἐρύσαι, πυκάσαι τε λίθοισι | πάντοθεν, ὄφρ' ἴσχωσ' ἀνέμων μένος ὑγρὸν ἀέντων. Arat. Phaen. 1064 c. schol. ἡ ἑσπέριος Πληιάδων ἀνατολὴ χειμῶνα ἐπιφέρει.

brechen, mythisch als hohle Berge oder Berghöhlen, gefasst wurden, so entstand mit einer Art Nothwendigkeit die Sage von der Geburt des Windgottes auf einem Hohlberge (Κυλλήνη)[117]), den man später mit dem an Höhlen reichen Kyllenegebirge [118]) Arkadiens identificirte. Es genügt in dieser Beziehung an die bekannte Analogie aus dem Mythus des Apollon zu erinnern, welcher als Sonnengott aus dem Lichtlande (Λυκία) stammen sollte, das später in Kleinasien lokalisirt worden ist. Neben dem Kyllenegebirge werden übrigens auch der Olymp [119]) und der Berg Kerykion bei Tanagra [120]) als Geburtsstätten des Gottes genannt.

Kapitel II.
A.
Die Winde beflügelt, schnell und kraftvoll gedacht.

Als das hervorstechendste Merkmal des Windes erscheint seine ausserordentliche Schnelligkeit [121]), eine Eigenschaft, die von Dichtern zu häufigen Vergleichungen benutzt worden ist. So wird z. B. das rasche Dahinstürmen von Rossen, der schnelle Flug der in ein Traumbild verwandelten Athene, das Fliegen der Adler, das Laufen des Achilles, die Schnelligkeit der Gedanken dem raschen Wehen der Winde verglichen [122])

---

117) Curtius, Grundz. d. gr. Et.⁴ 157.
118) Bursian, Geogr. von Griechenland II, 182. Von der Κυλλήνη heisst H. schon Od. ω 1 Κυλλήνιος.
119) Philostr. vita Apoll. I, 176, 30: ἐν κορυφαῖς τοῦ Ὀλύμπου ἐτράφη.
120) Paus. IX, 22, 3: ἔστιν ... ἐν Τανάγρᾳ καὶ ὄρος Κηρύκιον, ἔνθα Ἑρμῆν τεχθῆναι λέγουσι.
121) Daher die Ausdrücke: Βορέην κραιπνόν ε 385, αἰψηροκέλευθον Hes. Theog. 379, ἀνέμων λαιψηρὰ κέλευθα O 620, ἀνέμων σπέρχωσιν ἄελλαι N 334, κραιπναὶ θύελλαι ζ 171, κραιπνοφόροι αὖραι Aesch. Prom. 132, ταχύπτεροι πνοαί ib. 88, αὖραι θοαί Eur. Tro. 454, θοῇ αὔρῃ Ap. Rh. II, 962, celeres aurae Verg. Aen. IV, 226 u. 357, praeceps Eurus Georg. IV, 29, rapidus ventus ib. VI, 78, ventus ocior fulmine Plin. II, 142. Vgl. auch Tyrt. 12, 4 ed. Bergk. Theogn. v. 534. die snellen winde Parzival 58, 4. Vgl. ausserdem die Namen der Harpyien Ὠκυπέτη, Ὠκυπόδη und Ὠκυθόη bei Apollodor.
122) ἵπποι ... θείειν ἀνέμοισιν ὁμοῖοι K 437. Von den Rossen

— 32 —

und dieses als ein Fliegen gedacht.[123]) Um dieses Fliegen bildlich auszudrücken, versah man nicht nur die Gestalten der gewöhnlichen Winde wie Boreas, Notos, Zephyros, Euros[124]) u. s. w., sondern auch die Boreaden Zetes und Kalais[125]) sowie die Harpyien[126]), unter denen man Personifikationen zweier entgegengesetzten am thrakischen Bosporos häufigen

---

des Achill heisst es *T* 415: νῶϊ δὲ καί κεν ἅμα πνοιῇ Ζεφύροιο θέοιμεν. ἡ δ' ἀνέμου ὣς πνοιὴ ἐπέσσυτο δέμνια κούρης (Athene) ζ 20. κλάγξας πέτετο πνοιῇς ἀνέμοιο *M* 207. τὼ δ' ἕως μέν ῥ' ἐπέτοντο μετὰ πνοιῇς ἀνέμοιο β 148. τὼ ἅμα πνοιῇσι πετέσθην Π 149. τὸν ἀλάδρομον ἀλάμενος | ἅμ' ἀνέμων πνοαῖσι βαίην Arist. av. 1395. ἴσα τ' ἀνέμοις | μάζα λεόντεσσιν ἀγροτέροις ἔκρασσεν φόνον (Achilleus) Pind. Nem. III, 45. Die goldenen Sohlen tragen den Hermes ἠμὲν ἐφ' ὑγρὴν | ἠδ' ἐπ' ἀπείρονα γαῖαν ἅμα πνοιῇς ἀνέμοιο α 97, ε 46, was Vergil Aen. IV, 240 mit „quae sublimem aliis sive aequora supra seu terram rapido pariter cum flamine portant" übersetzt. Noto citius volucrique sagitta ad terram fugit Aen. V, 242. Ventis et fulminis ocior alis ib. V, 319. Qui candore nives anteirent, cursibus auras ib. XII, 84. μή μοι χρύσεια τάλαντα εἴη ἔχειν μηδὲ πρόσθε θέειν ἀνέμων Theocr. Id. VIII, 53. ἀελλόποτε, ἀνεμόπους, πόδαυρος, πνοήπους, ποδάνεμος und ἠνεμόεις sind daher Beiwörter schnellfüssiger Wesen: Θ 409, Ω 77 u. 159. Et. M. 20, 6. Opp. Cyneg. III, 98. Soph. Antig. 354 u. Schneidewin zu d. St., der auf η 36 u. *O* 80 verweist.

123) ταχύπτεροι πνοαί Aesch. Prom. 88. πνοαὶ ὑψικέταν ἀνέμων Pind. Pyth. III, 105. alitis austri Verg. Aen. VIII, 430. volucris auras ib. XI, 795. volant venti ib. XII, 455. Eine Harpyie heisst Ὠκυπέτη. Madidis Notus evolat alis Ov. Met. I, 264.

124) Geflügelte Windgötter am Thurm der Winde in Athen: Müller, Hdb. d. Arch. § 401. Boreas erscheint auf Vasen stets geflügelt: Müller a. a. O. 2. Jahn, Beschreibung der Vasensammlung K. Ludwigs no. 375 u. 748.

125) Die Boreaden haben grosse Schulterflügel auf der Vase no. 805 bei Jahn a. a. O. Vgl. Pind Pyth. IV, 182: Ζήταν Κάλαΐν τε πατὴρ Βορέας [ἔννυνεν] ἄνδρας πτεροῖσιν | νῶτα πεφρίκοντας ἄμφω πορφυρέοις. Nach Hyg. f. 14 tragen sie Flügel an Köpfen und Füssen, nach Apoll. Rh. I, 219 nur an den Füssen: τὼ μὲν ἐπ' ἀκροτάτοισι ποδῶν ἑκάτερθεν ἐρεμνὰς | σεῖον ἀειρομένω πτέρυγας. Auch Zephyros ist am Haupte geflügelt nach Philostr. II, 329, 9 ed. Kayser. Vgl. auch Prop. I, 20, 25 u. Ov. Met. VI, 717.

126) Hes. Theog. 267: ἠϋκόμους θ' Ἅρπυιας, Ἀελλώ τ' Ὠκυπέτην τε, | αἵ ῥ' ἀνέμων πνοιῇσι καὶ οἰωνοῖς ἅμ' ἕπονται | ὠκείῃς πτερύγεσσι. Ap. Rh. II, 267: αἳ δ' ἄφαρ ἠΰτ' ἄελλαι ἀδευκέες, ἢ στεροπαὶ ὣς ἀπρόφατοι νεφέων ἐξάλμεναι ἐσσεύοντο. Vgl. Preller, gr. Myth.² II, 331, 3 u. Müller Hdb. d. Arch. § 401, 3.

Orkane zu verstehen hat [127]), mit Flügeln, die in sehr verschiedener Weise bald an den Schultern bald am Kopfe bald an den Füssen angebracht wurden (Anm. 125). Ausser der Schnelligkeit wird, namentlich von Dichtern, auch der gewaltigen Stärke der Winde oft gedacht, welcher selbst Häuser und kräftige Bäume nicht zu widerstehen vermögen. [128])

B.
Hermes beflügelt, schnell, gewandt und kraftvoll gedacht.
II. als Gott der Gymnastik und Agonistik.

Wie bei den Winden so werden auch bei Hermes besonders die Eigenschaften der Schnelligkeit und Kraft hervorgehoben. Auf seine Schnelligkeit, welcher Hermes gewiss vorzugsweise seine Stellung als Götterbote verdankt, beziehen sich nicht nur die ohne Weiteres verständlichen Ausdrücke θοὸς ἄγγελος, ἄγγελος ὠκύς, τρόχις, ταχινός, ὠκύς [129]), son-

---

127) Wieseler, Gött. Festrede vom 4. Juni 1874 S. 8. S. auch meine Recension v. Mannhardt, Ant. Wald- u. Feldkulte in Jahrb. f. Philol. 1877, S. 406. Schon die Alten leiteten die beiden Namen Ζήτης u. Κάλαϊς richtig von ἄημι ab: schol. Pind. Pyth. IV, 180: ἴσως δὲ τὰ ὀνόματα πεποιημένα ἀπὸ τοῦ πατρός, οἶον Ζαήτην τὸν ἄγαν ἄοντα καὶ πνέοντα, καὶ Κάλαϊν οἶον καλῶς ἄοντα. Κάλ-α-ις ist entstanden aus Καλ-αϝ-ίας wie Ἄλεξις aus Ἀλεξίας (vgl. Benseler in Curtius' Studien z. gr. u. lat. Gr. III, 169 f.), Ζήτης aus Ζα-αϝ-ήτης (vgl. Hesych. s. v. ζάει· πνεῖ Κύπριοι und ζαής, das homerische Beiwort des Windes).
128) ἲς ἀνέμου O 383, P 739. ἀνέμων μένος Hes. ἔργα 869. βίας ἀνέμων Π 212. ἀνέμους καρτεροθύμους Hes. Theog. 378. δεινὸς ἄνεμος Eur. Iph. T 1394. ventorum validis fervescunt viribus undae Lucr. III, 492. καὶ πνεύματ' ἀνέμων οὐκ ἀεὶ ῥώμην ἔχει Eur. Herc. fur. 102. μέμνχε δὲ γαῖα καὶ ὕλη ‖ πολλὰς δὲ δρῦς ὑψικόμους ἐλάτας τε παχείας οὔρεος ἐν βήσσης πιλνᾷ χθονὶ πουλυβοτείρῃ ‖ ἐμπίπτων vom Boreas Hes. ἔργα 508. vix nunc obsistitur illis ‖ Cum sua quisque regant diverso flamina tractu, ‖ Quin lanient mundum Ov. Met. I, 58. Niobe] validi circumdata turbine venti ‖ in patriam rapta est Ov. Met. VI, 310. βίαι τε πνευμάτων ... ἔστιν ὅτε πόλεις ὅλας ἀνέτρεψαν Aristot. de mundo 6 (= ed. Didot III, 640, 28). ἀκαμάτων ἀνέμων μένος Empedocl. b. Laert. Diog. vit. Empedocl. 59. Notus violentus Verg. Aen. VI, 355. violentissimae tempestates Cic. Cluent 49, 138. Eurus violentior Verg. G. II, 107. ventus validus Lucr. III, 508. VI, 137. Gell. XVI, 11. Paus. VIII, 27, 14. Liv. 40, 2: atrox cum vento tempestas coorta .... signa aenea in Capitolio deiecit, forem ex aede Lunae ... raptam tulit et in posticis parietibus Cereris templi adfixit .etc.
129) θοὸς ἄγγελος Hy. in Pan. 29. ταχὺς ἄγγ. Hes. ἔργα 85. ἄγγ.

dern wohl auch der uralte Hauptname Ἑρμ-είας (Ἑρμ-ῆς, Ἑρμ-άων, Ἑρμ-ᾶν) selbst[130]), der wahrscheinlich von der Wurzel *sar* eilen abzuleiten ist.[131]) Besonders beachtenswerth ist es, dass diese Wurzel *sar* im Sanskrit zur Bildung von Worten verwendet wird, die entweder geradezu den Wind bedeuten oder doch seine Schnelligkeit bezeichnen sollen, denn *sar-ayu* wird nach dem Petersburger Wörterbuch der Wind genannt und *sar-anyu* eilig behend ist ein Epitheton der Maruts, welche nach M. Müller, Vorlesungen² II S. 354 Personifikationen der Stürme sind. Endlich gehören noch die Beinamen Εὔκολος und Πολύγνος hierher, unter welchen Hermes zu Metapont und Troizen verehrt wurde.[132]) Beide bezeichneten ihn als den Behenden oder Gewandten; denn Πολύγνος ist ohne Zweifel von γυῖον Gelenk, Glied abzuleiten und bedeutet ebenso wie das von Sophokles (Trach. 504) gebrauchte ἀμφίγυος eigentlich den Gelenkigen, womit auch die Legende wohl übereinstimmt, wonach Herakles, der Heros der Gymnastik, an der Statue dieses Hermes seine Keule niedergelegt haben sollte.[133])

ὠκύς hy. in Cer. 407. τρόχις ταχινός Anthol. ed. Jacobs I, 419. ὠκύς ib. II, 59.

130) Die älteste (epische) Form des Namens ist Ἑρμείας, doch kommt daneben E 390 u. hy. in Ven. 148 auch Ἑρμείας vor, das später in Ἑρμῆς kontrahirt wurde. Ἑρμάων findet sich bei Hesiod (vgl. Strab. I, 42), Ἑρμᾶν auf der Inschrift aus Andania. Vgl. Benseler-Pape, Wörterbuch d. gr. Eigennamen unter Ἑρμᾶς, Ἑρμάων, Ἑρμίας u. s. w. wo ausser den angegebenen Stellen noch andere angeführt sind, und Preller, gr. Myth.² I, S. 294 Anm.

131) Von dieser Wurzel *sar* leitet Fick, Wörterb. d. indogerm. Spr.² 195 auch ὁρμή ab, so dass Welcker (G. I, 342) mit seiner Behauptung, Ἑρμῆς hänge mit ὁρμᾶν und ὁρμή zusammen gewissermassen Recht hat. In Betreff der weiteren Folgerung Kuhns (Haupts Zeitschr. VI, 117 f.), dass Ἑρμῆς dem indischen *Saramejas* entspreche, vergleiche oben S. 12 f.

132) Hes. Εὔκολος· εὐχερής ... καὶ Ἑρμῆς παρὰ Μεταποντίοις. Anders ist εὔκολος Anthol. ed. Jacobs II, 13 zu verstehen. Paus. II, 31, 13: Καὶ Ἑρμῆς ἐνταῦθά ἐστι Πολύγιος καλούμενος. πρὸς τούτῳ τῷ ἀγάλματι τὸ ῥόπαλον θεῖναί φασιν Ἡρακλέα. Schwenck, Philol. Suppl. II, 377 erklärt εὔκολος als „gnädig, gütig".

133) Vgl. Welcker, Götterl. II, 451. Preller, gr. Myth.² I, 322, 2 u. in Paulys Realencyclop. IV, 1849.

Um diese seine Schnelligkeit recht deutlich auszudrücken, wird Hermes ebenso wie die Winde fliegend und folglich auch beflügelt gedacht.[134]) Und zwar versah man gewöhnlich, jedenfalls in Folge der massgebend gewordenen homerischen Tradition [135]), den Gott mit Flügeln an den Füssen [136]), mehrfach aber auch mit solchen an den Schultern oder am Kopfe oder am Kerykeion.[137]) Beachtenswerth erscheint es, dass auch die Boreaden Zetes und Kalaïs, in denen wir soeben ganz offenbare Windgötter kennen gelernt haben, bald an den Schultern, bald an den Köpfen und Füssen beflügelt dargestellt wurden und dass Homer den Flug des Hermes über das Meer als ein mövenartiges Hinstreifen über die Spitzen der Wogen schildert, was augenscheinlich sehr gut zu seiner Bedeutung als Windgott passt, indem die Winde

134) Ω 345 u. ε 49: πέτετο κρατὺς Ἀργειφόντης. πτανός: Anthol. ed. Jac. II, 223. εὔπτερος: ib. III, 4. aliger: Stat. silv. III, 3, 80. Verg. Aen. IV, 255. Ar. av. 573.

135) Ω 340 u. ε 44: αὐτίκ' ἔπειθ' ὑπὸ ποσσὶν ἐδήσατο καλὰ πέδιλα ∥ ἀμβρόσια χρύσεια, τά μιν φέρον ἠμὲν ἐφ' ὑγρὴν ∥ ἠδ' ἐπ' ἀπείρονα γαῖαν ἅμα πνοιῆς ἀνέμοιο. In Bezug auf die πέδιλα bemerkt der Scholiast zu Ω 340: Ἀριστοτέλης αὐτὰ πτερωτὰ οἴεται, ψευδῶς und ebenso meinen Voss, mythol. Br. I, 22, Preller in Pauly's Realenc. IV, 1859 u. gr. Myth.² I, 320, dass Homer noch keine geflügelten Sohlen des Hermes kenne. Mir ist diese Annahme deshalb unwahrscheinlich, weil schon Hesiod im Scutum Herc. 220 dem Perseus πτερόεντα πέδιλα zuschreibt (vgl. auch Eur. El. 460 ποτανοῖσι πεδίλοισι), die er nach Eratosth. catast. 22 u. Hyginus (Poet. astr. II, 12), Lucan. IX, 660, Heraclit de incred. 9 dem Hermes verdankte und weil fast die gesammte spätere Tradition, die doch schliesslich auf Homer beruht, von geflügelten Sohlen des Hermes redet. Vgl. übrigens die betreffende Bemerkung Welckers, Götterl. II, 446, Anm. 60.

136) Daher wird er Anth. II, 91 πτερόπους, Orph. h. 27, 4 πτηνοπέδιλος, Ov. Met. XI, 312 u. fast. V, 300 alipes genannt. In Betreff der Bildwerke vgl. Müller, Hdb. d. Arch. § 379. Die Römer nannten die Flügelschuhe talaria: Vgl. Aen. IV, 239. Prop. III, 28, 5.

137) Schulterflügel scheinen gemeint b. Aristoph. av. 572 καὶ νὴ Δί' ὅ γ' Ἑρμῆς ∥ πέτεται θεὸς ὢν πτέρυγάς τε φορεῖ. Sicher sind dieselben auf dem Vasengemälde von Volci bei Micali 85. Auch an der Brust des H. sollen sie vorkommen nach Preller, gr. Myth.² I, 321, 1. Die Kopfflügel sind jünger (Müller, Hdb. § 379, 3). Mehrfach kommen auch Flügel am Kerykeion vor: Preller in Pauly's Realenc. IV, 1860. Müller-Wieseler, Denkm. d. a. K. II, 28, 306ᵈ; 29, 319; 322; 323.

ja auch in der Regel dicht über der Oberfläche des Bodens und des Wassers hinzufahren scheinen.[138])

Nicht minder wie die Schnelligkeit wird aber auch die Kraft des Hermes anerkannt. Besonders häufig wird er κρατύς genannt, ein Beiwort das bei Homer 7 mal in Verbindung mit Ἀργειφόντης vorkommt[139]); einmal (Γ 72) heisst er σῶκος, was ebenfalls wohl den Starken bezeichnet, da σωκέω sich in der Bedeutung „Kraft haben, vermögen" nachweisen lässt.[140]) Im Hymnus auf Hermes wird die grosse Kraft gerühmt, die er schon als kleiner Knabe besessen habe.[141])

Aus diesen beiden Eigenschaften der Schnelligkeit und Stärke nun ist es offenbar zu erklären, dass Hermes der Gott der Gymnastik und Agonistik, der Gott und das Ideal der Jünglinge geworden ist, weil Schnelligkeit und Kraft die beiden Hauptstrebziele der in den Gymnasien und Palästren sich tummelnden Epheben waren.[142]) Die Beinamen des Hermes als Gottes der Leibesübungen sind bekanntlich ἀγώνιος und ἐναγώνιος[143]), als welchem ihm vor den Eingängen der

---

138) ε 51: στεῦτ᾽ ἔπειτ᾽ ἐπὶ κῦμα λάρῳ ὄρνιθι ἐοικώς, ‖ ὅς τε κατὰ δεινοὺς κόλπους ἁλὸς ἀτρυγέτοιο ‖ ἰχθῦς ἀγρώσσων πυκινὰ πτερὰ δεύεται ἅλμῃ.
139) Π 181, Ω 345, ε 49, 148. hy. in Merc. 294, 414, hy. in Ven. 129.
140) Nach Apollon. Soph. 148, 15 ed. Bekker, Hesych. s. v. u. Etym. M. 742, 10 gab es verschiedene Deutungen dieses Wortes (σωσίοικος, ὁ ὠκέως σοούμενος, κρατύς), doch ist jedenfalls die Deutung κρατύς vorzuziehen, weil, wie schon die Alten bemerkt haben, σωκεῖν bei Soph. El. 119 u. Aesch. Eum. 36 in der Bedeutung stark sein, vermögen vorkommt. Vgl. auch d. Schol. zu Τ 72. Preller, gr. Myth.³ I, 306, 1 fasst σῶκος in der Bedeutung von σωτήρ. Ebenso Welcker, Götterl. II, 439, 20.
141) Hy. in Merc. 117: δύναμις δέ οἱ ἔπλετο πολλή. Vgl. v. 101, wo er Διὸς ἄλκιμος υἱός heisst.
142) Corn. Nep. v. Epam. 2: postquam ephebus factus est et palaestrae operum dare coepit non tam magnitudini virium servivit quam velocitati. Arist. rhet. I, 5, 6: νεότης ... ἀγαθὴ κατ᾽ ἀρετὴν σώματος, οἷον μέγεθος, κάλλος, ἰσχύν, δύναμιν ἀγωνιστικήν. Xenophanes b. Athenaeus X, 6 stellt ebenfalls die ταχυτής neben die ῥώμη. Vgl. auch Hermann, Privatalt. § 35 f. Bekker, Char.² II, 31.
143) Pind. Ol. VI, 135: Ἑρμᾶν ... ὃς ἀγῶνας ἔχει μοῖράν τ᾽ ἀέθλων. Hierzu bemerkt der Scholiast: ἐναγώνιος γὰρ ὁ θεός. Id. N. X, 53: ταμίαι Σπάρτας ἀγώνων μοῖραν Ἑρμᾷ καὶ σὺν Ἡρακλεῖ διέποντι. Id. Pyth. II, 10: ὅ τ᾽ ἐναγώνιος Ἑρμᾶς αἰγλᾶντα

Stadien, in den Palästren und Gymnasien, z. B. in dem zu Phigalia und dem Ptolemäischen in Athen Statuen errichtet wurden.¹⁴⁴) Oft scheint Herakles neben ihm verehrt worden zu sein.¹⁴⁵) Natürlich galt Hermes als Gott der Wettkämpfe und Leibesübungen auch selbst als der vollendete göttliche Typus eines Faustkämpfers oder Läufers oder Diskobols und wurde bildlich oft als Palästrit mit dem Diskus oder der Strigel dargestellt.¹⁴⁶) Auf diese Weise musste sich mit der, namentlich seit dem siebenten Jahrhundert, zunehmenden Wichtigkeit der Gymnasien und Ringschulen, allmählich der ältere Hermestypus, welcher, wie wir oben gesehen haben, den Götter-

---

τίθησιν κόσμον. Id. Isthm. I, 60: ὅσ' ἀγώνιος Ἑρμᾶς Ἡροδότῳ ἔκορεν. Simonides b. Ath. XI, 490 f. Arist. Plut. 1161. Heliodor. Aeth. X, 31 p. 304 Bekker. Nach einer von A. Mommsen, Heort. 257, mitgetheilten Inschr. erhielten H. ἐναγώνιος und die Chariten auch an den Eleusinien ein Opfer. Arnob. adv. gentes III, 23: Mercurius curat ceromas, pugillatibus et luctationibus praeest. Tertull. de spectr. c. 11. Hor. ca. I, 10, 2: Mercuri ... qui feros cultus hominum recentum voce formasti catus et decorae more palaestrae. Ov. fa. V, 667: nitida laetum palaestra. Prylis und Palaestra, Kinder d. H.: Tzetz. Lyk. 219 u. Philostr. Im. II, 32 p. 858 Jacobs.

144) Paus. V, 14, 7: τῆς ἰσόδου δὲ τῆς ἐς τὸ στάδιόν εἰσιν ἐγγύτατα βωμοὶ δύο· τὸν μὲν αὐτῶν Ἑρμοῦ καλοῦσιν Ἐναγωνίου, τὸν δὲ ἕτερον Καιροῦ. Id. VIII, 32, 3: Ἡρακλέους δὲ κοινός καὶ Ἑρμοῦ πρὸς τῷ σταδίῳ ναός ... ἦν. Id. VIII, 39, 6: Ἐν δὲ τῷ γυμνασίῳ τὸ ἄγαλμα τοῦ Ἑρμοῦ ἀμπεχομένῳ μὲν ἔοικεν ἱμάτιον. Id. I, 2, 5: ἔχει δὲ γυμνάσιον Ἑρμοῦ καλούμενον. Ib. 17, 2: ἐν δὲ τῷ γυμνασίῳ ... Πτολεμαίου ... καλουμένῳ λίθου .. εἰσιν Ἑρμαῖ θέας ἄξιοι. Cic. ad Att. I, 4 u. 10. Verr. II, 5, 72, 185. Vgl. auch die Inschrift aus einer spartanischen Palästra im Rhein. Mus. N. F. I, 244 no. 24, ferner Müller, Hdb. d. Arch. § 380, 1 u Anthol. gr. ed. Jac. I, 219. 5. II, 58, 2. 217, 21. Dem H. ἐναγώνιος weiht ein Gymnasiarch eine Statue nach einer Inschrift bei Boeckh, Staatsh. II, 165.

145) Krause in Paulys Realenc. III, 988. Anthol. gr. I, 227, 29. Cic. ad Att. I, 10, 3. Pind. Nem. X, 53. Plew in Prellers gr. M.³ I, 337, 3.

146) Corinna b. Apoll. de Pron. 355 C. (fr. 11 ed. B.): περὶ τεοῦς Ἑρμᾶς κοτ' Ἄρενα πουκτεύι. Philostr. Her. II, 6 (II p. 146 ed. H.). Als Läufer erscheint er b. Heracl. de incredib. 9, bei Philostr. Her. II, 2 (II, 142, 7 ed. H.) u. in den von Müller, Hdb. d. Arch. § 380, 7 citirten Bildwerken, als Diskobol ebenda § 380, 3, als Palästrit mit der Strigel auf einer attischen Münze bei Beulé p. 362. Mit der Strigel sollte er als πρόμαχος Tanagra gerettet haben: Paus. IX, 22, 2. Tzetz. Lyk. 680.

herold als einen gereiften bärtigen Mann (σφηνοπώγων) darstellte, in das Ideal eines göttlichen Epheben verwandeln [147]), wozu auch einzelne homerische Stellen mit beigetragen haben mögen [148]), in denen H. als zarter Jüngling erscheint, dem der erste Bart zu sprossen beginnt. Daher wurde Hermes ἐναγώνιος vorzugsweise von Jünglingen verehrt [149]) und als χαριδώτης, d. i. als Verleiher jugendlicher Anmuth gepriesen. [150]) Auch wissen wir, dass ihm an verschiedenen Orten Wettkämpfe von Knaben und Jünglingen unter dem Namen Ἕρμαια gefeiert wurden, z. B. zu Pheneos, Pellene, Athen, Syracus und Teos. [151])

Kapitel III.

A.
Die Winde als Räuber, Diebe und Betrüger.

Zu den hervorstechendsten Eigenschaften der Winde gehört auch ihr räuberisches, diebisches und trügerisches Wesen, das uns in der Natur oft genug entgegentritt. [152]) Wie häufig

---

147) Müller, Hdb. § 380.
148) Ω 317: βῆ δ' ἰέναι κούρῳ αἰσυμνητῆρι ἐοικώς, ‖ πρῶτον ὑπηνήτῃ, τοὔπερ χαριεστάτη ἥβη. Aehnlich x 278 und Verg. IV, 558. Vgl. auch Luc. de sacrif. 11. Ein späterer Dichter vergleicht d. Hände seines Bathyll denen d. Hermes (Anacreont. 16, 31 B.).
149) Anth. gr. I, 228, 33 weiht ein Ephebe dem H. sein Knabenspielzeug, ib. III, 175, 123 ein jugendlicher Sieger im Fackellaufe seine Fackel.
150) Od. o 319: Ἑρμείαο ἕκητι διακτόρου, ὅς ῥά τε πάντων ‖ ἀνθρώπων ἔργοισι χάριν καὶ κῦδος ὀπάζει. Hom. hy. XVIII, 12: χαῖρ' Ἑρμῆ χαριδῶτα, διάκτορε, δῶτορ' ἑάων. Plut. Q. Gr. 55.
151) Paus. VIII, 14, 7: θεῶν δὲ τιμῶσιν Ἑρμῆν Φενεᾶται μάλιστα. καὶ ἀγῶνα ἄγουσιν Ἕρμαια. Schol. Ol. VII, 156: τελεῖται δὲ ἐν μὲν Πελλήνῃ ... ἀγών ... τὰ Ἕρμαια· τὸ δὲ ἆθλόν ἐστι χλαῖνα. Rh. Mus. N. F. VI, 599. Ἕρμαια in Athen erwähnt Aesch. in Tim. 10 u. Plat. Lys. 206ᵈ u. 223ʰ. Theophr. char. 27: εἰς Ἕρμαια συμβάλλεσθαι τοῖς μειρακίοις καὶ λαμπάδα τρέχειν. Schol. in Plat. Lys. 206ᵈ: εἰκὸς τοὺς ... νέους Ἑρμῇ ἀπαρχομένους τῆς τιμῆς, καθότι ἔφορος τῆς παλαιστρικῆς, Ἑρμαῖα τὴν τελετὴν ὀνομάζειν. λέγεται δὲ παίδων οὕτως ἀγὼν παρὰ Συρακοσίοις, ὥς φησι Διογενιανός. Ἕρμαια zu Teos C. I. G. 3087. Vgl. auch Rangabé, Ant. hell. n. 1079.
152) Auch in der germanischen Mythologie erscheinen die Winde

geschieht es nicht, dass der Wind den Menschen irgend einen Gegenstand entführt, oder dass er sei es auf dem Meere oder im Gebirge — wo die tückische Bora weht — Menschen und Thiere spurlos verschwinden lässt! Kein Wunder also, wenn so oft von der *fallacia* oder *protervitas* (*petulantia*) der Winde die Rede ist[153], oder wenn die trügerische Volksgunst (*aura popularis*) mit den täuschenden Winden verglichen wird.[154] Die Fähigkeit des Windes Allerlei verschwinden zu lassen ist sogar sprichwörtlich geworden, was aus Redensarten wie ἀνέμοις παραδοῦναί τι und *ventis dare aliquid* hervorgeht.[155] Ganz besonders deutlich liegt die Raublust der Winde im Namen und Mythus der Ἅρπυιαι ausgesprochen, welche, wie aus Od. υ 66 und 77 ersichtlich ist, von Homer den θύελλαι völlig gleichgesetzt werden und deren Name zweifellos von ἁρπάζειν rauben abzuleiten ist. Bekanntlich treten diese Harpyien in der Argonautensage und bei Vergil als gefrässige Räuberinnen von Speisen auf[156], aber es heisst auch von ihnen als räuberisch und gefrässig: Grimm, d. Mythol. 602. Mannhardt, antike Wald- u. Feldkulte S. 94 f. Ov. a. a. I, 388 nennt den Wind rapax. Vgl. auch Ov. fa. V, 203. Varro b. Non. I, 222: Venti ... secum ferentes tegulas ramos syrus. Plin. h. n. II, 103: Venti ingruunt inanes iidemque cum rapina remeant. Sen. q. nat. II, 6, 3: Pondera per magnum spatium ablata gestante vento. Das bekannte homerische Beiwort der Winde λαβρός; hängt wahrscheinlich mit Wurzel λαβ fassen, greifen zusammen. Vgl. weiter unten Anm. 156—158.

153) aurae fallaces Verg. Aen. V, 850. venti protervi Hor. ca. I, 26, 2. petulantes aurae Lucr. VI, 111. Im Griechischen entsprechen die von Pollux Onom. I, 111 erwähnten Ausdrücke ἄνεμος ἀσελγής und ὑβριστής. Ebenderselbe führt auch κατασύρω und παρασύρω als vom Winde gebraucht an.

154) Vgl. Klotz, Hdw. d. lat. Spr. unter aura.

155) Eur. Tro. 419. Id. Bacch. 360. Verg. Aen. X, 652 und Servius z. d. St. Hor. ca. I, 26, 2. Ov. am. I, 6, 42. Apoll. Rh. I, 1334. Od. ϑ 409. Vgl. auch hiberni condunt ubi sidera Cori Verg. Aen. V, 126. vires in ventum effundere Verg. Aen. V, 446. verba profundere ventis Lucr. IV, 932; auras omnia discerpunt, et nubibus irrita donant Verg. Aen. IX, 313 (vgl. ib. XI, 795). Theocr. XXIX, 37 u. XXII, 167. Tib. I, 4, 21; III, 6, 27; Cat. XXX, 9; LXIV, 12; LXXV, 17; Ov. Met. VIII, 134; Ov. am. I, 6, 42. Ebenso ist auch bei andern Völkern die Treulosigkeit der Winde sprichwörtlich geworden, namentlich bei den Deutschen: vgl. Wander, deu. Sprichwörterlex. V S. 249 no. 32; S. 251 no. 98.

156) Apoll. Rh. II, 188: Ἅρπυιαι ... ἥρπαζον. Apollod. I, 9, 21:

ebenso wie von den ἄελλαι oder θύελλαι, dass sie die Menschen, welche auf unerklärliche Art spurlos verschwunden sind, geraubt hätten, namentlich sollen sie die Töchter des Pandareos entführt und den Erinnyen übergeben haben.[157] Der stehende Ausdruck von diesen die Menschen dahin raffenden Sturmwinden ist entweder ἀνερείπεσθαι oder ἀναρπάζειν.[158] Sehr bekannt ist ferner die Sage von der durch Boreas entführten Oreithyia, worin Welcker und Preller mit grosser Wahrscheinlichkeit eine mythische Schilderung des durch den Nordwind vertriebenen Morgennebels erkannt haben.[159] Auch der Mythus von Harpalykos, dem wilden Thrakerfürsten, dem Sohne des Hermes (Theocr. id. 24, 114) und seiner Tochter Harpalyke gehört hierher. Letztere ist, um mit Preller[160] zu reden, eine ächte Windsbraut, welche schneller war als die schnellsten Rosse, schneller als die

---

ἐξ οὐρανοῦ καθιπτάμεναι τὰ μὲν πλείονα ἀνήρπαξον. Verg. Aen. III, 227: diripiuntque dapes.
157) Od. v 66: ὡς δ᾽ ὅτε Πανδαρέου κούρας ἀνέλοντο θύελλαι. ib. 77: τόφρα δὲ τὰς κούρας ἅρπυιαι ἀνηρείψαντο || καί ῥ᾽ ἔδοσαν στυγερῇσιν ἐρινύσιν ἀμφιπολεύειν.
158) Od. α 241 u. ξ 371: νῦν δέ μιν ἀκλειῶς ἅρπυιαι ἀνηρείψαντο. ib. 727: νῦν αὖ παῖδ᾽ ἀγαπητὸν ἀνηρείψαντο θύελλαι ἀκλέα ἐκ μεγάρων (den Telemach). Hy. in Ven. 208 heisst es vom Ganymedes φίλον υἱὸν ἀνήρπασε θέσπις ἄελλα. Vgl. auch schol. in Il. Υ 234: θύελλα καὶ νέφος ἥρπασεν αὐτόν. Penelope fleht Od. v 63: ἢ ἔπειτά μ᾽ ἀναρπάξασα θύελλα || οἴχοιτο προφέρουσα κατ᾽ ἠερόεντα κέλευθα, || ἐν προχοαῖς δὲ βάλοι ἀψορρόου Ὠκεανοῖο. Aehnlich Helena Il. Ζ 345: ὡς μ᾽ ὄφελ᾽ ἤματι τῷ ὅτε με πρῶτον τέκε μήτηρ || οἴχεσθαι προφέρουσα κακὴ ἀνέμοιο θύελλα || εἰς ὄρος ἢ εἰς κῦμα πολυφλοίσβοιο θαλάσσης. Ausserdem begegnen wir dem Ausdruck ἀναρπάξασα θύελλα noch Od. δ 515, θ 409, ε 419, ψ 316. Schol. Pind. Pyth. II. 39: ὑπὸ δίνης καὶ θυέλλης αὐτὸν [τὸν Ἰξίονα] ἐξαρπασθέντα φθαρῆναί φασιν. Nach Hesiod b. Strab. VII p. 463C entführten die Harpyien den Phineus in das Land der Glaktophagen: τὸν Φινέα ὑπὸ τῶν Ἁρπυιῶν ἄγεσθαι „Γλακτοφάγων εἰς αἶαν ἀπήναις οἰκί᾽ ἐχόντων." Orph. Arg. 680 ed. Herm.: Βορέης στροφάδεσσιν ἀέλλαις || ἁρπάξας ἐκύλινδε κ. τ. λ. Auch in germanischen Mythen tragen die Winde Menschen mit sich fort: Mannhardt, antike Wald- und Feldkulte S. 93. Luc. v. h. I, 34: ἀνέμῳ σφοδρῷ ἁρπασθέντες. Ov. Met. VI, 311 [Niobe] validi circumdata turbine venti || in patriam rapta est.
159) Welcker, G. I, 87. A. D. III, 154 f. Preller, gr. Myth.² II, 149.
160) Preller, gr. M.² II, 152.

Strömung des Hebros und dabei eine so rüstige Amazone, dass sie ihrem Vater das Leben rettete. Doch erschlug diesen zuletzt sein eigenes Volk, weil er gar zu wild war, worauf die Tochter sich in die Wälder warf und lange vom Raub der jungen Zicklein und Böcke lebte, die sie aus den Ställen entführte. Keiner konnte sie einholen, auch auf dem schnellsten Rosse nicht, bis sie sich zuletzt in ausgespannte Jagdnetze verfing und von den Hirten erschlagen wurde.[161]) Es braucht kaum bemerkt zu werden, dass der Name Ἁρπαλύκη mit ἁρπάζειν zusammenhängt und dass der ganze Mythus offenbar auf der echt hirtenmässigen Vorstellung beruht, dass die jungen Zicklein und Böcke, welche so oft spurlos im Gebirge verschwinden, von der stürmischen Windsbraut wie von einer räuberischen Wölfin gemordet würden. Der eigenthümliche Zug der Sage, dass sie sich zuletzt in ausgespannten Jagdnetzen verfangen habe, dürfte mit dem ziemlich verbreiteten Glauben zusammenhängen, dass man das Toben der Winde beschwichtigen könne, wenn man schlauchartige Felle ausspanne, in denen sich dann die Winde verfingen [162]), eine Annahme, die auch der bekannten Sage vom Windschlauche des Aeolos zum Grunde liegt.

B.
Hermes als Räuber, Dieb und Betrüger.

Sehr zahlreich und mannichfaltig sind die Mythen und Beinamen, die sich auf den räuberischen, diebischen und lügenhaften Charakter des Hermes beziehen, welcher sich, wie man auf Grund der vorstehenden Betrachtung wohl zugestehen wird, leicht aus seiner ältesten Bedeutung als Windgott erklärt. Vor Allem zeigen sich jene Eigenschaften des Windgottes in der Bewegung der Wolken, welche der Sturm plötzlich, oft über Nacht, von ihren Standorten entführt, um sie an unbekannten Orten zu verbergen, worauf sie ebenso

---

161) Verg. Aen. I, 317. Vgl. Servius zu d. St. u. Hygin. f. 193.
162) Vgl. Diog. L. VIII, 60. Philostr. v. Apoll. VIII, 3. Clem. Al. Str. VI p. 754. Suid. s. v. Ἄμυκλαι, ἄπνους, δορά. Hes. s. v. εὐδάνεμος u. ἀνεμοκοῖται. Vgl. unten Kap. X.

plötzlich wieder am Himmel erscheinen. Wenn nun die Wolken von der mythenbildenden Phantasie des Volkes zu einer Zeit, wo Viehheerden das hauptsächlichste Besitzthum bildeten [163]) und folglich Viehdiebstähle ausserordentlich häufig waren [164]), als milchspendende Rinder angeschaut wurden, so musste daraus jener Mythus von einem Rinder stehlenden Windgotte Hermes entstehen, der uns in mehreren in der Hauptsache übereinstimmenden Versionen vorliegt. [165]) Nach diesem Mythus, dessen echt hirtenmässige, Einfachheit und derb volksthümliche Komik gewiss auf ein sehr hohes Alter schliessen lässt, begibt sich Hermes am Abend seines Geburtstages heimlich von Kyllene nach Pierien am Fusse des Olympos, wo die schneeweissen goldgehörnten Rinder der Götter [166]) weideten, treibt sie fort, verwischt auf listige Weise ihre Spuren und verbirgt sie schliesslich in einer Höhle, die man später bei Pylos, wo die eigenthümlichen Bildungen einer Tropfsteinhöhle an aufgehängte Kuhhäute erinnern, wiederfinden wollte. [167]) Dies ist höchst wahrscheinlich der einfache

163) Schömann, gr. Alt. I,¹ 69.
164) Solche Rinderdiebstähle spielen daher in der Mythologie eine bedeutende Rolle. Man denke an die Sagen vom Melampus, von den Söhnen des Pterelaos, von Geryoneus, Autolykos, Alkyoneus, Cacus u. s. w. Der Ausdruck ἄγειν (agere) in der Redensart ἄγειν καὶ φέρειν (agere et ferre) bezieht sich wohl auf das Forttreiben des Viehes.
165) Quellen dieses Mythus sind: 1) der Hymnus auf Hermes v. 69 ff. 2) Antoninus Liberalis 23, der wiederum aus Hesiods grossen Eöen, Nikandros, Didymarchos, Antigonos und Apollonios Rhodios schöpfte und in manchen Punkten den Hymnus ergänzt. Danach weidete Apollon die Rinder dort, wo sich die Heerden des Admetos befunden, und Hermes wendete, um sich ihrer zu bemächtigen, zunächst den Hunden gegenüber eigenthümliche Mittel (λήθαργον καὶ κυνάγχην) an, so dass sie der Rinder vergassen und nicht mehr zu bellen vermochten. 3) Alkaeos b. Paus. VII, 20, 2. 4) Apollod. III, 10, 2. 5) Ovid. Met. II, 679. 6) Philostr. im. I, 26 (= II, 330 ed. K.).
166) Im Hymnus auf Hermes findet sich ein eigenthümlicher Widerspruch, indem v. 71 und 309 von θεῶν μακάρων βόες, dagegen v. 102 u. 340 von Rindern des Apollon gesprochen wird. Wahrscheinlich löst sich dieser Widerspruch, wenn man annimmt, dass die Rinder in der That das Eigenthum der Götter, namentlich des Zeus, waren und von Apollon in deren Auftrage nur geweidet wurden.
167) Vgl. Bursian, Geogr. v. Griechenl. II, 177 und Vischer, Er-

Urkern des Mythus gewesen, an den sich später noch verschiedene Einzelheiten, die Erfindung der Lyra, der Syrinx, des Feuers, der Verrath des Battos, die Entwendung der apollinischen Pfeile und so weiter angeschlossen haben. Dass nun unsere Erklärung des Mythus die grösste Wahrscheinlichkeit für sich habe, d. h. dass in der That die am Olymp in Pierien vom Apollon geweideten Rinder der Götter die Wolken bedeuten, scheint mir aus folgenden Erwägungen hervorzugehen.[168] Zunächst darf es als eine der sichersten Annahmen der vergleichenden Mythologie bezeichnet werden, dass die Wolken als milchspendende Kühe oder Schafe gelten. So werden in den Vedaliedern die Wolken oft als Indras Kühe gefasst, die der Gott mit dem Blitze melkt, so dass sie ihre Milch, den erquickenden Regen, auf die Erde niederträufeln lassen (Mannhardt, German. Mythen S. 3 ff.). Dieselbe Auffassung findet sich auch bei den Germanen und Finnen (Mannhardt, a. a. O. S. 7 ff.). Auch von den Maruts heisst es an mehreren Stellen, dass sie die himmlischen Wolkenkühe melken: „O Maruts, ihr erhebt euch aus dem Wolkenmeer; Ihr lasst den Regen regnen, wasserreiche ihr, Und eure Kühe, herrliche, versiegen nie" (Rigveda übers. v. Grassmann I, S. 207). „Die Ströme, die mit Fluthen drangen durch die Luft, Ergossen sich den Kühen gleich" (ebenda S. 204). „Wie Flammen leuchtend, Strahlen schiessend mit Gewalt Den Wirbel blasend liessen sie die Küh' heraus ... Mit flammenreichen Kühen, deren Euter strotzt, auf unbefleckten Pfaden, lanzenglänzende; Wie Gänseschaaren zu den Ställen

---

innerungen S. 436 f. Dieselbe Grotte galt auch als der Stall der Rinder des Nestor und Neleus nach Paus. IV, 36, 2.
168) Andere haben andere Deutungen versucht. So beziehen Welcker (Götterl. I, 338 f.), Preller (gr. Myth.² I, 302 ff.), Schwenck (Rh. Mus. 1855 S. 371) die von Apollon geweideten Rinder der Götter auf das Sonnenlicht, welches jeden Abend verschwindet. Wehrmann im Magdeburger Progr. vom J. 1849 S. 17 denkt an die Tage, welche, wenn sie nach der Sonnenwende abnehmen, gleichsam rückwärts gehen und in das nächtliche Dunkel der Unterwelt hinein getrieben werden. Lauer versteht unter den Rindern die Sterne, welche der nächtliche Himmel gleichsam der Sonne raubt (System der gr. Mythol. S. 228). Noch eine andere Deutung bei Ahrens, Philol XX, 401 ff. und v. Hahn, Sagwissenschaftl. Studien 160.

kommt ihr her, Zum Rausch des Methes, Maruts, gleich an kühnem Muth" (ebenda S. 44).

Wenn von der germanischen Holda gesagt wird, dass sie zuweilen bei rauhem Wetter ganze Heerden schwarzgrauer Kühe und Schafe in die Wälder treibe, so hat man nach Mannhardt (German. Mythen S. 8, 4) und Simrock (Handb. d. deutschen Myth.[1] 248) darunter „offenbar vom Wind gejagte Regenwolken" zu verstehen. Zu Derenburg im Halberstädter Kreise heisst ein leichtes flockiges Gewölk Lämmergewölk; haben die Wolkentheile grössere Ausdehnung, so spricht man von Himmelskühen. Um Kremsmünster (Oestreich) hört man statt Lämmchen Kuh „die Küh' stehn als still," d. i. die Wolken bewegen sich nicht (Mannhardt, Ant. Wald- u. Feldkulte S. 203 Anm. 3).[169]) Leichte Wolken nennt man im Schwerinschen Schafe, dunklere Kühe, ganz dunkle Ochsen. Die Wüsten-Beduinen fassen dagegen ihren Anschauungen entsprechend die Wolken als Kamele, welche der Wind treibt und befruchtet, als gefüllte Euter, aus welchen die Regenmilch niederströmt (Mannhardt, a. a. O. Vorr. S. XXV).

Auch auf griechischem Boden begegnen wir noch einige Male derselben Vorstellung, wie im Mythus von dem Rinderdiebstahl des Hermes, dass die Wolken himmliche Kühe oder Schafe seien.[170]) Ich erinnere namentlich an die purpurrothen Rinderheerden[171]) des Geryoneus auf der rothen Insel des westlichen Okeanos (Ἐρύθεια), die Herakles als Sonnenheros raubt und gen Osten treibt. Höchst wahrscheinlich hat man unter diesen rothen Rindern des äussersten Westens die purpurnen Abendwolken zu verstehen, von denen man annahm, dass sie vom Sonnenhelden entführt im Osten als Wolken der Morgenröthe wieder auftauchten. Eine

---

169) Vgl. auch die von Brinkmann in Herrigs Archiv 56 (1876) S. 365 angeführten Sprichwörter und Ausdrücke der romanischen Sprachen.

170) Arist. nub. 347 vergleicht gewisse Wolken mit Rindern. Aehnlich sagt Theocr. id. XXV, 88: αὐτὰρ ἔπειτα βό'ες μάλα μυρίαι ἄλλαι ἐπ' ἄλλαις ‖ ἐρχόμεναι φαίνονθ' ὡσεὶ νέφη ὑδατόεντα, ‖ ὅσσα τ' ἐν οὐρανῷ εἰσιν ἐλαυνόμενα προτέρωσε ‖, ἠὲ Νότοιο βίῃ ἠὲ Θρηκὸς Βορέαο.

171) Apollod. II, 5, 10: εἶχε δὲ φοινικᾶς βόας.

ganz ähnliche Bedeutung scheint auch der goldene Widder zu haben, der, von Zeus oder Hermes der Nephele gesandt, den Phrixos und die Helle durch die Luft und über's Meer nach dem östlichen Sonneneiland Aea entführt.[172]) Forchhammer versteht unter dem goldenen Widder die fruchtbaren, goldglänzenden Wolken, welche, vom Kaikias nach Osten getrieben, sich über der kalten Strömung des Hellespotos zu Regentropfen verdichten, um dann weiter nach dem Kaukasus zu ziehen.[173]) Auch das $\varDelta\iota\grave{o}\varsigma$ $\varkappa\dot\omega\delta\iota o\nu$ im Zeuskultus scheint auf die Regenwolke bezogen werden zu müssen.[174])

Der im Hymnus auf Hermes angenommene Standort der Götterrinder am Olympos kann ebenfalls für unsere Deutung verwerthet werden, da man diesen Berg, den Sitz des $\nu\epsilon\varphi\epsilon\lambda\eta\gamma\epsilon\varrho\acute{\epsilon}\tau\eta\varsigma$ $Z\epsilon\acute{v}\varsigma$ und der übrigen Götter[175]), oft von Wolken umlagert sah.[176])

172) Für diese Auffassung des Mythus spricht nicht blos der wichtige Umstand, dass Phrixos und Helle die Kinder der $N\epsilon\varphi\acute{\iota}\lambda\eta$ (Wolke) sind und durch die Luft nach Osten entführt werden, sondern auch die Thatsache, dass gewisse Wolkengattungen — die bei uns Schäfchen heissen — von den Alten mit Schafwolle ($\pi\acute{o}\varkappa o\iota$, vellera lanae) verglichen werden. Vgl. Theophr. fr. VI, 1, 13: $\ddot{o}\tau\alpha\nu$ $\nu\epsilon\varphi\acute{\epsilon}\lambda\alpha\iota$ $\pi\acute{o}\varkappa o\iota\varsigma$ $\dot{\epsilon}\varrho\acute{\iota}\omega\nu$ $\ddot{o}\mu o\iota\alpha\iota$ $\ddot{\omega}\sigma\iota\nu$ $\ddot{\upsilon}\delta\omega\varrho$ $\sigma\eta\mu\alpha\acute{\iota}\nu\epsilon\iota$. Arist. nub. 343. Arat. Phaen. 938: $\pi o\lambda\lambda\acute{\alpha}\varkappa\iota$ δ' $\dot{\epsilon}\varrho\chi o\mu\acute{\epsilon}\nu\omega\nu$ $\acute{\upsilon}\epsilon\tau\tilde{\omega}\nu$ $\nu\acute{\iota}\varphi\epsilon\alpha$ $\pi\varrho o\varkappa\acute{\alpha}\varrho o\iota\vartheta\epsilon\nu$ | $o\tilde{\iota}\alpha$ $\mu\acute{\alpha}\lambda\iota\sigma\tau\alpha$ $\pi\acute{o}\varkappa o\iota\sigma\iota\nu$ $\dot{\epsilon}o\iota\varkappa\acute{o}\tau\epsilon\varsigma$ $\dot{\iota}\nu\delta\acute{\alpha}\lambda\lambda o\nu\tau\alpha\iota$. Lucr. VI, 504 veluti pendentia vellera lanae. Verg. Geo. I, 397: Tenuia nec lanae per coelum vellera ferri. Plin. n. h. XVIII, 356: Nubes, ut vellera lanae, spargentur. Ebenso deuten das goldene Vliess Preller, gr. Myth.² II, 312. Lauer 155 u. 402. Mannhardt, germ. M. 63.

173) Forchhammer, Hellenika S. 170 u. in Fleckeisens Jahrb. f. Philol. 1875 S. 391 ff.

174) Preller, gr. Myth.² I, 112 und 164.

175) $O\mathring{v}\lambda v\mu\pi\acute{o}\nu\delta'$, $\ddot{o}\vartheta\iota$ $\varphi\alpha\sigma\grave{\iota}$ $\vartheta\epsilon\tilde{\omega}\nu$ $\ddot{\epsilon}\delta o\varsigma$ $\ddot{\epsilon}\mu\mu\epsilon\nu\alpha\iota$ ξ 42. Schol. z. Arist. nub. 270: $\epsilon\dot{\iota}\acute{\omega}\vartheta\alpha\sigma\iota$ $\delta\grave{\epsilon}$ $\varkappa\alpha\grave{\iota}$ $\tau\grave{\alpha}$ $\nu\acute{\epsilon}\varphi\eta$ $\tau o\acute{\upsilon}\tau o\iota\varsigma$ [$\tau o\tilde{\iota}\varsigma$ $\ddot{o}\varrho\epsilon\sigma\iota\nu$] $\dot{\epsilon}\pi\iota\varkappa\alpha\vartheta\tilde{\eta}\sigma\vartheta\alpha\iota$. Lucr. VI, 734.

176) Aristoph. nub. 270: $\epsilon\tilde{\iota}\tau'$ $\dot{\epsilon}\pi'$ $'O\lambda\acute{\upsilon}\mu\pi o\upsilon$ $\varkappa o\varrho\upsilon\varphi\alpha\tilde{\iota}\varsigma$ $\dot{\iota}\epsilon\varrho\alpha\tilde{\iota}\varsigma$ $\chi\iota o\nu o\beta\lambda\acute{\eta}\tau o\iota\sigma\iota$ $\varkappa\acute{\alpha}\vartheta\eta\sigma\vartheta\epsilon$. ib. 279: $\dot{\alpha}\varrho\vartheta\tilde{\omega}\mu\epsilon\nu$ ... $\dot{\upsilon}\psi\eta\lambda\tilde{\omega}\nu$ $\dot{o}\varrho\acute{\epsilon}\omega\nu$ $\varkappa o\varrho\upsilon\varphi\grave{\alpha}\varsigma$ $\ddot{\epsilon}\pi\iota$ | $\delta\epsilon\nu\delta\varrho o\varkappa\acute{o}\mu o\upsilon\varsigma$, $\ddot{\iota}\nu\alpha$ | $\tau\eta\lambda\epsilon\varphi\alpha\nu\epsilon\tilde{\iota}\varsigma$ $\sigma\varkappa o\pi\iota\grave{\alpha}\varsigma$ $\dot{\alpha}\varphi o\varrho\acute{\omega}\mu\epsilon\vartheta\alpha$ $\varkappa$. τ. λ. Π. P 594: $K\varrho o\nu\acute{\iota}\delta\eta\varsigma$ ... $'I\delta\eta\nu$ $\delta\grave{\epsilon}$ $\varkappa\alpha\tau\grave{\alpha}$ $\nu\epsilon\varphi\acute{\epsilon}\epsilon\sigma\sigma\iota$ $\varkappa\acute{\alpha}\lambda\upsilon\psi\epsilon\nu$. O 153: $\dot{\alpha}\mu\varphi\grave{\iota}$ $\delta\acute{\epsilon}$ $\mu\iota\nu$ [$K\varrho o\nu\acute{\iota}\delta\eta\nu$ $\dot{\alpha}\nu\grave{\alpha}$ $\Gamma\alpha\varrho\gamma\acute{\alpha}\varrho\omega$ $\ddot{\alpha}\varkappa\varrho\omega$ $\ddot{\eta}\mu\epsilon\nu o\nu$] $\vartheta\upsilon\acute{o}\epsilon\nu$ $\nu\acute{\epsilon}\varphi o\varsigma$ $\dot{\epsilon}\sigma\tau\epsilon\varphi\acute{\alpha}\nu\omega\tau o$. E 522: $\dot{\alpha}\lambda\lambda'$ $\ddot{\epsilon}\mu\epsilon\nu o\nu$ $\nu\epsilon\varphi\acute{\epsilon}\lambda\eta\sigma\iota$ $\dot{\epsilon}o\iota\varkappa\acute{o}\tau\epsilon\varsigma$, $\ddot{\alpha}\sigma\tau\epsilon$ $K\varrho o\nu\acute{\iota}\omega\nu$ $\nu\eta\nu\epsilon\mu\acute{\iota}\eta\varsigma$ $\ddot{\epsilon}\sigma\tau\eta\sigma\epsilon\nu$ $\dot{\epsilon}\pi'$ $\dot{\alpha}\varkappa\varrho o\pi\acute{o}\lambda o\iota\sigma\iota\nu$ $\ddot{o}\varrho\epsilon\sigma\sigma\iota\nu$. Π 297: $\dot{\omega}\varsigma$ δ' $\ddot{o}\tau'$ $\dot{\alpha}\varphi'$ $\dot{\upsilon}\psi\eta\lambda\tilde{\eta}\varsigma$ $\varkappa o\varrho\upsilon\varphi\tilde{\eta}\varsigma$ $\ddot{o}\varrho\epsilon o\varsigma$ $\mu\epsilon\gamma\acute{\alpha}\lambda o\iota o$ $\varkappa\iota\nu\acute{\eta}\sigma\eta$ $\pi\upsilon\varkappa\iota\nu\grave{\eta}\nu$ $\nu\epsilon\varphi\acute{\epsilon}\lambda\eta\nu$ $\sigma\tau\epsilon\varrho o\pi\eta\gamma\epsilon\varrho\acute{\epsilon}\tau\alpha$ $Z\epsilon\acute{\upsilon}\varsigma$. S. Anm. 115.

Schliesslich mache ich darauf aufmerksam, dass an zwei Stellen des Hymnus auf Hermes noch ziemlich deutliche Spuren seiner ursprünglichen Bedeutung als Windgott vorliegen. Vers 18 heisst es:

ἑσπέριος βοῦς κλέψεν ἑκηβόλου Ἀπόλλωνος
τετράδι τῇ προτέρῃ, τῇ μιν τέκε πότνια Μαῖα.

Wir erfahren daraus, dass der Diebstahl am vierten Tage des Monats stattfand, an welchem H. auch geboren gedacht wurde.[177]) Fragen wir nun, woher diese Bedeutung des Tages im Mythus und Kultus des Gottes stamme, so ist auf den mehrfach bezeugten Volksglauben zu verweisen, dass der vierte Tag jedes Monats für Wind und Wetter entscheidend sei, d. h. wenn der vierte Tag stürmisch und regnerisch sei, so werde auch der übrige Theil des Monats stürmisch und regnerisch sein, und umgekehrt. So sagt z. B. Theophr. de sign. pluv. 8: ὡς δ' αὔτως ἔχει καὶ περὶ τὸν μῆνα ἕκαστον· διχοτομοῦσι γὰρ αἵ τε πανσέληνοι καὶ αἱ ὀγδόαι καὶ αἱ τετράδες, ὥστε ἀπὸ νουμηνίας ὡς ἀπ' ἀρχῆς δεῖ σκοπεῖν. μεταβάλλει γὰρ ὡς ἐπὶ τὸ πολὺ ἐν τῇ τετράδι, ἐὰν δὲ μὴ ἐν τῇ ὀγδόῃ κ. τ. λ. Dasselbe behaupten Vergilius und Plinius[178]), und auch bei den modernen Nationen ist der Glaube weit ver-

---

177) Natürlich war der Vierte deshalb der Geburtstag des Gottes, weil er an diesem Tage besonders verehrt wurde: vgl. Aristoph. Plut. 1128, Eccles. 1069, Plut. Symp. 9, 3 u. meine Bemerkung über die Bedeutung des Siebenten im Apollokulte Apollon u. Mars S. 24.

178) Verg. Geo. I, 432: Sin ortu quarto — namque is certissimus auctor — ‖ Pura neque obtusis per coelum cornibus ibit, ‖ Totus et ille dies, et qui nascentur ab illo ‖ Exactum ad mensem, pluvia ventisque carebunt. Plin. n. h. XVIII, 348: Apud Varronem ita est: Si quarto die luna erit directa, magnam tempestatem in mari praesagiet etc. ib. 347: Cornua eius [lunae] obtusa pluviam, erecta et infesta ventos semper significant, quarta tamen maxime ... Si quartam orbis rutilus cingit, ventos et imbres praemonebit. Derselbe Glaube ist auch nach Plinius für Aegypten bezeugt. Vielleicht erklärt sich die Verehrung des Hermes am Neumond aus dem gleichen Einflusse, den dieser Tag auf Wind und Wetter haben sollte (Porphyr. de abstin. II, 16; Verg. a. a. O. 427; Plin. XVIII, 349). In Betreff der deutschen Wetterregeln verweise ich auf Wanders deu. Sprichwörterlex. V S. 213 —215 und 248 no. 14. Vgl. namentlich das S. 213 unter no. 108 angeführte Sprichwort: „Wenn's Wetter im Neu[mond] nit ändert, so blybt's vier Wuche so."

breitet, dass gewisse Tage im Jahr das Wetter der Folgezeit bestimmen. Wenn also der Hymnus ausdrücklich hervorhebt, dass der Rinderdiebstahl am Vierten, d. h. dem gewöhnlichen Festtage des H., ausgeführt sei, so erklärt sich dieser Mythus wahrscheinlich aus der Bedeutung, die H. als Wind- und Wettergott hatte; denn der Vierte liess nach dem Glauben des Volkes etwa vorhandene Wolken für längere Zeit verschwinden.

Eine ähnliche uralte Anspielung auf das ursprüngliche Wesen des Gottes erblicke ich in Vers 145 u. f., wo es heisst:

... $\varDelta\iota\grave{o}\varsigma$ δ' $\dot{\epsilon}\varrho\iota o \acute{v}\nu\iota o\varsigma$ $\hbox{'}E\varrho\mu\tilde{\eta}\varsigma$
$\delta o\chi\mu\omega\vartheta\epsilon\grave{\iota}\varsigma$ $\mu\epsilon\gamma\acute{a}\varrho o\iota o$ $\delta\iota\grave{a}$ $\varkappa\lambda\acute{\eta}\iota\vartheta\varrho o\nu$ $\dot{\epsilon}\delta\tilde{v}\nu\epsilon\nu$,
$\alpha\tilde{v}\varrho\eta$ $\dot{o}\pi\omega\varrho\iota\nu\tilde{\eta}$ $\dot{\epsilon}\nu\alpha\lambda\acute{\iota}\gamma\varkappa\iota o\varsigma$, $\dot{\eta}\tilde{v}\tau$' $\dot{o}\mu\acute{\iota}\chi\lambda\eta$.

Was könnte bezeichnender sein für den wolkenstehlenden Windgott als der Umstand, dass er nach wohlvollbrachter That einem Herbstlüftchen gleich, wie ein Nebel durch das Schlüsselloch schlüpft? Später werden wir sehen, dass auch die windhauchartig gedachten Traumbilder gerade so wie die germanischen Maren durch's Schlüsselloch fahren (Od. δ 802 u. 838, Simrock, d. Mythol. 2. Afl. 'S. 457). Solche Maren hat Mannhardt (Ant. Wald- u. Feldkulte S. 178 u. Germ. Mythen S. 712 f.) als Windgeister erwiesen.

Zu diesem wahrscheinlich ältesten Zeugnisse für den diebischen und räuberischen Charakter des H. gesellt sich noch eine lange Reihe anderer, so die Sagen von dem durch H. an Apollon und seiner Mutter begangenen Diebstahle der Pfeile[179]) und der Kleider[180]), von der Entführung der Alkmene nach den Inseln der Seligen (Ant. Lib. XXXIII), von der listigen Befreiung des von den Aloiden gefesselten Ares. Il. Ω 24 fordern die Götter den Argeiphontes auf, dem Achilles den Leichnam des Hektor zu entwenden, und nach Apollod.

---

179) Hor. ca. I, 10, 7: Te boves olim nisi reddidisses ǁ Per dolum amotas puerum minaci ǁ Voce dum terret viduus pharetra risit Apollo. Diesen Mythus entlehnte Horaz wahrscheinlich dem Alkaios: vgl. Porphyrions Scholion zu diesem Gedichte „fabula haec autem ab Alcaeo facta". Schol. Il. O 256: $\dot{a}\pi\epsilon\iota\lambda o\tilde{v}\nu\tau o\varsigma$ $\delta\grave{\epsilon}$ $\tau o\tilde{v}$ $\hbox{'}A\pi\acute{o}\lambda\lambda\omega\nu o\varsigma$ ($=$ minaci voce dum terret) $\ddot{\epsilon}\varkappa\lambda\epsilon\psi\epsilon\nu$ $a\dot{v}\tau o\tilde{v}$ $\varkappa a\grave{\iota}$ $\tau\grave{a}$ $\dot{\epsilon}\pi\grave{\iota}$ $\tau\tilde{\omega}\nu$ $\check{\omega}\mu\omega\nu$ $\tau \acute{o}\xi a$. Philostr. im. I, 26 (= II. 331, 28 ed. Kayser).

180) Schol. Il. Ω 24.

II, 1, 3 befiehlt ihm Zeus die Iokuh zu stehlen (κλέψαι τὴν βοῦν). Zahlreiche Beinamen beziehen sich auf diese Seite im Charakter des Gottes. So heisst er φηλητέων ὄρχαμος (hy. 175), ἀρχὸς φηλητέων (292), ἐλατὴρ βοῶν, ληϊστήρ (12), κλεψίφρων (413), φηλητῶν ἄναξ (Eur. Rh. 218 u. Co. I. 2229), φωρῶν ἑταῖρος (Hippon. fr. 1 B.), βοΐκλεψ (Soph. fr. 927), jedenfalls mit Bezug auf die Entführung der Götterrinder.[181]) Da die Diebe hauptsächlich in der Nacht oder am Abend an's Werk gehen[182]), so wird er auch μελαίνης νυκτὸς ἑταῖρος (hy. 290), νυκτὸς ὀπωπητήρ (12), νύχιος (Aesch. Cho. 727) und, weil Diebe in der Regel ein scharfes Gesicht haben, um in der Nacht gut spähen zu können, ἐΰσκοπος[183]) genannt. Mit der Dieberei pflegt in der Regel List und Schlauheit gepaart zu sein, darum ist H. auch δόλιος, πολύτροπος, αἱμυλομήτης, ποικιλομήτης, δυλομήτης, ἠπεροπευτής, δολοφραδής, callidus und tritt als Lügner und Meineidiger auf.[184]) Auf Kerkyra war ihm wahrscheinlich der Monat Ψυδρεύς, welcher auf ein Fest des H. Ψυδρός schliessen lässt, geheiligt[185]), und von den als lügenhaft verschrieenen

---

181) Auf den Rinderdiebstahl bezieht sich ohne Zweifel auch das eigenthümliche Epitheton Κυνάγχης, das H. bei Hipponax führt. Vgl. Anton. Lib. 23: πρῶτα μὲν ἐμβάλλει ταῖς κυσίν, αἳ ἐφύλαττον αὐτὰς [τὰς βοῦς], λήθαργον καὶ κυνάγχην und Hesych.: κυνάγχη· τέχνη, μηχανή. οἱ δὲ τὸν διὰ χειρῶν δεσμόν.
182) Hy. in Merc. 66: ὁρμαίνων δόλον αἰπὺν ἐνὶ φρεσίν, οἷά τε φῶτες ǀ φηληταὶ διέπουσι μελαίνης νυκτὸς ἐν ὥρη. ib. 577: τὸ δ' ἄκριτον ἠεροφοιτεῖ νύκτα δι' ὀρφναίην φῦλα θνητῶν ἀνθρώπων. ib. 299, Eur. I. T. 1026: κλεπτῶν μὲν ἡ νὺξ τῆς δ' ἀληθείας τὸ φῶς.
183) Ω 24: κλέψαι δ' ὀτρύνεσκον ἐΰσκοπον Ἀργειφόντην. Ebenso v. 109, α 38, η 137, hy. in Ap. 200, in Merc. 73, in Ven. 262. Apoll. Soph. 79, 27 erklärt: τὸν εὖ πάντα σκοπούμενον.
184) H. δόλιος Soph. Phil. 133, Ar. Thesm. 1202, Plut. 1157, Paus. VII, 27, 1, Corn. 16 (vgl. hy. in Merc. 66); πολύτροπος hy. in M. 11; ποικιλομήτης ib. 155; δολομήτης ib. 405; ἠπεροπευτής, δολοφραδής hy. 282, αἱμυλομήτης ib. 11 (vgl. ausserdem ib. 162: μύθοισι κερδαλέοισι u. 317: τέχνησίν τε καὶ αἱμυλίοισι λόγοισιν ἤθελεν ἐξαπατᾶν Κυλλήνιος Ἀργυρότοξον), callidus Hor. ca. I, 10. Der alte Dichter der Phoronis sagte nach dem Etym M. von ihm Κέρδεσι κλεπτοσύναις τ' ἐξαίνυτο τεχνήεσσαις. H. als Lügner und Meineidiger: hy. in M. 261 f., 310, 368 f., 383.
185) Welcker, Götterl. II, 460. Preller, gr. M.² I, 313, 5. Vgl. Hesych. s. v. ψυδρά· ψευδῆ und ψυδρόν· ψευδές.

Arabern ging später die Sage, dass sie Söhne des H. seien.[186]) Bei Hesiod (ἔργα 67 u. 78) wird die Verschlagenheit, Lügenhaftigkeit und Dieberei der Pandora ebenfalls auf H. zurückgeführt. Ganz analog ist es zu erklären, wenn es von Autolykos, der als ein Muster von Dieberei und Meineidigkeit galt, heisst, er sei ein Sohn des H. gewesen.[187]) Beachtenswerth ist es, dass derselbe gerade so wie sein Vater als Rinderdieb auftritt.[188]) Auf Samos wurde dem H. χαριδώτης (Beuteverleiher?) ein eigenthümliches Opferfest gefeiert, bei dem es Jedem unbenommen war zu stehlen und zu rauben, wie Plutarch berichtet, zur Erinnerung an die 10 Jahre, in denen die Samier ihr Leben von Räuberei fristen mussten.[189]) Nach einem Epigramm der Anthologie scheinen nicht bloss die Diebe, sondern auch die Vogelsteller in H. ihren Patron erblickt zu haben.[190]) Einen eigenthümlichen Gegensatz dazu bildet die mehrfach bezeugte Sitte Statuen des Diebesgottes in Gärten und auf Weiden zum Zwecke der Abwehr von Obst- und Rinderdieben aufzustellen.[191])

Zum Schluss weise ich noch darauf hin, dass derselbe Ausdruck, der von der Entführung gewisser Personen durch die raffenden Sturmwinde gebraucht wird, nämlich ἀναρπάζειν, auch im homerischen Hymnus auf Aphrodite vom H. gilt, da Aphrodite zum Anchises sagt, sie sei eine Nymphe, die H. aus dem Chor der Artemis geraubt habe.[192]) Aus diesen Worten lässt sich ohne grossen Scharfsinn schliessen, dass

---

186) Strabo I, 42; Bubr. fab. 67; Euseb. pr. ev. 22.
187) Od. XIX, 395; Tzetzes z. Lycophr. 344.
188) Vgl. Preller, gr. Myth.² I, 305, 1.
189) Plut. Q. Gr. 55: Διὰ τί τοῖς Σαμίοις, ὅταν τῷ Ἑρμῇ τῷ χαριδότῃ θύωσι, κλέπτειν ἐφεῖται τῷ βουλομένῳ καὶ λωποδυτεῖν; Ὅτι... ἀπὸ ληστείας δέκα ἔτη διεγένοντο.
190) Anthol. gr. ed. Jacobs I, 223, XII.
191) Anthol. gr. ed. Jacobs II, 227, LV; I, 234, LVI; I, 227, XXVII.
192) Hy. in Ven. 117: νῦν δέ μ' ἀνήρπαξε χρυσόρραπις Ἀργειφόντης | ἐκ χοροῦ Ἀρτέμιδος. Vgl. Il. Π 181 f. und Eur. Hel. 44: λαβὼν δέ μ' Ἑρμῆς ἐν πτυχαῖσιν αἰθέρος | νεφέλῃ καλύψας, οὐ γὰρ ἠμέλησέ μου | Ζεύς, τόνδ' ἐς οἶκον Πρωτέως ἱδρύσατο und Ion 1598: ἁρπάσαντ' ἐς ἀγκάλας | Ἑρμῆν κελεύει δεῦρο πορθμεῦσαι βρέφος. Vgl. auch die von Müller, Hdb. d. Arch. § 381, 6 angeführten Bildwerke, welche H. als Liebhaber der Nymphen darstellen.

H. öfters als Liebhaber und Entführer der Nymphen, und zwar der Waldnymphen — denn diese gehörten vorzugsweise dem Chor der Artemis an — gedacht wurde. In dieser Beziehung lässt er sich den ebenfalls mit Dryaden buhlenden Silenen, Panen und Faunen vergleichen, die im Windeshauche zu werben scheinen.[193]

Kapitel IV.

A.
Der Wind als göttlicher Sänger und Musiker.

Ausserordentlich weit verbreitet ist die Anschauung, dass die Winde musikalisch seien, weil durch sie oft Laute hervorgebracht werden, die mit den Tönen gewisser Blasinstrumente oder mit der menschlichen Stimme einige Aehnlichkeit haben. Hin und wieder wird das Rauschen des Windes sogar mit dem Tone der Leier oder Harfe verglichen. Bekannt ist es, dass wenn die Maruts, in denen wir jedenfalls Windgötter zu erblicken haben, durch die Luft dahinbrausen, eine wundersame Musik erschallt, die sogar zu ihrer Auffassung als Flötenspieler Veranlassung gegeben hat. Vgl. Rigv. V, 52, 12: „Lied singend, hüpfend tanzten sie ‖ Her zu dem Born die jubelnden." Ebenda V, 52, 1: „Auf, Çjavaaçva, stimme kühn ‖ In den Gesang der Maruts ein, ‖ Die treugesinnt aus eigner Lust ‖ Des Ruhms sich freu'n, die heiligen." V, 41, 6

---

[193] Dieser Vorstellung liegt der Gedanke zum Grunde, dass das Geflüster des Windes in den Zweigen der Bäume der Ausdruck seiner Liebe zu diesen sei. Vgl. die Anmerkung von Fritzsche zu Theocr. id. I, 1 S. 14 der grossen Ausgabe. Ueberhaupt gilt der Wind für verliebt und buhlerisch: Schümann, Progr. d. Thomasschule in Leipzig 1876 S. 20. „Wenn nach einem platonischen Epigramm Pan mit seiner Syrinx die Baumnymphen und Quellnymphen zum Tanzen bringt, wenn er die Pitys, die personificirte Fichte, geliebt haben soll, so ist deutlich zu erkennen, wie man im Sausen des Windes, der die Bäume tanzen macht, seine Gegenwart spürt. Dann buhlt er, gleich Faunus, um die Dryaden, woher er auch, gleich sonstigen Waldgeistern, als lüstern, geil, befruchtend ... geschildert wurde." Mannhardt, Ant. Wald- u. Feldkulte S. 131. Vgl. auch M. Müller, Essays II, 142. Welcker, Götterl. II, 666 f. Mannhardt a. a. O. 170 f.

wird Vaju als Sänger gepriesen: „Den Vaju stellt euch an als Wagenschirrer, | Den Gott als Sänger, der mit Liedern preise, | Die frommen, guten, reichen Götterfrauen" u. s. w.[194]) Ebenso stimmen Wodan und seine Begleiter, wenn sie als wüthendes Heer dahinfahren, einen wunderbar schönen Gesang an und in einzelnen Sagen ist derselbe Windgott zu einem Spielmann von zauberischer Kunstfertigkeit geworden.[195]) Mehrfach werden von deutschen und englischen Dichtern dem Winde bestimmte Toninstrumente beigelegt, z. B. eine Harfe oder Trompete oder Flöte.[196]) Ein deutsches von Wander mitgetheiltes Sprichwort lautet: „Wenn der Wind flötet, posaunen die Segel."[197]) Wenn es von den italischen Faunen heisst, sie hätten in den Wäldern das älteste Lied (im saturnischen oder faunischen) Versmass gesungen, so ist in diesem Mythus ohne Zweifel dieselbe einfache und poetische Vorstellung zu erblicken[198]), die der Grieche in der Sage von Pan ausgesprochen hat, insofern dieser durch den Klang seiner Syrinx die Hamadryaden zum Tanzen gebracht oder die Pitys, die personificirte Fichte, geliebt haben soll.[199]) „Wenn Pan die Syrinx erschallen lässt und die Bergnymphen singen im Tanze, denn umhalle der Laut die Gipfel des Bergs, sagt ein homerischer Hymnus (XIX, 21) und die um den Mänalos weideten glaubten dann Pan syringen zu hören (Paus. VIII, 36, 5), wenn sie nemlich ein gewisses Brausen in der Luft oder sonst ungewöhnliche Klänge plötzlich vernahmen." (Welcker, Götterl. II, 666 f.) Aristides sagt (I p. 249 Jebb.): „bei den Dichtern hallen die Pane und Satyrn auf den Bergen und um die Bäume, sich ergötzend in der Sommerzeit, als die musikalischesten der Götter." Oft finden wir im

---

194) Vgl. Kuhn, Ztschr. f. vgl. Spr. IV, 115 f. M. Müller, Vorl. übers. v. Böttger² II, 412. Grassmann, Uebers. des Rigveda I S. 406, 1 u. 12 und 395, 6.
195) Mannhardt, Germ. Mythen S. 44, 263, 290, 710; Derselbe, die Götter d. deu. u. nord. Völker S. 114, 123 f Simrock, Hdb. d. deu. Myth.² 468, 233. Grimm, d. Myth.² 871.
196) Vgl. Schümann im Progr. d. Leipziger Thomasschule vom J. 1876, S. 28 Anm. 1. Hense, Personification S. 173.
197) Wander, deu. Sprichwörterlex. V S. 255 no. 191.
198) Preller, r. Myth. 338, Mannhardt, ant. Wald- u. Feldkulte 116.
199) Mannhardt a. a. O. 130 f. M. Müller, Essays II, 142.

Griechischen und Lateinischen das Sausen der Winde. mit genau denselben Ausdrücken bezeichnet, die eigentlich von den Tönen musikalischer Instrumente oder von der Stimme lebender Wesen gebraucht werden, z. B. Ζεφύροιο ἰωή oder ἠχή, κεκληγὼς Ζέφυρος, ἄνεμος λιγύς, λιγυρός, βύκτης, ἠπύων, ventus loquax.[200]) Mehrfach kommen die Verba συρίζειν (σύριγμα, σύρισμα), susurrare, sibilare, stridere in Verbindung mit ἄνεμος, οὖρος, ventus, aura, tempestus vor, und das Ruhen der Winde wird mit σιγᾶν, silere bezeichnet.[201]) An einer ara ventorum befindet sich ein Relief mit einem ungeflügelten Windgott, der in eine Meermuschel bläst.[202])

B.
Hermes als Erfinder der Syrinx, Flöte und Lyra.

Den musicirenden Winden entspricht Hermes als der göttliche Erfinder der einfachen Flöte, der Syrinx und des ältesten Saiteninstruments, der aus der Schildkrötenschale gefertigten Lyra. Gewöhnlich nimmt man an, dass der Mythus von der Erfindung der Lyra der ältere sei, weil die Verse des Hymnus auf H., welche ihm die Erfindung der Syrinx

---

200) Ζεφύροιο ἰωή Δ 276 (dasselbe Wort wird auch von der menschlichen Stimme und vom Klange der Phorminx gebraucht), ἐξ ἀνέμοιο πολυπλάγκτοιο ἰωῆς Λ 308; τοὶ δ' ὀρέοντο ἠχῇ θεσπεσίῃ, νέφεα κλονέοντε πάροιθεν Ψ 213; αἶψα γὰρ ἦλθεν κεκληγὼς Ζέφυρος μ 407; λιγέων ἀνέμων Ο 620, Ν 33, Ξ 17, πνοιῇ ὑπὸ λιγυρῇ Ψ 215, φυσῶντες λιγέως Ψ 213; βυκτάων ἀνέμων κ 20; οὔτ' ἄνεμος τόσσον γε ποτὶ δρυσὶν ὑψικόμοισιν ἠπύει Ξ 398 (dasselbe Verbum bezeichnet auch den Schall der Phorminx ϱ 271); ventus loquax Lucr. V, 83. βαρυδοῦποι ἄνεμοι Pind. Py. IV, 210; κλαγγὴ Ἀρπυιῶν Ap. Rh. II, 269 u. Verg. Aen. III, 797.

201) συρίζω vom Winde gebraucht Babr. f. 114, 4. Ζεὺς πνεύμασι συρίζων, φωνῇσιν τ' ἠερομίκτοις Orph. fr. 28, 14 H. συρίγμαθ' ἀνέμων Orph. h. 34, 25; ventus susurrans Verg. Cul. 111; aura sibilat Lucan. II, 698, tempestas s. Quint. decl. 12, 16; sibilus austri Verg. Ecl. V, 82, aurae stridentes Val. Fl. II, 586; σιγῇ ἀνέμων Eur. Iph. Aul. 10. σιγῶντι δ' ἀῆται Theocr. id. II, 38 (ventosi ceciderunt murmuris aurae Verg. ecl. 9, 58), σίγησε δ' αἰθήρ Eur. Bacch. 1084, aura silet Col. II, 21, 5; venti silent Id. XII, 25, 4, Sen. Med. 627.

202) Montfaucon, l'ant. expl. T. II p. 132 f. Platner, Beschr. Rom p. 264. Hirt, mythol. Bilderb. Taf. XVIII, 3.

zuschreiben[203]), für ein späteres Einschiebsel gelten, jedoch selbst zugegeben, dass diese Ansicht berechtigt wäre, so würde damit noch Nichts gegen das Alter des Mythus an sich bewiesen sein. Dass wir in der That in jenen beiden Versen eine recht alte und wohl auch ziemlich verbreitete Sage anzuerkennen haben, scheint mir einerseits aus der Thatsache hervorzugehen, dass Xenokles, der Verfertiger einer sehr alten schwarzfigurigen Kylix[204]), den H. als Begleiter der drei Göttinnen zum Paris mit einer Syrinx abbildete, andrerseits spricht dafür das ausdrückliche Zeugniss des gelehrten Epikers Euphorion bei Athenäos, welcher dem Hermes die Erfindung der einröhrigen Hirtenflöte, jedenfalls des ältesten und einfachsten Blasinstrumentes, zuschreibt.[205]) Auch Apollodor nennt H. bei Gelegenheit der Erzählung vom Rinderdiebstahl den Erfinder der Syrinx und stimmt also völlig mit den für unecht gehaltenen Versen des Hymnus überein.[206]) Wenn sonst mehrfach die Erfindung der Syrinx oder der Flöte andern Gottheiten oder Heroen, dem Apollon, der Athene, dem Pan oder dem Marsyas, Olympos und Hyagnis zugeschrieben wird[207]), so haben wir in solchen Mythen entweder spätere Fiktionen oder ausländische Sagen zu erblicken, denn Apollon und Athene sind von Haus aus entschieden keine musikalischen Gottheiten[208]) und Marsyas, Olympos und Hyagnis gehören nicht der griechischen, sondern der phrygischen Sage an.

---

203) Hy. in M. v. 511: *Αὐτὸς δ' αὖθ' ἑτέρης σοφίης ἐκμάσσατο τέχνην· | συρίγγων ἐνοπὴν ποιήσατο τηλόθ' ἀκουστήν.*
204) Abgebildet bei Overbeck, Gall. her. Bildwerke Taf. IX, 2 (vgl. S. 208) und bei R. Rochette, Mon. inédits pl. 49, 1 (vgl. Welcker, Götterl. II, 440, 27).
205) Athen. 184ᵃ: *Εὐφορίων δὲ ὁ ἐποποιὸς ἐν τῷ περὶ μελοποιῶν τὴν . . μονοκάλαμον σύριγγα Ἑρμῆν εὑρεῖν.*
206) *Ἑρμῆς δὲ ταύτας νέμων σύριγγα πάλιν πηξάμενος ἐσύριζεν.*
207) Ueber Apollon s. Preller, gr. M.³ I, 223, 4. Plut. de mus. XIV, 2; über Athene: Arist. Pol. VIII, 6, 8 u. Welcker, Götterl. II, 300; Pan: Preller, gr. M.³ I, 583, Bion id. V, 7; Marsyas, Olympos, Hyagnis: Athen. 184ᵃ, Plut. de mus. XIV, 2, Plin. VII, 56 f. Eur. Iph. Aul. 576 etc.
208) Apollon und Athene scheinen nur deshalb später als Erfinder der Lyra und Flöte angesehen worden zu sein, weil diese beiden Instrumente in ihrem Kultus eine so hervorragende Rolle spielten: vgl. Welcker, Götterl. II, 300; O. Müller, Dorier¹ II, 333 ff. I, 343 ff. Roscher,

Den andern Mythus, wonach H. Erfinder der Lyra sein soll[209]), halte ich trotz seiner ungleich besseren Beglaubigung für etwas jüngeren Ursprungs, weil es mir in der Natur der Sache zu liegen scheint, dass das Geräusch des Windes zunächst dem Tone einer Flöte und später erst dem einer Lyra verglichen wurde.[210])

Uebrigens ist es charakteristisch für den H., dass ihm nur die Erfindung der beiden hauptsächlichsten Musikinstrumente zugeschrieben wurde, und dass er sich nie zu der Bedeutung eines Gottes der Musik wie z. B. Apollon emporzuschwingen vermochte. Vielleicht deshalb, weil einer in musikalischer Hinsicht fortgeschritteneren Zeit die natürliche Musik des Windes als etwas Unvollkommenes erschien, welches der Ausbildung durch diejenigen Gottheiten bedurfte, deren Wirken man vorzugsweise den Fortschritt in der Kultur zuschrieb.

Kapitel V.

A.

Winde als Seelenträger und Traumbringer.

Dass die Winde (Lüfte) als Seelenträger, d. h. als belebende oder entseelende Gottheiten gedacht wurden, beruht auf der ebenso alten als einfachen Vorstellung der Seele oder des animalischen Lebensprinzipes als eines Hauches oder Windes. Sprachlich finden wir diesen Gedanken in den Ausdrücken ψυχή, πνεῦμα, anima, spiritus, skr. átman (Curtius Gr.⁴ 391) u. s. w. ausgeprägt, welche alle zugleich Hauch, Athem und Seele, Geist bedeuten. Wie nahe liegt also von vornherein

---

Apollon u. Mars 32 f. 35, 72. Hauptstelle ist Plut. de mus. XIV. Dem Pan wurde offenbar deshalb die Erfindung der Syrinx zugeschrieben, weil er das göttliche Ideal der Hirten war, deren Instrument die Flöte ist: vgl. Theocr. id. VI, 42; VII, 71; XX, 29.

209) Vgl. hy. in Merc. 24 ff. Paus. V, 14, 8 und die andern bei Welcker, G. II, 449 f. u. Preller, gr. M.³ I, 338 f. angeführten Stellen.

210) Dafür spricht auch die Etymologie von αὐλός, insofern dies Wort von der Wurzel αF (Curtius, Grdz.⁴ 390) wehen blasen abzuleiten ist. λύρα dürfte mit scr. *ruta*, Gesang und ὠ·ρύ-ω verwandt sein (Fick, Wört.² 170).

die Anschauung, dass das animalische Leben oder der Lebenshauch aus dem Welthauche, d. i. dem Winde, stamme oder mit andern Worten durch diesen bei der Geburt in den Körper eingeführt werde und im Tode wieder in denselben übergehe? Obwohl der Gedanke von der Einführung des Lebenshauches in den Körper durch den Wind ebenso einfach und natürlich erscheint, wie der andere von dem Uebergange der ψυχή in die umgebende Luft beim Tode, und beide Ideen logisch eigentlich eng mit einander zusammenhängen, so lässt sich doch die Vorstellung von der Belebung durch den Wind nur in verhältnissmässig wenigen Spuren bei den Griechen nachweisen.[211]) Um zunächst die hierher gehörigen sprachlichen Erscheinungen anzuführen, so möge auf das schon bei Homer vorkommende πνέω (auch ἐμπνέω und ἀναπνέω) in der Bedeutung leben, ἔμψυχος (ebenfalls schon homerisch) beseelt, lebend, lateinisch *animare* einhauchen, beseelen, *animans* lebendig, *animal* lebendiges Geschöpf, *aura vesci*, *auras vitales carpere* (bei Lucrez und Vergil) u. s. w. hingewiesen werden, insofern allen diesen Ausdrücken die Idee von der Belebung oder Beseelung durch den Wind- oder Lufthauch zu Grunde zu liegen scheint. Halbmythisch ist die Erzählung von der Wiederbelebung des schon halbtodten Sarpedon durch den Hauch des Boreas Il. E 695:

τὸν δ' ἔλιπε ψυχή, κατὰ δ' ὀφθαλμῶν κέχυτ' ἀχλύς.
αὖτις δ' ἀμπνύνθη, περὶ δὲ πνοιὴ Βορέαο
ζώγρει ἐπιπνείουσα κακῶς κεκαφηότα θυμόν.

Rein mythisch ist dagegen dieselbe Vorstellung von der belebenden oder beseelenden Kraft der Winde in der eigenthümlichen Sage von den attischen Tritopatoren, den Dämonen des beseelenden Windes[212]), ausgesprochen, von welchen

---

211) Viel deutlicher als in den Griechischen Mythen findet sich diese Anschauung bei den Germanen ausgeprägt, insofern Holda, die als Lufthauch dem Todten entschwebende Seele nicht blos empfängt, sondern auch zu neuer Geburt wieder auf die Erde zurücksendet: Mannhardt, germ. Mythen 255—273. Aehnliche Ansichten griechischer Philosophen bei Lobeck, Agl. 758 f.

212) Die Hauptstelle findet sich bei Suidas s. v. Τριτοπάτορες· Δήμων ἐν τῇ Ἀτθίδι φησὶν ἀνέμους εἶναι τοὺς Τριτοπάτορας .... ἐν δὲ τῷ Ὀρφέως Φυσικῷ ὀνομάζεσθαι τοὺς Τρ. θυρωροὺς καὶ φύλακας τῶν ἀνέμων.

Lobeck, Aglaophamus S. 753 f. ausführlich gehandelt hat. Ohne Zweifel hängt mit diesem Tritopatorenmythus die von Aristoteles als orphisch bezeichnete Anschauung zusammen, wonach die Seelen der lebendigen Geschöpfe aus dem All in die Körper eingehen, getragen von den Winden.[213]) Dem Etymologicum magnum verdanken wir die Ueberlieferung der verwandten Sage, dass nach der deukalionischen Fluth Zeus den Winden befohlen habe den von Prometheus und Athene aus Lehm gefertigten Menschengestalten Leben einzuhauchen[214]), gerade so wie der Schöpfer in der Genesis dem ebenfalls aus Erde gebildeten Adam lebendigen Odem einbläst.

Viel verbreiteter und durchgebildeter ist aber die andere Vorstellung, dass nemlich die als beflügelt gedachten Seelen nach dem Tode mit Hülfe des Windes in das Reich der Luft oder des Aethers entschwebten[215]), ein Gedanke, den wir, namentlich im Hinblick auf die im folgenden Abschnitt zu besprechende Funktion des Hermes Psychopompos, mit Sicherheit als althellenisch bezeichnen dürfen. Eigentlich ist er nur die natürliche Consequenz der in Ausdrücken wie ψυχή, anima, spiritus, ἐκπνέω, ἀποπνέω, ἐκψύχω, ἀποψύχω, exanimari, exhalare, exspirare, goth. us-anan ausgesprochenen

213) Aristot. de an. I, 5, 13 (III, 442, 51 ed. Didot): Τοῦτο δὲ πέπονθε καὶ ὁ ἐν τοῖς Ὀρφικοῖς ἔπεσι καλουμένοις λόγος· φησὶ γὰρ τὴν ψυχὴν ἐκ τοῦ ὅλου εἰσιέναι ἀναπνεόντων φερομένην ὑπὸ τῶν ἀνέμων. Vgl. Lobeck, Agl. 758.
214) Etym. M. 471, 1: ὁ Ζεὺς ἐκέλευσε τῷ Προμηθεῖ καὶ τῇ Ἀθηνᾷ εἴδωλα διαπλάσαι ἐκ τοῦ πηλοῦ καὶ τοὺς ἀνέμους ἐμφυσῆσαι ἐκέλευσι καὶ ζῶντα ἀποτελέσαι. Vgl. Apollod. I, 7, 1 u. Ovid. Met. I, 81.
215) Die Beflügelung oder das Fliegen der Seelen, das allein schon ihren Aufenthalt im Reiche der Luft oder des Aethers beweist, findet sich ausgesprochen an folgenden Stellen: Il. Ψ 880: ἐκ μελέων θυμὸς πτάτο; Χ 362: ψυχὴ δ᾽ ἐκ ῥεθέων πταμένη Ἀϊδόσδε βεβήκει (ebenso Π 856); Od. λ 207: τρὶς δέ μοι ἐκ χειρῶν σκιῇ εἴκελον ἢ καὶ ὀνείρῳ ἔπτατ᾽ [scil. ἡ ψυχὴ τῆς μητρός]; ib. 222: ψυχὴ δ᾽ ἠΰτ᾽ ὄνειρος ἀποπταμένη πεπότηται. Vgl. ausserdem Batrachom. 208 u. 211, Pind. frgm. 97 ed. Boeckh, Plato Phaedon. 70ᵃ u. 84ᵇ, Verg. Aen. VI, 292: tenuis sine corpore vitas ... volitare; ib. 702 wird die Seele des Anchises sanften Winden und schwebenden Traumbildern verglichen: Par levibus ventis volucrique simillima somno (vgl. auch Aen. II, 792); Ov. Met. XIV, 411; Petron. cap. 104; Claudian. in Ruf. I, 126 u. s. w. In Betreff der bildlichen Darstellungen von solchen geflügelten Eidolen verweise ich auf Müller's Hdb. d. Archäol.¹ S. 605.

Anschauung der Seele als eines luft- oder hauchartigen Wesens[216]) und des Sterbens als eines Aushauchens. Wenn die Seele im Tode nicht zu Grunde geht, sondern getrennt vom Leibe fortexistirt, so muss sie, als Hauch gefasst, zunächst in den ihrem Wesen am meisten entsprechenden Weltraum eingehen und dieser ist kein anderer als der Luftraum oder das Bereich des Windes. Vielleicht lässt sich sogar auf Grund gleicher oder ähnlicher Anschauungen bei verwandten Völkern behaupten, dass dieser Glaube ursprünglich allen indogermanischen Völkern eigenthümlich war. So glaubten namentlich die Germanen, dass die hauchartigen Seelen im Luftreiche jenseits der Wolken, Engelland genannt, unter Obhut der im Winde und Sonnenschein waltenden Göttin Holda weilten oder dass sie als Begleiter des Windgottes Wodan im wüthenden Heere durch die Lüfte führen.[217]) Den Deutschen waren Wind und Seele (Geist) so nah verwandte Begriffe, dass man noch heutzutage glaubt, es habe sich jemand erhängt, wenn ein grosser Wind weht. In diesem Falle ist, wie Mannhardt richtig erkannt hat, der Glaube, dass die Seele oder der dem Körper entschwebende Lufthauch mit dem ihr naturgemässen Element dem Winde sich verbinde, bereits auf diejenigen eingeschränkt, die sich erhängen. Eine solche Einschränkung fällt aber der späteren Periode unseres Heidenthums zu, in welcher man den Heldenseelen vorzugsweise oder nur den Aufenthalt im Gefolge des Sturmgottes Wodan, nordisch Odhinn zuschrieb, dem die Todesart des Hängens heilig war.[218]). Andere auf denselben Glauben bezügliche Volksmeinungen führt Grimm in der deutschen Mythologie an.[219]) Wenn in der Neujahrsnacht der Wind geht, so meinte man, dass dies den Tod eines Menschen bedeute. Oder man behauptete wohl, dass Wind in der Neujahrsnacht Pest, d. i. allgemeines Sterben zu bedeuten habe. Offenbar glaubte man,

---

216) Vgl. Suid. s. v. εἴδωλον· σκιῶδες ὁμοίωμα ἢ φαντασία σώματος, σκιά τις ἀεροειδής. Etym. M. 296, 1: εἴδωλον σκιά τις ἀεροειδής.
217) Grimm, d. Myth.³ 871, Simrock² 211, Mannhardt, German. Mythen 269 f. Götter d. deu. u. nord. Völker 113.
218) Mannhardt, Germ. Mythen 270 Anm. 1.
219) Grimm, d. Myth.¹ CVI, 910 u. LXXX, 330. Aufl. 3. S. 601.

dass die Menge der bei allgemeinem Sterben zum Himmel emporsteigenden Lufthäuche (Seelen) einen grossen Wind erzeuge und diesen schaute man in der für das ganze Jahr prototypischen Neujahrsnacht vor.[220]) Auf den Wind als Todesengel bezieht sich wohl auch eine Stelle in einem von Haupt herausgegebenen altdeutschen Gedicht, wo es heisst: „*Diu füeret hin des tôdes wint*".[221]) In einem Todtenhymnus des Rigveda ruft der Sänger einem Todten zu: „Zur Sonne geh Dein Aug', Dein Hauch zum Winde".[222]) Bei den Mongolen ziehen die Geister der Ahnen im Sturm durch die breitastigen Wipfel der Bäume.[223]) Auf dem berühmten Lykischen Grabmonument von Xanthos sind geflügelte weibliche Gestalten — gewöhnlich Harpyien genannt — dargestellt, welche kinderartige Seelen mit dem Ausdrucke liebevoller Sorgsamkeit durch die Lüfte davontragen.[224]) Vielleicht beruht diese Darstellung auf einem Gedanken ähnlich dem Od. v 65 ausgesprochenen, wo die unglückliche Penelope sich den Tod wünscht und dies damit ausdrückt, dass sie sagt, die Windstösse möchten sie ebenso wie dereinst die Töchter des Pandareos auf nebligen Pfaden (damit ist deutlich das Luftreich bezeichnet) zu den Mündungen des Okeanos davontragen, wo man sich das Todtenreich dachte, in welches also Penelope direkt mit Hülfe raffender Windstösse versetzt zu werden wünscht.[225]) Nach Hesiods Werken und Tagen wurden die Menschen des goldnen Zeitalters, gewissermassen die divi Manes der Griechen, nach ihrem sanften Tode zu wohlthätigen Dämonen oder zu unsterblichen von Zeus eingesetzten Wächtern der Sterblichen, welche in

---

220) Mannhardt a. a. O.
221) Warnung, herausg. von M. Haupt, Ztschr. 1 Vers 1648.
222) Rigveda übers. von Grassmann II S. 303 (No. 842).
223) Spiess, Entwicklungsgesch. d. Vorstell. v. Zustande nach d. Tode S. 274 Anm.
224) E. Curtius in Gerhard's Denkm. u. Forsch. 1855 S. 6 f. Von einer den Xanthischen Harpyien ganz ähnlichen Figur aus Terrakotta, kretischen Fundorts handelt Müller-Wieseler, D. II, 896.
225) Od. v 65: μ' ἀναρπάξασα θύελλα | οἴχοιτο προφέρουσα κατ' ἠερόεντα κέλευθα | ἐν προχοῇς δὲ βάλοι ἀψορρόου Ὠκεανοῖο. Dass unter den Mündungen des Okeanos das Todtenreich zu verstehen ist, ergibt sich aus ω 10 f. Vgl. die Anm. von Ameis zu d. St.

Nebel gehüllt — also in der Luft — allenthalben über die Erde dahinschweifen.[226]) Ferner kommen hier zwei Aeusserungen des Epicharm und Pindar, sowie eine ältere Inschrift in Betracht. Das bei Plut. consol. ad Apoll. 15 erhaltene Fragment des Epicharm lautet: συνεκρίθη καὶ διεκρίθη, κάπῆνϑεν, ὅϑεν ἦνϑεν, πάλιν γᾶ μὲν εἰς γᾶν, πνεῦμ' ἄνω, und Pindar singt in einem Threnosfragment (fr. 97 ed. Boeckh):

Ψυχαὶ δ' ἀσεβέων ὑπουράνιοι
γαίᾳ ποτῶνται ἐν ἄλγεσι φονίοις
ὑπὸ ζεύγλαις ἀφύκτοις κακῶν·
εὐσεβέων δ' ἐπουράνιοι νάοισαι
μολπαῖς μάκαρα μέγαν ἀείδοντ' ἐν ὕμνοις.[227])

Hier wollte Lehrs[228]) gegen die Ueberlieferung ὑποχϑόνιοι γαίας schreiben, doch ohne Wahrscheinlichkeit, da der Sinn offenbar folgender ist: „Die Seelen der Gottlosen fliegen über die Erde[229]) im Luftraum unterhalb des Himmels hin in furchtbaren Schmerzen unter unentfliehbarem Joche des Unglücks, die Seelen der Frommen aber preisen im Himmel wohnend die grosse Gottheit in Gesängen." Demnach werden nach diesen Versen des Pindar die Seelen der Verstorbenen nicht

---

226) Hesiod. ἔργα 121:
αὐτὰρ ἐπειδὴ τοῦτο γένος κατὰ γαῖα κάλυψεν,
τοὶ μὲν δαίμονές εἰσι Διὸς μεγάλου διὰ βουλὰς
ἐσϑλοί, ἐπιχϑόνιοι, φύλακες ϑνητῶν ἀνϑρώπων.
οἵ ῥα φυλάσσουσίν τε δίκας καὶ σχέτλια ἔργα,
ἠέρα ἑσσάμενοι πάντη φοιτῶντες ἐπ' αἶαν.

Vgl. auch V. 252 f. Ganz ähnlich lehrte Pythagoras nach Diog. Laert. VIII, 31 ἐκριφϑεῖσαν δὲ αὐτὴν [τὴν ψυχήν] ἐπὶ γῆς πλάζεσϑαι ἐν τῷ ἀέρι ὁμοίαν τῷ σώματι, τὸν δὲ Ἑρμῆν ταμίαν εἶναι τῶν ψυχῶν κ.τ.λ. Vgl. auch Plut. de fac. in orbe lunae 28, 6: Πᾶσαν ψυχήν, ἄνουν τε καὶ σὺν νῷ, σώματος ἐκπεσοῦσαν, εἱμαρμένον ἐστὶ τῷ μεταξὺ γῆς καὶ σελήνης χωρίῳ πλανηϑῆναι χρόνον οὐκ ἴσον κ.τ.λ. Vgl. Mart. Cap. II, 161: Haec omnis aëris a luna diffusio sub Plutonis potestate consistit, qui etiam Summanus dicitur quasi summus Manium. Hic luna, quae huic aëri praeest, Proserpina memoratur.

227) Vgl. die ähnliche Lehre des Pythagoras (Diog. L. VIII, 31): ἄγεσϑαι [ὑπὸ τοῦ Ἑρμοῦ] μὲν τὰς καϑαρὰς [ψυχὰς] ἐπὶ τὸν ὕψιστον, τὰς δὲ ἀκαϑάρτους μήτε ἐκείναις πελάζειν μήτε ἀλλήλαις, δεῖσϑαι δ' ἐν ἀρρήκτοις δεσμοῖς ὑπὸ Ἐριννύων.

228) Lehrs, Popul. Aufsätze² S. 313 f.

229) Dass γαίᾳ dies in der That bedeuten kann, ersieht man aus den von Kühner, ausf. Gr.² II, 383 gesammelten Beispielen.

in die Unterwelt, sondern in den Raum über der Erde versetzt, der nach Analogie der beiden Abtheilungen in der Unterwelt in einen oberen (den Himmel) und einen niederen (die Luft) geschieden ist. Im obern wohnen die Guten, im untern die Bösen. Irgend ein Anlass die Worte Pindars zu ändern, wie Lehrs will, liegt nach meiner Ansicht nicht vor. Aehnlich heisst es in der Grabinschrift der im Jahre 431 bei Potidaea Gefallenen [230]:

$Αἰθὴρ\ μὲν\ ψυχὰς\ ὑπεδέξατο\ σώ[ματα\ δὲ\ χθὼν]$
$Τῶνδε,\ Ποτειδαίας\ δ'\ ἀμφὶ\ πύλας\ ἔδαμεν.$

Dieselbe Idee, nur philosophisch entwickelt, vertritt Euripides, nach welchem der Geist des Menschen ohne zu leben, d. h. ohne Persönlichkeit in den Aether, sein irdischer d. h. aus Erde gewordener Theil zur Erde zurückkehrt. Die hierher gehörigen Stellen sind: Helen. 1014: ὁ νοῦς ∥ τῶν κατθανόντων ζῇ μὲν οὔ, γνώμην δ' ἔχει ∥ ἀθάνατον εἰς ἀθάνατον αἰθέρ' ἐμπεσών. Suppl. 1139: βεβᾶσιν, οὐκέτ' εἰσί μοι πάτερ, ∥ βεβᾶσιν· αἰθὴρ ἔχει νιν ἤδη, ∥ πυρὸς τετακότας σποδῷ· ∥ ποτανοὶ δ' ἤνυσαν τὸν Ἅιδαν. Fr. 943. ὁ δ' ἄρτι θάλλων σάρκα διοπετὴς ὅπως ∥ ἀστὴρ ἀπέσβη, πνεῦμ' ἀφεὶς εἰς αἰθέρα.[231] In allen diesen Versen scheint αἰθήρ nicht, wie Nägelsbach (Nachhom. Theol. 452) meint, den reinen Geist (νοῦς), sondern in etwas materiellerem Sinne eine reinere Luft (ἀήρ) zu bedeuten, zu welcher die windhauchartige Psyche nach dem Tode zurückkehrt. Dass αἰθήρ bei Euripides in der That in der Bedeutung von ἀήρ vorkommt, lehren Ausdrücke wie γνοφώδη αἰθέρος φυσήματα (Tro. 79), πλόκαμον εἰς αἰθέρα ῥίπτων (Bacch. 150), φάρυγος αἰθέρ' ἐξιεὶς βαρύν (Cycl. 409), ἐγκάψαντες αἰθέρα γνάθοις (ib. 525). Ausserdem ist wohl zu beachten, dass ἀήρ nur äusserst selten von Euripides gebraucht wird, welcher sonst regelmässig den Begriff von ἀήρ durch αἰθήρ ausdrückt.[232] Später gewann

---

230) C. I. Att. ed. Kirchhoff No. 442.
231) Vgl. auch das Fragment aus dem Chrysippos (N. 836): χωρεῖ δ' ὀπίσω ∥ τὰ μὲν ἐκ γαίας φύντ' εἰς γαῖαν, ∥ τὰ δ' ἀπ' αἰθερίου βλαστόντα γονῆς ∥ εἰς οὐράνιον πάλιν ἦλθε πόλον. Ferner gehören auch frgm. 869 und 903 N. sowie die nach Stobaeos 123, 3 dem Moschion zurückzugebenden Verse, die man bisher in den Suppl. als Euripideische las, hierher (Nägelsbach, nachhom. Theologie 461).
232) Ebenso gebrauchen die lateinischen Dichter z. B. Vergil *aether* im Sinne von ἀήρ.

dieser eigenthümliche, wie es scheint von jeher mit der Annahme einer Fortexistenz der Seelen in der Unterwelt rivalisirende Volksglaube von dem Aufenthalt der Verstorbenen im Luftreiche der Oberwelt noch weitere Verbreitung und philosophische Vertiefung durch Platon, so dass es im einzelnen Falle schwer zu ermitteln ist, ob die für jenen Glauben in Betracht kommenden nachplatonischen Zeugnisse als Ausflüsse Platonischer Philosophie oder vielmehr jener ursprünglichen Volksanschauung anzusehen sind. Unrichtig ist jedenfalls die neuerdings von Lehrs (Popul. Aufs.² 313 f.) vorgetragene Ansicht, dass jene Idee erst durch die Platonische Philosophie in's Griechische Volk eingedrungen sei, da, wie auch Lehrs selbst zugeben muss, die vorhin besprochenen Zeugnisse die Existenz eines solchen Glaubens schon in vorplatonischer Zeit ausser Zweifel stellen. Spielt doch Platon selbst im Phaedo 70ᵃ auf eine jenem Volksglauben verwandte Anschauung an, indem er den Kebes sagen lässt: τὰ δὲ περὶ τῆς ψυχῆς πολλὴν ἀπιστίαν παρέχει τοῖς ἀνθρώποις, μὴ ἐπειδὰν ἀπαλλαγῇ τοῦ σώματος οὐδαμοῦ ἔτι ᾖ, ἀλλ' ἐκείνῃ τῇ ἡμέρᾳ διαφθείρηταί τε καὶ ἀπολλύηται, ᾗ ἂν ὁ ἄνθρωπος ἀποθάνῃ, εὐθὺς ἀπαλλαττομένη τοῦ σώματος καὶ ἐκβαίνουσα ὥσπερ πνεῦμα ²³³) ἢ καπνὸς διασκεδασθεῖσα οἴχηται διαπτομένη καὶ οὐδὲν ἔτι οὐδαμοῦ ᾖ, worauf Socrates 84ᵇ folgendermassen antwortet: ἐκ δὲ τῆς τοιαύτης τροφῆς οὐδὲν δεινὸν μὴ φοβηθῇ . . . ὅπως μὴ διασπασθεῖσα . . . ὑπὸ τῶν ἀνέμων διαφυσηθεῖσα καὶ διαπτομένη οἴχηται καὶ οὐδὲν ἔτι οὐδαμοῦ ᾖ. Besonders beachtenswerth ist unter den späteren Zeugnissen, die sich namentlich in Grabinschriften vorfinden ²³⁴), eine Stelle in Vergils Aeneis (IV, 705), wo es von der sterbenden Dido heisst: *dilapsus calor atque in ventos vita recessit* ²³⁵), weil in diesem Falle Platonischer Einfluss ganz unwahrscheinlich ist. Ebenso sagt Ammianus (XIX p. 148) *animis in ventum solutis*, was sicherlich ebenfalls einfachem Volksglauben entstammt. Weiter in die eigen-

---

233) Vgl. Aen. VI, 701: effugit imago [Anchisae] **Par levibus ventis volucrique simillima somno.**
234) Vgl. C. I. Gr. 1066, 3511, 3026, 3847, 2647, 2161ᵇ, 3019.
235) Vom Schattenbild der Kreusa, welches dem Aeneas erscheint,

thümlichen und einander widersprechenden Vorstellungen der ältesten Hellenen vom Leben nach dem Tode einzudringen, ist für jetzt nicht möglich: ich beschränke mich darauf aufmerksam zu machen, dass schon bei Homer die Vorstellungen vom Todtenreich auf der Oberwelt und in der Tiefe unter der Erde nebeneinander hergehen, indem bald die Seelen nach dem Tode in das Innere der Erde herabsteigen [236]), bald auf eine Insel im westlichen Okeanos, wo die Sonne untergeht, versetzt werden.[237a]) Im letztern Falle tritt Hermes als Führer der Seelen nach ihrem fernen Bestimmungsort auf.[237b]

Mit den Vorstellungen von den seelentragenden Winden sind die von ihren Beziehungen zu Traum und Schlaf innig verwandt. Das erhellt schon aus einer etymologischen Untersuchung der Ausdrücke für Traum und Schlaf. Ersterer wird bekanntlich mit ὄναρ, ὄνειρος, ἐνύπνιον, *somnium*, letzterer mit ὕπνος, *sopor*, *somnus* bezeichnet. Ὄν-αρ, ὄν-ειρος nun ist wahrscheinlich entweder derselben Wurzel entsprungen wie ἄν-εμος oder wie ἄν-ω, da die kretischen Nebenformen nach Hesychius ἄν-αρ, ἄν-αιρος lauteten. Die Endung in ὄν-ειρος scheint dieselbe wie in μάγ-ειρος und ἔτ-αιρος zu sein (Curtius, Grundz.⁴ 326). Ὄν-αρ dagegen vergleicht sich mit ὕπ-αρ, οὐθ-αρ, πεῖρ-αρ, ἦμ-αρ u. a. (Leo Meyer, Vgl. Gr. II, 128 f.). Ist dies richtig, so werden wir durch ὄν-αρ, ὄν-ειρος, ἄν-αρ, ἄν-αιρος auf den ursprünglichen Begriff

---

heisst es Aeneis II, 791: tenuisque recessit in auras. Ausserdem mögen hier noch folgende Zeugnisse eine Stelle finden: Ov. Tr. I, 4, 11: spiritum in auras extenuare, Id. Her. X, 121: infelix spiritus in auras ibit, Ib. XII, 85: spiritus in auras evanescit, Verg. Aen. V, 740: dixerat et tenuis fugit ceu fumus in auras. Hesych. s. v. Ὠκεανοῖο πόρον· τὸν ἀέρα, εἰς ὅν αἱ ψυχαὶ τῶν τελευτώντων ἀποχωροῦσιν. s. v. Ὠκεανός· ἀήρ, θάλασσα. Procl. in Anthol. Lips. III p. 148 sqq. mit der Anmerkung von Jacobs vol. X p. 273, Voss zu Verg. Georg. IV, p. 805.

236) Das folgt nicht blos aus dem Ausdruck ἔνεροι (vgl. Curtius, Grundz.⁴ 309), sondern auch aus Stellen wie Il. I 568, T 61, X 482. Vgl. Hes. sc. Herc. 150 u. 254.

237ª) Od. κ 508, ω 10, Hes. Theog. 767. Vgl. Völcker, Homer. Geogr. S. 138 und 140 f.

237ᵇ) Wahrscheinlich erklären sich die beiden entgegengesetzten Vorstellungen vom Aufenthalt der Seelen aus den beiden verschiedenen Arten der Bestattung (Begraben und Verbrennen).

eines entweder oberhalb des Schlafenden (ᾰν-ω, ἀν-ά) oder in der Luft (im Winde) schwebenden und durch den Wind hergetragenen Luftbildes geführt. ὕπ-νος, sop-or und somnus (= svop-nos) dagegen hängen jedenfalls mit sanskr. svap schlafen, sterben, altnord. sef, svaf, sofa schlafen, sterben, mittelhochd. ent-sweben einschläfern zusammen (Fick, Wörterb.² 219) und dürften wiederum mit svap in der Bedeutung schweben, schwingen, schaukeln (wovon althochd. suep Luft) verwandt sein (Fick 416), so dass, um mit Grimm, Deu. Myth.³ 1098 zu reden „schlafen und träumen eigentlich das Entschweben des Geistes in die Luft aussagt".²³⁸) Zu diesen gegenseitigen Berührungen von Wind (Luft), Seele, Schlaf und Traum kommt noch manches Andere. Sehen wir von dem schon in der Ilias und bei Hesiod vorkommenden schönen Bilde von dem Bruderverhältniss des Schlafes und Todes ab²³⁹), so ist vor Allem darauf hinzuweisen, dass Traumbilder und Seelen mehrfach mit denselben Ausdrücken — εἴδωλον, simulacrum, umbrae, σκιαί — bezeichnet werden. Wie aus der Benennung εἴδωλον simulacrum hervorgeht, dachte man sich Beides, Seele und Traumbild, gewissermassen als ein wesenloses, schattenhaftes Ebenbild eines Wirklichen, gerade so wie der Schatten das Abbild einer lebendigen Gestalt darstellt; daher der Ausdruck σκιά umbra. Ferner glaubte man, dass Seelen und Traumbilder in der Luft daher-

---

238) Interessant ist es, dass auch in den Veden eine deutliche Beziehung des Windgottes zum Schlafe vorliegt, indem I, 135, 7 (Grassmann, Uebers. II S. 139) Vaju aufgefordert wird „über alle Schlafenden zu schreiten". Auf die Verwandtschaft der Begriffe des Hauchens (Wehens) und Schlafens machen Curtius, Gr.⁴ 391 u. Lobeck, Rhemat. 4 Anm. 3 aufmerksam. Sie zeigt sich nicht blos in l-αύ-ω schlafe, das ohne Zweifel von der Wurzel va hauchen, wehen abzuleiten ist, sondern auch in gewissen Redensarten wie ὕπνῳ πνεῖον (Aesch. Cho. 618), ἡδύπνοα ὀνείρατα (Soph. El. 480), ὕπνον βαρὺν ἐκφυσῶντες (Theocr. XXIV, 46), toto proflabat pectore somnum (Verg Aen. IX, 326), mollem spirare quietem (Propert. I, 3, 7). Soph. Phil. 827 f. redet von einem Ὕπνος εὐαής.
239) Il Ξ 231, Π 672, Hes. Theog. 212, 756, Paus. V, 18, 1 u. s. w. Eust. ad Od. ω 12: ἰστέον δὲ καί, ὅτι πιθανεύεται ὁ μῦθος ὀνείροις τόπον εἶναι περί που τὰ κατὰ τὸν ᾅδην, οὗ οἱ τεθνεῶτες, ἐπεὶ καὶ ἀδελφοὶ Θάνατος καὶ Ὕπνος εἶναι λέγονται. C. Fr. Hermann, Gottesd. Alt. 41, 5.

schwebten oder flögen, daher beide geflügelt gedacht wurden. Von dem εἴδωλον in der Gestalt der Iphthime, welches Athene Od. δ 796 f. der Penelope im Schlafe sendet, heisst es Vers 838 ausdrücklich, dass es schliesslich durch das Schlüsselloch (vgl. oben S. 47) in das Bereich des Windes zurückgekehrt sei:

ὥς εἰπὸν σταθμοῖο παρὰ κληῖδα λιάσθη
ἐς πνοιὰς ἀνέμων.

Aehnlich wird von der Athene, welche der Nausikaa als Tochter des Dymas im Schlafe erscheint, gesagt:

ἡ δ' ἀνέμου ὡς πνοιὴ ἐπέσσυτο δέμνια κούρης,

worin ich keineswegs blos eine „Bezeichnung der überraschenden Schnelligkeit", sondern auch zugleich eine Hindeutung auf das innere Wesen der Traumbilder erblicke.

Mehrfach wird bei derartigen Traumbildern hervorgehoben, dass sie über dem Haupte des Schlafenden geschwebt hätten [240], was ebenfalls auf ihren Aufenthalt im Bereiche der Luft und des Windes hindeutet. Vortrefflich wird das luftige Wesen der Traumbilder von Vergilius charakterisirt, wenn er von der Seele des dem Aeneas im Traume erscheinenden Anchises sagt:

dixerat et tenuis fugit ceu fumus in auras.

Die Wesensähnlichkeit von abgeschiedenen Seelen und Träumen, die übrigens mit auf der Anschauung beruhen mag, dass die Traumbilder von Abgeschiedenen die Seelen selber seien (wie dies z. B. von der Seele des Anchises an der oben angeführten Stelle der Aeneide und von dem εἴδωλον des Patroklos [Il. Ψ 62 f.] gilt), zeigt sich nirgends deutlicher als Od. λ 207 und 222, wo es von der Seele der Mutter des Odysseus heisst:

τρὶς δέ μοι ἐκ χειρῶν σκιῇ εἴκελον ἢ καὶ ὀνείρῳ
ἔπτατ' und
ψυχὴ δ' ἠΰτ' ὄνειρος ἀποπταμένη πεπότηται.[241]

---

240) Daher der Ausdruck στῆ δ' ἄρ' ὑπὲρ κεφαλῆς Od. δ 803; ζ 21; υ 32; Il. B 20, 59; Ψ 68; Ω 682, auch Κ 496.

241) Verg. Aen. VI, 702 heisst es vom Schatten des Anchises:
Ter frustra comprensa manus effugit imago,
Par levibus ventis volucrique simillima somno.
Vgl. auch Aen. II, 792 u. Apollon. IV, 877: αὐτὴ δὲ πνοιῇ ἰκέλη δέμας, ἠΰτ' ὄνειρος, βῆ ῥ' ἴμεν.

Hiemit lassen sich die Worte Vergils (Aen. VII, 89) von den schwebenden Schatten der Unterwelt vergleichen:
multa modis simulacra videt volitantia miris.
Wie hier den Seelen der Abgeschiedenen ein Schweben oder Fliegen in der Luft zugeschrieben wird, so auch dem Traumbild (ὄνειρος), welchem deshalb die Epitheta ὑποπετρίδιος, μελανόπτερυξ, πτανός eigen sind.[242]) Auch den Gott des Schlafes oder der Träume dachte man sich auf Fittichen in den Lüften schwebend und mit dem Wehen seiner Schwingen die Menschen einschläfernd.[243]) Hesiod. fr. 4 ed. Göttl. gebraucht vom Einschlafen den Ausdruck ὕπνος πῖπτεν ἐπὶ βλεφάροις, was ebenfalls auf die Luft als Sitz einschläfernder Kraft hinweist. Aehnlich sagt Vergil, Aen. V, 838:
Cum levis aetheriis delapsus Somnus ab astris.
Endlich ist auch der Aufenthaltsort der Träume und der Seelen identisch. Od. ω 12 wird erzählt, dass das Volk der Träume ganz in der Nähe der Asphodeloswiese am westlichen Okeanos wohne: ἔνθα τε ναίουσι ψυχαί, εἴδωλα καμόντων. Vergil dagegen lässt Aen. VI, 282 die Träume unter den Blättern einer Ulme sitzen, die am Eingang der Unterwelt steht, während Ovid, Met. XI, 592 u. 614 ihren Aufenthaltsort in die Nähe des Gebietes der Kimmerier verlegt, die man sich ebenfalls an der Schwelle der Unterwelt wohnhaft dachte. Vielleicht hängt diese Anschauung mit der Thatsache zusammen, dass Traum- und Todtenorakel sich öfters an Stellen befanden, wo sich vulkanische Einflüsse nachweisen lassen,

---

242) Ὄνειρος ὑποπετρίδιος Alkman in einem von Bergk Philol. XXII, 5 besprochenen Fragment (vgl. Curtius, Grundz.[4] 700); μελανοπτερύγων μᾶτερ ὀνείρων Eur. Hec. 71; πτανὸν ὄνειρον Phoen. 1539; πτηνῶν ὀνείρων Iph. T. 571. ὄνειρον αἰωρούμενον Soph. El. 1382.
243) Hypnos verbirgt sich in Vogelgestalt in den Zweigen einer hohen Fichte und schläfert so den Zeus ein: Il. Ξ 290. Call. in Del. 234: ληθαῖον ἐπὶ πτερὸν ὕπνος ἐρείσει. Volucer somnus Verg. Aen. VI, 702 u. Sen. Herc. fur. 1068. Somnus alatus: Brouckh. zu Tib. II, 1, 89: fulvis circumdatus alis Somnus. Prop. I, 3, 45: me iocundis sopor impulit alis. Von bildlichen Darstellungen des geflügelten Schlafs und Traums handeln Scheiffele in Pauly's Realenc. VI, 1, 1287, O. Müller, Hdb. d. Arch.[1] S. 605, O. Jahn, Arch. Beitr. 54, Müller-Wieseler, Denkm. d. a. K. II, 873 ff.

die man wiederum mit der Unter- und Todtenwelt in Verbindung brachte. [244a])

Das Resultat unserer Untersuchung lautet also: man dachte sich die Seelen und Traumbilder als gleichartig und glaubte mehrfach an deren Verbindung mit der Luft und den Winden. Unter den älteren Philosophen scheinen namentlich die Pythagoreer diesen Volksglauben verwerthet zu haben, da sie nach Diogenes Laertius (VIII, 31) Folgendes gelehrt haben sollen: εἶναί τε πάντα τὸν ἀέρα ψυχῶν ἔμπλεων· καὶ τούτους τοὺς δαίμονάς τε καὶ ἥρωας νομίζεσθαι [244b]) καὶ ὑπὸ τούτων πέμπεσθαι ἀνθρώποις τοὺς ὀνείρους κ.τ.λ.

B.
Hermes als Seelenführer, Schlaf- und Traumgott.

Die im vorigen Abschnitt nachgewiesenen zum Theil sehr alten Beziehungen des Windes und der Luft zu den luftartig gedachten Seelen und Träumen erhalten eine willkommene Ergänzung und Bestätigung durch den Nachweis der gleichen Vorstellungen im Mythus und Kultus des Hermes. Wie wir gesehen haben, stehen sich seit ältester Zeit zwei Anschauungen von dem Aufenthaltsorte der Seelen nach dem Tode ziemlich schroff gegenüber, indem man das Todtenreich bald in das Reich der Luft und der Oberwelt bald in die Tiefe der Erde verlegte. Wichtig ist es nun zu konstatiren, dass ursprünglich das Entschweben der Seelen entweder in die Region der Luft oder nach dem Jenseits im westlichen Okeanos unter dem Geleite desjenigen Gottes gedacht wurde, den wir für einen Luft- und Windgott zu halten allen Grund haben, nemlich des Hermes. Das älteste Zeugniss für die Thätigkeit des Hermes als Seelenführers findet sich bekanntlich im letzten Buche der Odyssee, wo geschildert wird, wie H. die Seelen der getödteten Freier kreischenden Fledermäusen gleich durch die Luft in's westliche Jenseits führt:

ω v. 1 f. Ἑρμῆς δὲ ψυχὰς Κυλλήνιος ἐξεκαλεῖτο
ἀνδρῶν μνηστήρων· ἔχε δὲ ῥάβδον μετὰ χερσίν [245])

[244a]) K. Fr. Hermann, G. A. § 41, 22—24. Die θεοὶ καταχθόνιοι senden den in ihr Adyton Hinabsteigenden Traumgesichte: Paus. X, 32, 9.
[244b]) Vgl. die oben Anm. 226 angeführten Verse Hesiods.
[245]) Vgl. Hor. ca. I, 10, 17: Tu pias laetis animas reponis sedi-

. . . .
τῇ ῥ' ἄγε κινήσας, ταὶ δὲ τρίζουσαι ἕποντο.
ὡς δ' ὅτε νυκτερίδες μυχῷ ἄντρου θεσπεσίοιο
τρίζουσαι ποτέονται, ἐπεί κέ τις ἀποπέσῃσιν
ὁρμαθοῦ ἐκ πέτρης, ἀνά τ' ἀλλήλῃσιν ἔχονται,
ὣς αἱ τετριγυῖαι ἅμ' ἤισαν· ἦρχε δ' ἄρα σφιν
Ἑρμείας ἀκάκητα κατ' εὐρώεντα κέλευθα.

Wie man auch über die Zugehörigkeit dieses Buches zu den übrigen Gesängen der Odyssee urtheilen möge, ein sehr altes Zeugniss für die Funktion des Hermes als Seelenführers bleiben jene Verse, und die in ihnen niedergelegte Anschauung ist schwerlich dem Kopfe eines einzelnen Rhapsoden entsprungen, sondern wurzelt in einem alten Volksglauben.

Ein zweites ebenfalls altes Zeugniss findet sich im Homerischen Hymnus auf Hermes, wo es V. 572 heisst:

οἷον δ' εἰς Ἀΐδην τετελεσμένον ἄγγελον εἶναι,
ὅστ' ἄδοτός περ ἐὼν δώσει γέρας οὐκ ἐλάχιστον.

Im Hymnus auf Demeter wird geschildert, wie H. die Persephone als Lenker ihres Wagens wieder auf die Oberwelt zurückführt.[246]) Eine gewisse Rolle scheint ferner der Gott in der Philosophie der Pythagoreer gespielt zu haben. Diese nemlich, welche die volksthümliche Anschauung von der Fortexistenz der abgeschiedenen Seelen im Luftreiche in ihr System aufgenommen hatten, glaubten an einen Seelengebieter Hermes (ταμίας τῶν ψυχῶν), welcher die Seelen der zu Wasser und zu Lande Verstorbenen abhole und die Reinen in den obersten Luftraum versetze.[247]) Bei den Argivern war es

bus virgaque levem coerces aurea turbam superis deorum gratus et imis.
246) Hy. in Cer. 377—383.
247) Diog. L. VIII, 31: ἐκριφθεῖσαν δὲ αὐτὴν [τὴν ψυχὴν] ἐπὶ γῆς πλάζεσθαι ἐν τῷ ἀέρι ὁμοίαν τῷ σώματι. τὸν δὲ Ἑρμῆν ταμίαν εἶναι τῶν ψυχῶν καὶ διὰ τοῦτο πομπέα λέγεσθαι καὶ ἐμπολαῖον [?] καὶ χθόνιον, ἐπειδήπερ οὗτος εἰσπέμπει ἀπὸ τῶν σωμάτων τὰς ψυχὰς ἀπό τε γῆς καὶ ἐκ θαλάττης, καὶ ἄγεσθαι μὲν τὰς καθαρὰς ἐπὶ τὸν ὕψιστον, τὰς δὲ ἀκαθάρτους μήτε ἐκείναις πελάζειν μήτε ἀλλήλαις κ. τ. λ. Auf dieser Vorstellung beruht auch der Traum, den nach Artemidor Onirocr. p. 246 (H.) Plutarch kurz vor seinem Tode hatte: ὁ Πλούταρχος εἰς τὸν οὐρανὸν ἀναβαίνειν ὑπὸ τοῦ Ἑρμοῦ ἀγόμενος ἔδοξε ... οὐκ εἰς μακρὰν ἀπέθανε.

Sitte, unmittelbar nach einem Todesfalle dem Apollon, 30 Tage später aber dem Hermes zu opfern, denn, wie Plutarch berichtet, glaubten sie, dass wie die Erde die Leiber so Hermes die Seelen aufnehme.[248]) Die gleiche Anschauung findet sich bei Aeschylus, welcher, um das Sterben eines Menschen zu bezeichnen, die wahrscheinlich auch sonst üblich gewesene Redensart gebrauchte: κιγχάνει δέ νιν Ἑρμῆς (Cho. 620). Welch vortreffliche Parallele bilden diese Stellen zu den oben angeführten Belegen für die Vorstellung, dass die Erde den Leib, die Luft oder der Aether aber die Seele aufnehme. (S. oben S. 60.) Ziemlich zahlreiche Zeugnisse für die Psychopompie des Hermes finden sich bei den attischen Tragikern sowie bei Aristophanes, welche bald von einem Ἑρμῆς χθόνιος bald von einem πομπός oder πομπαῖος reden und ihn namentlich auch bei Todtenbeschwörungen anrufen lassen.[249]) Als χθόνιος wurde H. übrigens an den Festen der Choen und Chytren in Athen verehrt, wo man seiner in Verbindung mit den Verstorbenen gedachte und ihm ein Opfer von allerlei Sämereien darbrachte.[250]) Da der Monat Hermäos in Böotien und Argos ungefähr in dieselbe Jahreszeit (Ende des Winters)

---

248) Plut. Q. Gr. 24: Τοῖς ἀποβαλοῦσί τινα συγγενῶν ἢ συνήθων ἔθος ἐστὶ μετὰ τὸ πένθος εὐθὺς τῷ Ἀπόλλωνι θύειν, ἡμέραις δὲ ὕστερον τριάκοντα τῷ Ἑρμῇ. Νομίζουσι γὰρ, ὥσπερ τὰ σώματα τῶν ἀποθανόντων δέχεσθαι τὴν γῆν, οὕτω τὰς ψυχὰς τὸν Ἑρμῆν.

249) Ἑρμῆς χθόνιος: Aesch. Cho. 1. Κῆρυξ μέγιστε τῶν ἄνω τε καὶ κάτω | ἄρηξον Ἑρμῆ χθόνιε, Worte der Elektra b. Aesch. Cho. 124 (vgl. Ov. fast. V, 665). ἀλλὰ χθόνιοι δαίμονες ἁγνοί, | Γῆ τε καὶ Ἑρμῆ, βασιλεῦ τ' ἐνέρων, | πέμψατ' ἔνερθε ψυχὴν ἐς φῶς Pers. 628. Ἑρμῆς ὁ κομπὸς ἧ τε νερτέρα θεός (Persephone) Soph. Oed. Col. 1547. Soph. Aj. 833: καλῶ δ' ἅμα | πομπαῖον Ἑρμῆν χθόνιον, εὖ με κοιμίσαι | ξὺν ἀσφαδάστῳ καὶ ταχεῖ πηδήματι. ὦ χθόνι' Ἑρμῆ καὶ πότνι' Ἀρά El. 111. πρόφρων δὲ χθόνιός θ' Ἑρμῆς Ἅιδης τε δέχοιτ' Eur. Alc. 743. ὦ δέσποθ' Ἑρμῆ μὴ λέγε, | ἀλλ' ἔα τὸν ἄνδρ' ἐκεῖνον οὕπερ ἔστ' εἶναι κάτω· | οὐ γὰρ ἡμέτερος ἔτ' ἐστ' ἐκεῖνος ἀνὴρ, ἀλλὰ σός Arist. Frieden 648. Ausserdem findet sich die Bezeichnung Ἑρμῆς χθόνιος noch an folgenden Stellen: Pythag. b. Diog. L. VIII, 31; Schol. zu Ar. Frieden 648 u. zu Ach. 1076; Plut. vita Arist. 21, 5; Et. M. 371, 49; Plut. de fac. in orbe lunae 26, 5; auf Grabsteinen von Krannon und Larissa Ἑρμάου χθονίου: Ussing, Inscr. ined. p. 34; Welcker, G. II, 442, C. I. G. 538. Vgl. auch Val. Max. VI, 8.

250) Mommsen, Heort. 362 u. 366.

fiel, so dürfen wir vielleicht auch für diese Landschaften ähnliche Todtenfeste voraussetzen.[251] Beachtenswerth erscheint, worauf Preller (gr. Myth.² I, 316, 1 aufmerksam gemacht hat, dass gegen das Ende des Winters auch die Römer ein Todtenfest feierten. Hierdurch wird das hohe Alter dieses Hermeskultus nur um so wahrscheinlicher. Auf ihn bezieht sich wohl auch die von Cicero de leg. II, 26, 65 bezeugte Sitte Hermesbilder auf den Gräbern aufzustellen. Sonstige Beinamen des Hermes als Todtenführers sind *ψυχαγωγός, ψυχοπομπός, νεκροπομπός, κάτοχος, καταιβάτης, ἀρχεδάμας* und *εὐταφιαστής*.[252]) Zahlreiche Bildwerke stellen den Gott als Geleiter der Seelen in den Hades oder als Todtenbeschwörer dar.[253]

Mit der Funktion des Hermes als Gott des Todes und der Seelen hängt seine Beziehung zu Schlaf und Traum auf das innigste zusammen. Die wahrscheinlichste Begründung dieser beiden Funktionen dürfte bereits in dem gegeben sein, was wir oben über die gleichen Beziehungen der Luft und des Windes bemerkt haben. Schon in der Ilias und Odyssee wird dem Stabe des Hermes, mittelst dessen er die dem Jenseits zuschwebenden Seelen der Freier leitet, eine einschläfernde und erweckende Kraft zugeschrieben.[254]) Il. Ω 445 giesst H. Schlaf aus über die griechischen Wächter am Eingange des Schiffslagers.[255]) Od. η 137 bringen ihm die Phäaken, jedenfalls als Schlaf- und Traumgott, die letzte

---

251) K. Fr. Hermann, Monatskunde 58.
252) 'E. *ψυχαγωγός* u. *ψυχοπομπός*: Cornutus XVI p. 66 u. p. 279 Od. Hesych. s. v. *ψυχοπ.* Diod. I, 96. Aristarch b. Schol. zu Od. ω 1. Eust. zu Hom. 561, 34. *νεκροπομπός* Luc. dial. d. 24, 1. *κάτοχος*: Lenormant im Rh. Mus. 9, 1853, 365. Welcker, G. II, 443; C. I. Gr. 539 (vgl. Hesych. s. v. *κάτοχοι*). Schol. zu Ar. Frie. 648: *χθόνιος ὁ Ἑρμῆς καὶ καταιβάτης παρὰ 'Ροδίοις καὶ 'Αθηναίοις. ἀρχεδάμας* und *εὐταφιαστής*: Welcker, G. II, 442 u. f.
253) Welcker, GötterL II, 442; Müller-Wieseler, Denkm. d. a. Kunst II, 329—333; Müller, Hdb. d. Arch. § 381, 4 u. 391, 9.
254) Il. Ω 343: *εἵλετο δὲ ῥάβδον, τῇ τ' ἀνδρῶν ὄμματα θέλγει, ὧν ἐθέλει, τοὺς δ' αὖτε καὶ ὑπνώοντας ἐγείρει*. Vgl. Od. ε 47, ω 3, Verg. Aen. IV, 242: Tum virgam capit; hac animas ille evocat Orco... Dat somnos adimitque et lumina morte [nocte?] resignat.
255) Il. Ω 445: *τοῖσι δ' ἐφ' ὕπνον ἔχευε διάκτορος Ἀργειφόντης*.

Spende vor dem Schlafengehen dar[256]), eine Sitte, die sich auch bei späteren Schriftstellern vielfach bezeugt findet.[257]) Nach dem Homerischen Hymnus (v. 14) ist er *ἡγήτωρ ὀνείρων*. Jenen letzten Trunk vor dem Schlafengehen nannte man in späterer Zeit geradezu *Ἑρμῆς*.[258]) Nach einem Fragmente des Apollodor brachte man an den Betten Bilder des Hermes an, um ruhig schlafen zu können und angenehme Träume zu haben.[259]) Hierher gehörige Epitheta des Gottes sind: *ὀνειροπομπός, ὑπνοδότης*, somniorum dator (comes), *ὕπνου προστάτης*.[260]) Auf späteren Monumenten wird H. nach Welcker mehrfach mit einer Eidechse abgebildet, die man auch zu den Füssen des Schlafes und schlafender Personen sieht.[261]) Auf einer Gemme des Berliner Museums erscheint H. endlich wie Hypnos mit Flügeln am Kopfe, zwei Mohnstengeln in der Linken und einem umgekehrten Horn in der Rechten, Flüssigkeit ausgiessend, wodurch er deutlich als Schlafgott gekennzeichnet ist.[262]) Ueberhaupt scheinen die Darstellungen

---

256) Od. η 137: *εὗρε δὲ Φαιήκων ἡγήτορας ἠδὲ μέδοντας σπένδοντας δεπάεσσιν εὐσκόπῳ ἀργειφόντῃ, ᾧ πυμάτῳ σπένδεσκον, ὅτε μνησαίατο κοίτου*. Schol. *ἐπεὶ ὀνειροπομπός καὶ ὑπνοδότης*.
257) Plut. Q. Conv. VII, 9, 6. Athen. I, 16ᵇ: *ἔσπενδον δὲ ἀπὸ τῶν δείπνων ἀναλύοντες καὶ τὰς σπονδὰς ἐποιοῦντο Ἑρμῇ καὶ οὐχ ὡς ὕστερον Διὶ τελείῳ. δοκεῖ γὰρ Ἑρμῆς ὕπνου προστάτης εἶναι*. Vgl. die folg. Anm. u. Long. P. 4, 34.
258) Poll. On. VI, 100: *Ἑρμῆς ἡ τελευταία πόσις*. Hesych. u. Phot. u. v. *Ἑρμῆς*. Strattis bei Athen. XI p. 473ᶜ u. I p. 32ᵇ. Meineke fr. com. II, 771. Philostr. Her. X, 8 p. 311.
259) Apollod. beim Schol. zu Od. ψ 198 ed. Buttm.: *τῷ δὲ ὀνειροπομπὸν εἶναι καὶ τοὺς κοιμωμένους αὐτῷ εὔχεσθαι καὶ αὐτὸν ἀναμένειν εἴλοντο ἐν τοῖς θαλάμοις ἔχειν αὐτὸν φύλακα τοῦ ὕπνου πρόσοψιν οὕτως ἀλεξήτορας ἔχοντες ἰδέας, τὰ μὲν δείματα μὴ φοβοῖντο, προσδοκῷεν δὲ πλείστην ἐπαφροδισίαν διὰ τῶν ὀνειράτων. ἡ δὲ ἱστορία παρὰ Ἀπολλοδώρῳ τῷ Ἀθηναίῳ*.
260) H. *ὀνειροπομπός*: Schol. zu Od. η 137 u. zu Od. ψ 198. Eust. 1574, 40. Vgl. auch Apollon. Rh. IV, 1732 u. Schol. *ὑπνοδότης*: Schol. zu Od. η 137. somniorum dator an einer Herme: Welcker, G. I, 341. somniorum comes: Ammian. XV, 3. *ὕπνου προστάτης*: Athen. I, 16ᵇ; Eust. 1574, 36; 1470, 62.
261) Welcker, G. II, 441.
262) Müller-Wieseler, D. d. a. K. II, 328.

des Hypnos denjenigen des Hermes vielfach ähnlich gewesen zu sein.²⁶³⁾

Kapitel VI.

A.
Die Winde als Beförderer der Fruchtbarkeit der Pflanzen und Thiere sowie der Gesundheit.

Die Fruchtbarkeit des Getreides wie der Futterkräuter und der Bäume hängt grösstentheils von Wind und Wetter ab: diese Thatsache haben wohl alle Viehzucht und Ackerbau treibenden Völker von jeher anerkannt. Besonders deutlich ist sie in einigen deutschen Sprichwörtern ausgesprochen, z. B. „Mit dem Winde macht Gott die Bäume fruchtbar, wenn sie sich in den zwölf Nächten raulen", „Viel Wind, viel Obst" (franz. *Année venteuse, année pommeuse*), „Ohne Wind verscheinet das Korn" u. s. w.²⁶⁴⁾ Aehnliche Ansichten finden sich auch bei den Griechen und Römern und zwar ebenso in volksthümlichen wie in wissenschaftlichen Schriften vor und lassen sich grösstentheils auf die Erfahrungen einfacher Landleute und Hirten zurückführen.

Von der zeugerischen befruchtenden Kraft der Luft und des Windes im Allgemeinen redet namentlich Theophrast, der auch einer Ansicht des Anaxagoras gedenkt, wonach aller befruchtende Same der Luft entstammt.²⁶⁵⁾ Natürlich leitete

---

263) Müller-Wieseler. D. d. a. K. II. 576.
264) Vgl. Wander, Deu. Sprichwörterlexicon V S. 252 no. 133; 255, 197; 253, 142; 253, 152. Mannhardt, German. Mythen S. 710, Ant. Wald- u. Feldkulte S. 155.
265) Theophr. de c. pl. III. 4, 2: τρέφει γὰρ καὶ αὔξει πάνθ' ὁ ἥλιος καὶ ὁ ἀήρ. Ib. IV. 12. 5. Ib. L 5, 2: ὁ ἀὴρ σπέρματα δίδωσι συγκαταφέρων ὥσπερ ᾐσὶν Ἀναξαγόρας. Id. Histor. pl. III, 1, 4. Geopon. 9, 3 p. 573: ἄνεμοι οὐ τὰ φυτὰ μόνον ἀλλὰ πάντα ζωογονοῦσι. Suid. s. v. ἀνεμοτρεφές· τὸ ἐν εὐχύμοις τόποις τεθραμμένον· εὔτονον γὰρ τοῦτο καὶ εὐαυξές· vgl. auch Apollon. S. lex. Hom. s. v.; Suid. s. v. ἀνέμοις γεωργεῖς· ὁ ἄνεμος πάντα μὲν φύει καὶ αὔξει. Luc. bis acc. 1: τοῖς ἀνέμοις φυτουργοῦντας λέγουσι. Pallad. XII. 5: Amat haec arbor [olea] feracibus ventis clementer agitari. Sen. nat. q. V, 18. 3: Fruges percipi non possent, nisi flatu supervacua mixta servandis ventilarentur, nec esset quod

man ebenso auch die Unfruchtbarkeit der Pflanzen von dem schädlichen Einfluss des Windes ab.[266]) Sehr interessant ist in dieser Beziehung der Abschnitt, in welchem Plinius die mannichfachen Einflüsse der Winde auf Ackerbau und Viehzucht behandelt.[267]) Dem Westwinde, welcher nach Theophrast (de ventis 7) und Plinius (n. h. II, 122) vorzugsweise im Frühling weht, schreibt bereits Homer (Od. η 119) die Kraft des Zeugens und Reifens der Früchte zu:

ζεφυρίη πνείουσα τὰ μὲν φύει ἄλλα δὲ πέσσει.

An einer andern Stelle (δ 567) heisst es von demselben Winde, dass ihn Okeanos nach dem Elysischen Gefilde sende, um daselbst die Seligen zu erfrischen:

οὐ νιφετός, οὔτ' ἂρ χειμὼν πολὺς οὔτε ποτ' ὄμβρος,
ἀλλ' αἰεὶ Ζεφύροιο λιγὺ πνείοντας ἀήτας
Ὠκεανὸς ἀνίησιν ἀναψύχειν ἀνθρώπους.

Derselben Ansicht von dem befruchtenden und zeugerischen Wirken des Westwindes begegnen wir später bei Theophrast, Lucrez, Catull, Plinius u. A.[268]) Die lateinische Bezeichnung

---

segetem excitaret et latentem frugem ruptis velamentis suis, quae folliculos agricolae vocant, adaperiret.
266) Hes. Theog. 878: αἱ δ' [αὖραι] αὖ καὶ κατὰ γαῖαν ἀπείριτον ἀνθεμόεσσαν | ἔργ' ἐρατὰ φθείρουσι χαμαιγενέων ἀνθρώπων | πιμπλεῦσαι κόνιός τε καὶ ἀργαλέου κολοσυρτοῦ. Empedocl. bei Diog. L. VIII, 59: παύσεις δ' ἀκαμάτων ἀνέμων μένος, οἵτ' ἐπὶ γαῖαν || ὀρνύμενοι πνοιαῖσι καταφθινύθουσιν ἄρουραν. Diog. L. VIII, 60: ἐτησίων ποτὲ σφοδρῶς πνευσάντων ὡς τοὺς καρποὺς λυμῆναι, κελεύσας [ὁ Ἐμπ.] ὄνους ἐκδαρῆναι καὶ ἀσκοὺς ποιῆσαι, πρὸς τοὺς λόφους καὶ τὰς ἀκρωρείας διέτεινε πρὸς τὸ συλλαβεῖν τὸ πνεῦμα· λήξαντος δὲ Κωλυσανέμαν κληθῆναι. Theophr. de ventis 7: ὁ ζέφυρος τῶν καρπῶν τοὺς μὲν ἐκτρέφει τοὺς δ' ἀπολλύει καὶ διαφθείρει τελείως. Plin. XVIII, 151: Venti ... tribus temporibus nocent frumento et hordeo: in flore aut protinus cum defloruere vel maturescere incipientibus. Vgl. auch Plin. XVII, 232 u. Paus. IV, 25, 8. Wander, Deu. Sprichwörterlex. V, 250, 56.
267) Plin. h. nat. XVIII, 326 ff.
268) Theophr. de vent. 7 (s. oben Anm. 266). Id. de c. pl. II, 3, 1: βελτίω δὲ καὶ τὰ ζεφύρια [πνεύματα] ... τὰ μὲν γὰρ τρέφει κ. τ. λ. Lucr. 1, 11: genitabilis aura Favoni. Catull. 64, 282: aura parit flores tepidi fecunda Favoni. Plin. h. n. VIII, 166: animalis

für Westwind ist bekanntlich **Favonius**, ein Wort das ohne Zweifel mit *favere* fördern, begünstigen, *Faunus* d. i. der Holde, Gnädige, *faustus* begünstigend, beglückend, glücklich verwandt ist und den Westwind als den Begünstiger, Wohlthüter trefflich charakterisirt. Ebenso hielt man den Boreas in der Regel für einen fruchtbaren und nützlichen Wind. Hesiod W. u. T. 547 behauptet, bei kalter Luft, wenn der Boreas wehe, lagere sich eine befruchtende Luft über den Feldern, die sich aus den Flüssen schöpfend verstärke:

ψυχρὴ γάρ τ' ἠὼς πέλεται Βορέαο πεσόντος·
ἠῶος δ' ἐπὶ γαῖαν ἀπ' οὐρανοῦ ἀστερόεντος
ἀὴρ πυροφόρος τέταται μακάρων ἐπὶ ἔργοις.

Aehnliches sagen auch Andere, z. B. Theophrast und Plinius.[269]) Um böse Winde abzuwenden wurden allerlei Beschwörungsmittel angewandt, unter denen eigenthümliche Hahnenopfer und Lederschläuche, mittelst deren z. B. Empedokles die Winde eingefangen und gefesselt haben soll, besondere Erwähnung verdienen.[270]) Der letztere Gebrauch scheint uralt zu sein, wie aus der Erzählung von dem Windschlauche, den Aeolos dem heimkehrenden Odysseus mitgegeben haben soll, hervorgehen dürfte. Das Hahnenopfer dagegen erklärt sich wohl einfach aus der Rolle, welche dieser dem Hermes geheiligte Vogel als Wetterprophet spielte.[271])

Aber nicht blos die Fruchtbarkeit der Pflanzen, sondern auch die der Thiere wurde vom Winde abhängig gedacht.

---

spiritus mundi a favendo dictus. Id. XVIII, 337: hic ver inchoat aperitque terras tenui frigore saluber, hic vites putandi frugesque curandi, arbores serendi, poma inserendi, oleas tractandi ius dabit afflatuque nutritium exercebit. Τῷ πάντων ἀνέμων πιοτάτω Ζεφύρῳ: Preller, gr. Myth.² I, 370, 5.

269) Theophr. de c. pl. II, 3, 1: τῶν πνευμάτων τὰ βόρεια τῶν νοτίων βελτίω. Plin. n. h. XVII, 10: [arbores] aquilone maxime gaudent, densiores ab afflatu eius laetioresque et materiae firmioris.

270) Paus. II, 24, 2: ἄνεμος ὁ Λὶψ βλαστανούσαις ταῖς ἀμπέλοις ἐμπίπτων ἐκ τοῦ Σαρωνικοῦ κόλπου τὴν βλάστην σφῶν ἀφαναίνει. κατιόντος οὖν ἔτι τοῦ πνεύματος ἀλεκτρυόνα τὰ πτερὰ ἔχοντα λευκὰ διελόντες ἄνδρες δύο ἐναντίοι περιθέουσι τὰς ἀμπέλους ἥμισυ ἑκάτερος τοῦ ἀλεκτρυόνος φέρων. Diog. L. VIII, 59 f. Hesych. s. v. ἀνεμοκοῖται, εὐδάνεμος, κωλυσάνεμος, Suid. s. v. δορά.

271) Aristot. fr. 159ᵇ, Theophr. de s. temp. 17 u. 18.

Deshalb heisst es in den Geopon. 9, 3 (p. 573) ganz allgemein: ἄνεμοι οὐ τὰ φυτὰ μόνον ἀλλὰ πάντα ζῳογονοῦσι, und wir haben schon oben gesehen, dass man die attischen Tritopatoren als kosmogonische Windgötter und Zeuger verehrte. Hie und da glaubte man an die Möglichkeit der Befruchtung gewisser Thiergattungen, z. B. der Pferde, Geier, Wachteln und Bergschildkröten durch den Wind.[272] Einen ganz eigenthümlichen Einfluss schrieben ihm die griechischen Hirten auf die Fortpflanzung der Heerden zu, indem sie annahmen, dass, wenn die Thiere bei der Befruchtung sich gegen den Nordwind wendeten, männliche, im entgegengesetzten Falle weibliche Individuen erzeugt würden.[273] Nach Aristoteles (Polit. VII, 147) lehrten sogar gewisse Naturphilosophen, dass die Tage, an denen der Nordwind weht, zur Kindererzeugung besonders geeignet seien.[274]

Endlich ist auch die Gesundheit der Menschen und Thiere wesentlich von Wind und Wetter abhängig. Wie noch jetzt so galten schon im Alterthume windstille tiefgelegene und sumpfige Orte im Gegensatze zu solchen, die einem frischen Luftzuge zugänglich waren, für ungesund.[275] Für besonders

---

272) Nach Il. T 224 zeugt Boreas mit den Stuten des Erichthonios 12 Füllen. Aristot. H. A. 6, 18; Varro r. r. II, 1, 9; Colum. VI, 27, 3; Justin. 44, 3; Plin. VIII, 166; Sil. Ital. 3, 379 erzählen von dem auf Kreta und in Lusitanien verbreiteten Glauben, dass Stuten vom Winde geschwängert werden könnten. Vgl. auch Opp. Cyn. III, 355. Hinsichtlich der Geier vgl. Schol. zu Opp. Hal. I, 29 u. Phile 122, hinsichtlich der Bergschildkröten und Wachteln Schol. Nic. Al. 560.

273) Aristot. de an. hist. VI, 19, 2: βορείοις μὲν ὀχευόμενα ἀρρενοτοκεῖ μᾶλλον, νοτίοις δὲ θηλυτοκεῖ. Id. de an. gen. IV, 2: φασὶ δὲ καὶ οἱ νομεῖς διαφέρειν πρὸς θηλυγονίαν καὶ ἀρρενογονίαν οὐ μόνον ἐὰν συμβαίνῃ τὴν ὀχείαν γίνεσθαι βορείοις ἢ νοτίοις ἀλλὰ κἂν ὀχευόμενα βλέπῃ πρὸς νότον ἢ βορέαν. Plin. h. n. XVIII, 830 u. 336.

274) Arist. Pol. VII, 14, 7: δεῖ δὲ ... θεωρεῖν πρὸς τὴν τεκνοποιίαν .... καὶ τὰ παρὰ τῶν φυσικῶν [λεγόμενα] περὶ τῶν πνευμάτων οἱ φυσικοὶ [λέγουσι] τὰ βόρεια πού νοτίων ἐπαινοῦντες μᾶλλον.

275) Arist. Probl. V, 34: πόλις ὑγιεινὴ καὶ τόπος εὔπνους. Ib. XIV, 7: Διὰ τί οἱ μὲν ἐν τοῖς εὐπνόοις τόποις βραδέως γηράσκουσιν οἱ δ᾽ ἐν τοῖς κοίλοις καὶ ἑλώδεσι ταχέως; Ἐν μὲν οὖν τοῖς ὑψηλοῖς διὰ τὴν εὔπνοιαν ὁ ἀὴρ ἐν κινήσει ἐστίν, ἐν δὲ τοῖς κοίλοις μένει. Vgl. auch de an. gen. V, 5. Plat. de rep. III, 12 p. 401ᵉ. Luc. Char. 1. Arist. Oec. I, 6.

wohlthätig hielt man in dieser Beziehung die Nordwinde, vor allem die Etesien und den Circius, welch letzterem Augustus, weil er die Luft reinigte und deshalb der Gesundheit zuträglich war, sogar einen Tempel stiftete.[276]) Dasselbe galt auch von den Westwinden[277]), während der Notos (Auster) allgemein für gesundheitsschädlich gehalten wurde.[278])

B.
Hermes als Förderer der Fruchtbarkeit von Pflanzen und Thieren sowie der Gesundheit.

Dass Hermes von Alters her als Gott der Zeugung und Fruchtbarkeit verehrt wurde bezeugt am deutlichsten das alterthümliche Symbol des Phallos. Dieser eignete dem Gotte nicht blos im Kultus des arkadischen und elischen Kyllene[279]), sondern kam wahrscheinlich auch an vielen andern Orten vor, da Herodot von der Sitte, die Bilder des H. ithyphallisch darzustellen, als von einer pelasgischen redet.[280]) Sicher

---

276) Hippocr. I, 608 ed. Kühn: διὸ [ὁ βορέας] καὶ ὑγιεινότατός ἐστι τῶν ἀνέμων, ὁ δὲ νότος τἀναντία τούτῳ ἐργάζεται. Plin. n. h. II, 127: Saluberrimus Aquilo, noxius Auster. Cels. II, 1 p. 28, 41 ed. Daremberg. Hinsichtlich der wohlthätigen Wirkung der Etesien bei Epidemien vgl. die Erzählung vom Aristäos bei Diod. IV, 82. Die Geschichte von der Tempelstiftung des Augustus siehe bei Preller, r. Myth.¹ 292.
277) Arist. Probl. XXVI, 31: ὁ ζέφυρος εὐδιεινὸς καὶ ἥδιστος δοκεῖ εἶναι τῶν ἀνέμων κ. τ. λ. Plin. n. h. XVIII, 337: Favonius saluber. Cels. II, 1: optimique [dies] ... quibus Favonii perflant.
278) S. Anm. 276 u. 274.
279) Artemid. I, 45: εἶδον δὲ καὶ ἐν Κυλλήνῃ γενόμενος Ἑρμοῦ ἄγαλμα οὐδὲν ἄλλο ἢ αἰδοῖον δεδημιουργημένον λόγῳ τινι φυσικῷ. Hippol. ref. haer. 5, 7 p. 144: αἰδοῖον ἀνθρώπου ἀπὸ τῶν κάτω ἐπὶ τὰ ἄνω ὁρμὴν ἔχον. Paus. VI, 26, 3: Τοῦ Ἑρμοῦ δὲ τὸ ἄγαλμα, ὃν οἱ ταύτῃ περισσῶς σέβουσιν in Elis), ὀρθόν ἐστιν αἰδοῖον ἐπὶ τοῦ βάθρου. Gleich darauf redet P. von der Fruchtbarkeit des Bodens in Elis. Der Kyllenische H. scheint auch kurzweg Φάλης genannt worden zu sein: Luc. Iup. tr. 42. Dass Φάλης von φαλλός abzuleiten ist lehren Stellen wie Arist. Ach. 263 f. und Hesych. s. v. Vgl. ausserdem Philostr. v. Apoll. VI, 20 p. 120 K. Pape-Benseler, Wört. d. Eigenn. I, 384.
280) Herod. II, 51: τοῦ δὲ Ἑρμέω τὰ ἀγάλματα ὀρθὰ ἔχειν τὰ αἰδοῖα ποιεῦντες [οἱ Ἕλληνες] οὐκ ἀπ' Αἰγυπτίων μεμαθήκασι, ἀλλ'

lassen sich ithyphallische Hermesbilder auf Münzen von Sestos nachweisen. Dieselbe Bildung muss bei den im athenischen Hermokopidenprozesse in Betracht kommenden Hermen vorausgesetzt werden (Ar. Lys. 1093, Plut. an seni 28). Das uralte von Kekrops geweihte Hermesbild im Tempel der Athene Polias zu Athen trug höchst wahrscheinlich einen Phallus, da Pausanias dasselbe mit Myrthenzweigen verhüllt sah.[281])

Eine direkte Beziehung der fruchtbaren und zeugenden Kraft des Hermes auf die Vegetation erblicke ich einerseits (mit Preller, gr. Myth.[2] I, 307, 3) in den Aehren, welche auf Münzen von Sestos und Aenos und anderswo neben alterthümlichen Hermen (deren eine ithyphallisch gebildet ist) erscheinen[282]), anderseits in den schönen Versen des Hymnus auf Aphrodite (262—266):

τῆσι [Νύμφαις] δὲ Σειληνοί τε καὶ εὔσκοπος Ἀργειφόντης
μίσγοντ' ἐν φιλότητι μυχῷ σπείων ἐροέντων.
τῆσι δ' ἅμ' ἢ ἐλάται ἠὲ δρύες ὑψικάρηνοι
γεινομένῃσιν ἔφυσαν ἐπὶ χθονὶ βωτιανείρῃ,
καλαί, τηλεθάουσαι, ἐν οὔρεσιν ὑψηλοῖσιν κ. τ. λ.

Wenn es an dieser Stelle, deren tiefpoetisches Naturgefühl Welcker (G. II, 441) mit Recht sehr hoch stellt, heisst, dass Hermes und die Silene mit den Baumnyphen buhlen, so hat das ohne Zweifel dieselbe Bedeutung wie die Sage von dem die Pitys umfreienden Pan. In diesem Mythus aber hat Mannhardt (Ant. Wald- u. Feldkulte 131) eine deutliche Anspielung auf den Wind erkannt, der mit den Zweigen der Bäume spielend und tanzend gleichsam mit den Dryaden buhlt und deshalb gleich sonstigen Waldgeistern als lüstern, geil, befruchtend, κήλων (Kratinos), πολύσπορος, πάνσπορος geschildert wird. Auch sonst steht H. nicht selten mit den

---

ἀπὸ Πελασγῶν πρῶτοι μὲν Ἑλλήνων ἁπάντων Ἀθηναῖοι παραλαβόντες, παρὰ δὲ τούτων ἄλλοι. Vgl. auch Ar. Lys. c. schol. ad 1079: ὁ Ἑ. πριαπώδες ἔχει τὸ αἰδοῖον καὶ ἐντέταται μεγάλως.

281) Paus. I, 27, 1: Κεῖται δὲ ἐν τῷ ναῷ τῆς Πολιάδος Ἑρμῆς ξύλου, Κέκροπος εἶναι λεγόμενον ἀνάθημα, ὑπὸ κλάδων μυρσίνης οὐ σύνοπτον.

282) Müller-Wieseler, D. d. a. K. II, 297 u. 298. Müller, Hdb. d. Arch. § 381, 2.

Nymphen in Verbindung und wird neben diesen Naturgottheiten, welche bekanntlich ebenso wie er Fördererinnen der Fruchtbarkeit von Pflanzen und Thieren sind (Νύμφαι ὄμπνιαι, καρποφόροι, ἐχεδωρίδες, νόμιαι, αἰπολικαί, μηλίδες, ἐπιμηλίδες etc.), verehrt.[283] Zahlreicher sind die Zeugnisse für den Glauben, dass H. die Fruchtbarkeit und das Gedeihen der Thiere, namentlich des Heerdenviehs, fördere und auf diese Weise den Menschen Reichthum verleihe. Denn der Reichthum der ältesten Zeit wurde, wie mannichfache Beispiele aus Homer und die Etymologie von *pecunia* lehren, nicht nach Geld, sondern nach der Zahl und Grösse der Heerden bemessen (Schömann, gr. Alt.¹ I, 69). Der älteste Beleg für jenen Glauben findet sich Il. Ξ 489 ff.:

ὁ δ' οὔτασεν Ἰλιονῆα,
υἱὸν Φόρβαντος πολυμήλου, τόν ῥα μάλιστα
Ἑρμείας Τρώων ἐφίλει καὶ κτῆσιν ὄπασσεν.[284]

Nicht minder wichtig ist hierfür Hes. Theog. 444:

ἐσθλὴ δ' ἐν σταθμοῖσι σὺν Ἑρμῇ ληΐδ' ἀέξειν.
βουκολίας τ' ἀγέλας τε καὶ αἰπόλια πλατέ' αἰγῶν,
ἐξ ὀλίγων βριάει, καὶ ἐκ πολλῶν μείονα θῆκεν.

Dass hier Hekate neben Hermes als Mehrerin des Viehstandes gilt, erklärt sich wohl einfach aus ihrer Bedeutung als Mondund Geburtsgöttin, auf welche auch ihr Epitheton κουροτρόφος (v. 450 u. 452) hinweist.[285] Von einer Verbindung des H. mit Hekate (Brimo) ist auch anderwärts die Rede, im Kultus prägt sich dieselbe dadurch aus, dass beiden Gott-

---

283) Preller, gr. Myth.² I, 309 A. 2 und 567. So opfert schon Eumaeos Od. ξ 435 Νύμφησι καὶ Ἑρμῇ.

284) Der Scholiast bemerkt zu dieser Stelle: εὐχερές ἐστιν αὐτῷ [τῷ Ἑ.], ὡς τὸ δοῦναι καὶ τὸ ἀφελέσθαι. ἐπιμελῶς δὲ ἐκτηνοτρόφουν οἱ παλαιοί, ὡς ἐπ' Ὀδυσσέως, καὶ τῷ Τυδεῖ τρισχίλιαι ἵπποι καὶ ἄλλῳ χίλιαι ἵπποι. ὁμοίως καὶ ἀλφεσίβοιαι, καὶ νόμιος θεὸς καὶ ,,Ἑρμῇ Μαιάδος υἱεῖ". (Od. 14, 435). Paus. II, 3, 4: παρέστηκε δέ οἱ κριός, ὅτι Ἑρμῆς μάλιστα δοκεῖ θεῶν ἐφορᾶν καὶ αὔξειν ποίμνας, καθὰ δὲ καὶ Ὅμηρος ἐν Ἰλιάδι [Ξ 489] ἐποίησεν.

285) Roscher, Studien z. vgl. Myth. d. Gr. u. Römer II S. 50 f., besonders S. 54 Anm. 148.

heiten am Neumond geopfert wurde.[286]) Sehr verallgemeinert zeigt sich die Fürsorge des H. für die Thierwelt in den Schlussworten des Homerischen Hymnus (v. 567 f.):

ταῦτ' ἔχε, Μαιάδος υἱὲ, καὶ ἀγραύλους ἕλικας βοῦς,
ἵππους τ' ἀμφιπόλευε καὶ ἡμιόνους ταλαεργούς·
καὶ χαροποῖσι λέουσι καὶ ἀργιόδουσι σύεσσι
καὶ κυσὶ καὶ μήλοισιν, ὅσα τρέφει εὐρεῖα χθὼν,
πᾶσι δ' ἐπὶ προβάτοισιν ἀνάσσειν κύδιμον Ἑρμῆν.

Gewöhnlich aber wurde H. nur als Schutzgott des Kleinviehs (μῆλα, Schafe und Ziegen) verehrt, das in den meistentheils gebirgigen Landschaften Griechenlands im Alterthum, wie auch noch jetzt, den Hauptreichthum der Bewohner bildete. Zahlreich sind daher die Epitheta und plastischen Darstellungen, welche sich auf diese Funktion des Gottes beziehen. Solche Beinamen sind ἀγροτήρ, νόμιος, ἐπιμήλως, μηλοσσόος, εὔγλαξ, τυρευτήρ.[287]) Hinsichtlich der Bildwerke, welche H. entweder auf einem Bocke sitzend oder ihn tragend oder mit Widdern fahrend darstellen, verweise ich auf Welckers Götterl. II, 438, Preller, gr. M.² I, 326, 3 und Müller, Hdb. d. Arch. § 381, 2.

Auf die Förderung menschlicher Fruchtbarkeit führe ich

---

286) Propert. II, 2, 11 (L. Müller), Porphyr. de abst. II, 16: κατὰ μῆνα ἕκαστον ταῖς νεομηνίαις στεφανοῦντα καὶ φαιδρύνοντα τὸν Ἑρμῆν καὶ τὴν Ἑκάτην. Möglicherweise hängt diese Bedeutung der Neumondtage im Hermeskultus mit der Anschauung zusammen, dass dieselben ebenso wie die 4ten im Monat Wind und Wetter bestimmten. Vgl. die Wetterregel bei Wander, Deu. Sprichwörterlex. V. S. 213 uo. 108: „Wenn's Wetter im Neu[mond] nit ändert, so blybt's vier Wuche so." Theophr. de sign. pl. 8: ἀπὸ νουμηνίας ὡς ἀπ' ἀρχῆς δεῖ σκοπεῖν. μεταβάλλει γὰρ κ. τ. λ. Id. de vent. 17: αἱ σύνοδοι τῶν μηνῶν χειμερινώτεροι.

287) H. ἀγροτήρ: Eur. El. 462 N. νόμιος: Arist. Thesm. 977: Ἑρμῆν τε νόμιον ἄντομαι | καὶ Πᾶνα καὶ Νύμφας φίλας. Schol. z. d. St. ἔφορος γὰρ τῶν θρεμμάτων ὁ θεός. Corn. XVI p. 75 Os. vgl. p. 287; ἐπιμήλιος in Koroneia: Paus. IX, 34, 2; μηλοσσόος Anthol. Pal. VI, 334; εὔγλαξ: ib. IX, 744; τυρευτήρ: ib. Jedenfalls hängt die alte Sage von den beiden dem Atreus und dem Phrixos geschenkten goldenen Widdern mit der Funktion des H. als Gottes der Schafzucht zusammen. Aus demselben Grunde ist er zum Vater des Pan geworden. Bei Anton. Lib. Transform. 15 tritt H. als ποιμήν auf.

mit Preller (gr. M.² I, 307) die beiden von Hesychius überlieferten Beinamen ἐπιθαλαμίτης und αὐξίδημος zurück.[288]) Schliesslich ist in diesem Zusammenhange noch zweier gleichartiger Mythen zu gedenken, welche ebenfalls auf die Förderung der Schafzucht durch H. hinweisen. Ich meine die Sagen von dem Liebesverhältniss zur Ῥήνη und Πολυμήλη, zweier Nymphen (?), deren Namen eine deutliche Beziehung zu Schafheerden und Schafzucht enthalten. Die Sage von der Polymele, mit welcher H. den Eudoros erzeugt, findet sich Il. II, 180, die von der Rhene bei Diodor V, 48 und in den Scholien zu Apollonius Rh. I, 917. Aus dem letzteren Verhältnisse soll Saon, der Heros Eponymos von Samothrake entsprungen sein.[289])

Ebenso wie bei den Winden[290]) lässt sich ferner auch bei H. die Idee der Förderung der Gesundheit nachweisen. Am deutlichsten zu Tanagra, welche Stadt H. durch Umtragung eines Widders von der Pest befreit hatte, daher beim Feste des Gottes der schönste Ephebe mit einem Bocke auf der Schulter um die Stadt gehen musste.[291]) Zweifellos haben wir es in diesem Falle mit einer Art von *amburbium* oder *sacrificium ambarvale*[292]), an die oben (Anm. 270) erwähnte Umtragung eines weissen Hahnes um die Weinpflanzungen erinnernd, zu thun; wodurch man das wahrscheinlich aus verpesteter Luft stammende Contagium zu vertreiben suchte. Denn dass Seuchen aus verdorbener Luft entstehend gedacht wurden, ist mehrfach bezeugt.[293]) In solchen Fällen konnten

---

288) Vâju verleiht Kindersegen Rigv. VII, 90 [606], Kindersegen und Rinderfülle VII, 92 [608], ebenso die Maruts VII, 56 B [672].

289) Müller, Orchomenos¹ S. 65.

290) Der Wind weht Arzenei und bewahrt in seinem Hause einen Schatz von Amrita nach Rigv. X, 186 [1012]. Die Maruts verleihen langes Leben: VII, 57 [573].

291) Paus. IX, 22, 1: τοῦ μὲν [Ἑρμοῦ τοῦ κριοφόρου] ἐς τὴν ἐπίκλησιν λέγουσιν ὡς ὁ Ἑρμῆς σφίσιν ἀποτρέψαι νόσον λοιμώδη περὶ τὸ τεῖχος κριὸν περιενεγκών, καὶ ἐπὶ τούτῳ Κάλαμις ἐποίησεν ἄγαλμα Ἑρμοῦ φέροντα κριὸν ἐπὶ τῶν ὤμων. ὃς δ᾽ ἂν εἶναι τῶν ἐφήβων προκριθῇ τὸ εἶδος κάλλιστος, οὗτος ἐν τοῦ Ἑρμοῦ τῇ ἑορτῇ περίεισιν ἐν κύκλῳ τοῦ τείχους ἔχων ἄρνα ἐπὶ τῶν ὤμων.

292) Preller, r. Myth.¹ 372 f.

293) Ar. de an. gen. IV, 2; Lucr. VI, 1122 u. 1134; Verg. Georg.

aber nur die Luft reinigende Winde, z. B. die Etesien helfen [294]), und deshalb werden sich wohl die Tanagräer an den Windgott Hermes gewandt haben. Hierfür spricht auch das Opfer eines männlichen Schafes, insofern Böcke und Lämmer bei Griechen und Italikern die im Kultus der Windgötter üblichen Opferthiere waren.[295]) Der Gesundheitsgott Hermes wurde nach Cornutus neben der Hygieia verehrt[296]) und sein uralter schon bei Homer vorkommender Beiname ἀκάκητα wird wohl am besten von ἀκεῖσθαι abgeleitet.[297])

Auf die soeben besprochenen Funktionen des Gottes werden wohl auch zwei homerische Epitheta zurückzuführen sein, welche sein segenspendendes Wirken ganz allgemein ausdrücken: ich meine die Bezeichnungen ἐριούνιος (ἐριούνης) und δώτωρ ἐάων.[298]) Spätere Schriftsteller nennen ihn

---

III, 478; Aen. III, 136; Catull. 26, 5 ed. M. Pallad. I, 3; Claud. b. Gild. 514.

294) Ein lateinisches Sprichwort lautet: „Venti scoparii mundi"; ein deutsches: „Die Winde sind der Welt Besen" (Wander, Deu. Sprichwörterlex. V, 250, 79). Ar. Probl. I, 3: Διὰ τί... πνεύματα ἐπιτείνουσι ἢ παύουσι καὶ κρίνουσι τὰς νόσους καὶ ποιοῦσιν; Ib. V. 34; XIV, 7; Ar. Pol. VII, 10, 3: πλεῖστον συμβάλλεται πρὸς τὴν ὑγίειαν ἡ ... τοῦ πνεύματος δύναμις; de an. gen. V, 5: τὰ πνεύματα κωλύει τὴν σῆψιν. Diod. IV, 82: κατὰ τὴν τοῦ σειρίου ἀνατολήν, καθ᾽ ἣν συνέβαινε πνεῖν τοὺς ἐτησίας, λῆξαι τὰς λοιμικὰς νόσους. Sen. nat. q. V, 17: cui [Circio] ... incolae gratias agunt, tamquam salubritatem coeli sui debeant ei. Ib. 18: providentia] non .. ex una causa ventos aut invenit aut per diversa disposuit, sed primum ut aera non sinerent pigrescere sed adsidua vexatione utilem redderent vitalemque tracturis. Der Wind entführt die Krankheit Rigv. X, 97 [923].

295) Ar. Ran. 847 u. Schol.: ἄρν᾽ ἄρνα μέλαιναν: τοιαῦτα γὰρ ἔθυον τῷ Τυφῶνι, ὁπότε στροβιλώδης ἐκινήθη ἄνεμος. Preller, röm. M.¹ 292 Anm. 2.

296) Corn. 16: τὴν Ὑγείαν αὐτῷ συνῴκισαν.

297) S. die Citate bei Ebeling, Lex. Homer. p. 60 f., wo noch L. Meyer, z. ält. Geschichte d. gr. Myth. S. 54 hinzuzufügen ist. Von ἀκάκητα ist übrigens der Name des arkadischen Ἀκακήσιον abzuleiten.

298) Ἐριούνιος ist von ὀνίνημι abzuleiten: Et. M. 374, 20; Apoll. So. 76, 16 (B.); Autenrieth, N. Jahrb. f. Ph. 95, 286; Christ, Lautl. 226; Gerhard, Myth. § 274, 3; Welcker, Götterl. I, 334; II, 439 u. s. w. Daneben kommt auch eine euphemistische Beziehung auf den Ἑ. χθόνιος und κλέπτης vor (Preller, gr. M.² I, 306, 2 u. 3, Welcker, Götterl. I, 334; Apollon. S. s. v.).

φιλανθρωπότατος καὶ μεγαλοδωρότατος und πλουτοδότης.[299])
Genau dieselbe Vorstellung von Reichthum verleihenden Windgöttern findet sich in den an Vaju und die Maruts gerichteten Vedaliedern, z. B. Rigv. VIII, 46 C [666]:

> Komm her zu langer Dauer uns,
> Dem Kämpfer, Vaju, recht zur Kraft,
> Wir dienten dir, damit du viel uns schenken sollst,
> recht Grosses du uns schenken sollst.

Ebenso Rigv. VII, 90 [606]:

> Die ihr als Herrscher Herrliches uns schenket
> an Rindern, Rossen und an Geld und Gütern,
> O Indra-Vaju, lasset stets die Fürsten
> durch Ross und Helden in den Schlachten siegen.[300])

Kapitel VII.

A.
Der Wind metaphorisch für Glück.

Von jeher ist das Glück oder Schicksal mit dem Winde verglichen worden. In deutschen Sprichwörtern und geflügelten Worten sind es vor Allem die Launenhaftigkeit[301]), der beständige Wechsel, das unerwartete oder unverhoffte Eintreten, die Treulosigkeit, die Gunst und Ungunst beider, des Windes und des Glückes, welche als Tertia comparationis hervortreten. Ich erinnere an das Goethe'sche „Schicksal des Menschen wie gleichst du dem Wind" sowie an folgende dem Wander'schen Sprichwörterlexikon [302]) entnommene Proverbien, in denen vielfach Wind geradezu für Glück erscheint:

---

299) Ar. Fric. 393 u. Eust. 999, 10.
300) Vgl. ausserdem Rigv. VIII, 26 C [647], VII, 90 [606], VII, 92 [608], IV, 48 [344]. An einigen dieser Stellen sind die Wolken als die „dunkeln allgestaltigen Schatzkammern" bezeichnet. In Betreff der Maruts vgl. Rigv. V, 57 [411], V, 53 [407], I, 40 [40].
301) Vgl. auch unser „wetterwendisch" und das lateinische „homo ventosus".
302) Wander, Deutsches Sprichwörterlex. V S. 247 f. Vgl. auch das neutestamentliche (Ev. Johann. 3, 8): τὸ πνεῦμα ὅπου θέλει πνεῖ, καὶ τὴν φωνὴν αὐτοῦ ἀκούεις, ἀλλ' οὐκ οἶδας πόθεν ἔρχεται καὶ ποῦ ὑπάγει.

"Ein guter Wind währt nicht lange (ital. "Non dura sempre il vento in poppa"); Es ist keinem Wind noch Wetter zu trauen, es sehe so freundlich als es wolle; Was der Wind bringt, kann er auch wieder vertreiben; Dem Winde der vertraut, der auf Jungfern baut; Auch der beste Wind kann es nicht allen Schiffern recht machen; Es ist kein Wind, der nicht Einem etwas Gutes brächte" u. s. w. Ebenso wird auch im Griechischen Wind als eine Metapher für Glück gebraucht und zwar ebensowohl im guten wie im schlimmen Sinne. Man vergleiche folgende Stellen: Eur. Iph. T. 1307: πνεῦμα συμφορᾶς; Herc. fur. 216: ὅταν θεοῦ σοι πνεῦμα μεταβαλὸν τύχῃ; Ion 1507: μεθίστασαι τὰ πνεύματα [τὰ τῆς τύχης]; fr. Andr. 152 N. νεύει βίοτος, νεύει δὲ τύχα ‖ κατὰ πνεῦμ' ἀνέμων. Häufig steht οὖρος in der Bedeutung von Glück: Soph. Phil. 855: οὖρός τοι, τέκνον, οὖρος (= καιρός); Eur. Ion 1509: ἐγένετό τις οὖρος ἐκ κακῶν, ὦ παῖ, sowie οὔριος in der Bedeutung günstig glücklich; οὐρίζειν oder ἐπιπνεῖν bedeutet begünstigen beglücken, ἀντιπνεῖν das Gegentheil: Aesch. Cho. 812: πρᾶξιν οὐρίαν; Soph. Aj. 1083: ἐξ οὐρίων; Eur. Herakl. 822: οὔριον φόνον; Hel. 1587: αἵματος δ' ἀπορροαί ‖ ἐς οἶδμ' ἐσηκόντιζον οὖριαι ξένῳ; Antip. Sidon. Anthol. VII, 164, 9: οὔριον ἰθύνοι πάντα τύχη βίοτον. Aesch. Pers. 601: πεποιθέναι ‖ τὸν αὐτὸν ἀεὶ δαίμον' οὐριεῖν τύχης. Dieselben Metaphern sind übrigens auch im Lateinischen nachweisbar. So bedeuten *ventus* und *flatus* Glück und Unglück je nach dem Zusammenhang[303]), *adspirare* heisst oft begünstigen und wird namentlich in Verbindung mit *fortuna* gebraucht.[304]) Endlich ist ohne Zweifel in den verbreiteten Ausdrücken *fortuna adversa* und *secunda* eine dem Winde entlehnte Metapher enthalten.

---

303) Cic. Pis. 9: Alios ego vidi ventos, alias prospexi animo procellas; ad Att. II, 1: Cuius (Caesaris) nunc venti valde sunt secundi; ad. fam. 12, 25: Quicunque venti erunt, ars certe nostra non aberit. ib. 8, 8: Quo vento proicitur Appius? de or. 2, 44, 187: Ad id, unde aliquis flatus ostenditur, vela dare; de off. 2, 6, 19: prospero flatu fortunae utimur.
304) Verg. Aen. II, 385: Adspirat primo fortuna labori. Curt. III, 8, 20. Amm. 19, 6.

R

Hermes als Gott des Glücks.

Es ist leicht begreiflich, aus der Art, welcher sonst [illegible] dem Schiffer glücklichen Fahrwind oder [illegible] Sturm, dem Ackerbauer und Hirten fruchtbares und gesundes oder nachtheiliges Wetter sendet, wie folgerecht die Glücksgaben angeschaut und verehrt wurde. Als [illegible] erscheint H. schon im homerischen Hymnus V [illegible] w: "Ein [illegible] wunderschöner Stab des Glückes und Reichthums beigelegt wird"[305], der schon vielfach mit der germanischen Wünschelruthe verglichen worden ist.[306] Bemerklich zeigt diese nicht bloß Schätze an; sie [illegible] auch [illegible] Wünsche [illegible] und eignet dem Wohn-, der etwas wie Hermes als Gott des unverhofften Glückes, der Loose und der Würfel ist.[307] Dieselbe Zauberkraft schreibt man dem [illegible] des griechischen Gottes zu, wie Aeußerungen des Arrian und Cicero lehren.[308] Nicht selten trat H. als Gott der Glücksloose oder der Würfel auf, daher das erste und beste Loos ihm ausdrücklich geheiligt war und Ἑρμοῦ κλῆρος genannt wurde.[309] Eine besondere

---

305) Hom. hy. in Merc. 529: δίδωμι σοι κύπρου δεινὸν κηρύκιον ῥάβδον. Die Erzählung von dem apollinischen Ursprung der Zauberruthe scheint mir eine ziemlich späte ätiologische Erfindung zu sein.

306) Vgl Grimm, d. Mythol.² 926; Blümner, Vasengem. H. II S. 168; Becker, Charikles² I. 96 u. a. w.

307) Grimm a. a. O. S. 820 und 926. Schwenck² S. 198 u. ö.a.

308) Arr. Epict. Diss. III. 7. 19: τοῦτ᾽ ἔστι τὸ τοῦ Ἑρμοῦ ῥᾳβδίον οὗ θέλεις, φησίν, ἅψαι, καὶ χρυσοῦν ἔσται. Cic. de L. 44: quodsi omnia nobis, quae ad victum cultumque pertinent, quasi virgula divina, ut aiunt, suppeditarentur.

309) Ar. Pac. 365: Ἑρμῆς γὰρ ἂν κλῆρον κλαίοις; εἶδ᾽ ὅτι Schol: οἱ γὰρ κλῆροι τοῦ Ἑρμοῦ ἱεροὶ δοκοῦσιν εἶναι, ὅθεν καὶ τὸν πρῶτον κληρούμενον Ἑρμῆν φασι. δεῖν καίειν. Einer eigenthümlichen alten Sitte beim Loosen gedenkt Photios, Lex. p. 169. 7 und Suidas: κλῆρος Ἑρμοῦ· συνήθεια ἀρχαία. ἐβάλλον οἱ κληροῦντες εἰς ὑδρίαν λιαίας φύλλον ὃ προσηγόρευον Ἑρμῆν. καὶ πρῶτον λήψοιντο τοῦτο, τιμῇ τοῦ θεῷ ταύτην ἀπονέμοντες· διηγεῖται δὲ ὁ μετὰ τὸν θεόν. Ἐφεξίδης ἐν τῷ Αἰόλῳ μνημονεύει τοῦ ἔθους τούτου. Hes. s. v. Ἑρμοῦ κλῆρος· ὁ πρῶτος ἐλκόμενος κλῆρος, Ἑρμοῦ νομίζεται. Poll. on. VI. 55: Ἑρμοῦ δὲ κλῆρος ἡ πρώτη τῶν κρίσεων μοῖρα. Hes. s. v. Ἑρμῆς . . . καὶ ἐν τοῖς κλῆροις· οἷον ἀγαθὸς οἰωνός. Vgl. auch Eust. p. 1397, 27 und Leutsch zu Diogen. V. 22.

Klasse der Loose bilden die sogenannten θριαί oder mantischen Loose[310]), welche ebenso wie die *sortes* im Tempel der Fortuna zu Praeneste[311]) gezogen oder geworfen wurden, um die Zukunft zu erforschen. Auch diese Loose waren dem H. heilig, wie aus dem Hymnus erhellt[312]), wo zugleich in kaum misszuverstehender Art angedeutet ist, dass die Thriobolie eine uralte volksthümliche Mantik der Hirten war.[313]) Apollodor sagt an einer Stelle, die im Wesentlichen ein Auszug aus dem Homerischen Hymnus ist[314]), von den Thrien: ἤθελε καὶ τὴν μαντικὴν ἐπελθεῖν καὶ ... διδάσκεται τὴν διὰ τῶν ψήφων μαντικήν. Am Parnass scheinen ursprünglich Frauen, denen man Honigwaben als Lohn darbrachte, die von den Fragenden gethanen Würfe ausgelegt zu haben[315]) und daraus mag, wie Welcker vermuthet, die Sage von den fliegenden Schwestern, welche, wenn sie durch frischen Honig begeistert waren, willig die Wahrheit verkündigten, im entgegengesetzten Falle aber Ausflüchte suchten, entstanden sein.[316]) Wenn der Hymnus den ursprünglichen Besitz der Thrien dem Parnassischen Orakelgott Apollon zuschreibt, so wird dies ebenso

---

310) Vgl. über diese im Allg. K. Fr. Hermann, Gottesd. Alt. § 39, 15—17; Welcker, Götterl. III, 120; Lobeck, Aglaoph. p. 814 f. Schneidewin, Philologus III, 697.
311) Marquardt, Hdb. IV, 103 f. Preller, röm Myth.¹ 561 f.
312) Hy. in Merc. 552 f.
313) Hy. in Merc. 556: ἣν [μαντείην] ἐπὶ βουσὶν ‖ παῖς ἔτ᾽ ἐὼν μελέτησα. Welcker a. a. O. S. 120. Hesych. s. v. Θριαί· αἱ πρῶται μάντεις.
314) Apollod. bibl. III, 10, 2. Vgl. auch E. M. 455, 34: θριαὶ δέ εἰσιν αἱ μαντικαὶ ψῆφοι. Zenob. prov. cent. V, 75. Cramer, Anecd. Paris. 4, 183.
315) Dies schliesst Welcker aus dem Verse bei Steph. Byz. s. v. Θρία: πολλοὶ θριοβόλοι, παῦροι δέ τε μάντιες ἄνδρες.
316) Dass der Genuss von Honig unter Umständen eine begeisternde und berauschende Wirkung hervorbrachte lehrt Xenophon's Anabasis IV, 8, 20 f. u. Vollbrecht z. d. St. Wenn es von den Thrien heisst, sie hätten ihre Köpfe mit weissem Gerstenmehl bestreut, so erinnert dies an das mantische Gerstenmehl im delphischen Cultus, das man nach Plut. de Pyth. orac. 6 als Räucherwerk anwandte und womit man sich wohl auch bestreuen oder pudern mochte, wie aus der Erzählung von den Thrien, sowie aus der Bezeichnung Δελφὶς μέλισσα (= Pythia) hervorzugehen scheint (Pind. Pyth. IV, 6). Uebrigens wurde die Gerste auch sonst in der Mantik gebraucht: K. Fr. Hermann, Gottesd. Alt. 42, 15.

wie die Erzählung von dem Zauberstabe nur eine poetische Fiktion gewesen sein, nur gemacht um die Mantik im Cultus des Hermes, der sonst nirgends als mantischer Gott auftritt, zu erklären..

Oft erscheint H. als Gott des unverhofften Glückes oder Fundes (εὕρημα). Von Aeschylos (Eum. 934) wird die glückliche Ausbeute der Bergwerke von Laurion eine ἑρμαία δαιμόνων δόσις genannt, an einer andern Stelle (Sept. 508) heisst es von dem unerwarteten zufälligen Zusammentreffen zweier Feinde: 'Ερμῆς δ' εὐλόγως ξυνήγαγεν, wozu der Scholiast bemerkt: τὰ ἀπὸ τῆς τύχης 'Ερμῇ ἀναφέρουσιν.³¹⁷) Eine wahrscheinlich alte Bezeichnung des unverhofften Fundes oder Glückes ist der Ausdruck ἕρμαιον³¹⁸), von dem freilich Curtius, Grundz. d. gr. Etymologie⁴ 350 bemerkt: „es aus dem Götternamen abzuleiten will mir nicht in den Sinn, wenigstens wüsste ich keinen in dieser Weise verwendeten Namen eines Gottes". Dennoch trage ich auf Grund verschiedener Analogien z. B. βακχεία, φοιβάζω, φοίβασμα, Πάνειον [scil. δεῖμα], ἀφροδίσια (Liebeshändel), Ceres (fruges), Minerva (Wollarbeit) u. s. w. durchaus kein Bedenken jenes Wort direkt auf den Götternamen 'Ερμῆς in der Bedeutung von Glück oder Glücksgott zurückzuführen. Ganz ähnlich sagt man von dem gemeinsamen Funde zweier Personen κοινὸς 'Ερμῆς³¹⁹), in welcher Redensart 'Ερμῆς einfach die Bedeutung von εὕρημα zu haben scheint, und nach verschiedenen Zeugnissen späterer Grammatiker kamen die Ausdrücke εὐερμία und δυσερμία für Glück und Unglück vor.³²⁰)

---

317) Nach Aesch., Suppl. 920 gab es auch einen 'Ε. μαστήριος, d. i. einen zum Wiederauffinden eines Verlorenen helfenden H.

318) Plat. Phaed. 107ᶜ. Phot. s. v. Ἕρμαιον· τὸ ἀπροσδόκητον κέρδος. Hesych. s. v. Ἕρμαιον. εὕρημα ἢ κέρδος. Aehnlich Suid. s. v. u. E. M. p. 376. Eust. ad Il. 999, 11. Them. VII p. 97ᵃ. Vgl. Luc. Tim. 41. Hes. s. v. Ἑρμοῦ ψῆφος.

319) Theophr. char. 30. Hes. s. v. κοινὸς Ἑμῆς· παροιμία ἐπὶ τῶν κοινῇ τι εὑρισκόντων. Vgl. Suid. s. v. Spanheim zu Call. hy. in Dian. 70 p. 219, Benseler, Lex. d. gr. Eigennamen unter Ἑρμῆς.

320) Hes. s. v. εὐερμία· εὐτυχία. ἔμπαλιν δὲ δυσερμία δυστυχία. Vgl. Poll. on. 9, 160; Et. M. 291, 49; Phot. 29, 15; Suid. s. v.

Kapitel VIII.

A.
Der Wind als Beförderer des Verkehrs (Handels) zu Wasser und zu Lande.

Es dürfte überflüssig erscheinen, Stellen anzuführen, welche die Abhängigkeit des Seefahrers von Wind und Wetter beweisen[321]; hier möge nur auf die Thatsache hingewiesen werden, dass in der älteren Zeit bei weitem die meisten Seereisen von Kaufleuten des Handels wegen unternommen wurden.[322]) Einen deutlichen Beleg hierfür bietet vor Allem die Etymologie der beiden Ausrdücke ἔμπορος und ἐμπορία, insofern sie ursprünglich nur die Begriffe des Reisenden und des Reisens enthalten, später aber und zwar schon seit Hesiod[323]) fast ausschliesslich den [meist zur See fahrenden] Grosshändler bezeichnen. Aehnlich verhält es sich mit den Worten ὀδαῖα Import- und Exportwaaren und ὀδᾶν ausführen und verkaufen.[324]) Die Waaren sind also von den Wegen, die sie zurücklegen, benannt worden. Kaum weniger als der Seefahrer hing auch der Landreisende von Wind und Wetter ab[325]), zumal wenn man bedenkt, dass die meisten Reisen

---

321) Vgl. übrigens Preller, gr. M.² I, 370, röm. M.¹ 293. Welcker, G. III, 67 f. Nach Himer. or. III, 14 dichtete Simonides nach einer stürmischen Fahrt einen Hymnus auf den Wind. (Bergk, P. L.² 877.)

322) Hes. ἔργα 613: νηΐ ὀλίγην αἰνεῖν, μεγάλῃ δ᾽ ἐνὶ φορτία θέσθαι, | μείζων μὲν φόρτος, μεῖζον δ᾽ ἐπὶ κέρδεϊ κέρδος | ἔσσεται, εἴ κ᾽ ἄνεμοί γε κακὰς ἀπέχωσιν ἀήτας. Od. θ 162 vermuthet Euryalos in Odysseus, der nach Scheria verschlagen ist, einen 'ἀρχὸς ναυτάων οἵ τε πρηκτῆρες ἔασιν, | φόρτου τε μνήμων καὶ ἐπίσκοπος εἴσιν ὁδαίων | κερδέων θ᾽ ἁρπαλέων. Ebenso hält Laertes ω 300 den Sohn für einen ἔμπορος νηὸς ἐπ᾽ ἀλλοτρίης. Vgl. auch Hermann, gr. Privatalt. § 44, 1 u. 8 sowie die Ausdrücke ἀειναῦται bei Plut. Qu. gr. 32 u. mercatores et navicularii bei Cic. pro leg. Man. V, 11.

323) Hes. ἔργα 646: εὖτ᾽ ἂν ἐπ᾽ ἐμπορίην τρέψῃς ἀεσίφρονα θυμὸν, | βούληαι δὲ χρέα τε προφυγεῖν καὶ ἀτερπέα λιμὸν, | δείξω δή τοι μέτρα πολυφλοίσβοιο θαλάσσης. Der Scholiast zu Ar. Plut. 1155 definirt den ἔμπορος als ἀγοράζων καὶ ἐπὶ ξένης πωλῶν.

324) Od. θ 163 u. o 445. ὀδάω findet sich bei Euripides. Vgl. Hesych. s. v. ὀδασμένος, ὀδεῖν, ὀδήσεις, ὀδῆσαι, ὄδησον.

325) Vgl. Isambert, Itinéraire de l'orient² I, 5 u. Noë, Dalmatien u. s. Inselwelt 333.

auf dem Boden Griechenlands im Alterthum wie noch jetzt zu Fuss oder zu Pferde unternommen werden mussten, weil fahrbare Strassen nur in sehr geringer Anzahl existirten.³²⁶) Wie hinderlich ein widriger Wind unter Umständen dem Fussgänger werden kann, lehrt unter Anderem Od. τ 201 und die Erzählung des Xenophon (Anab. IV, 5, 4). Als die Griechen an den Quellen des Euphrat ankamen, heisst es hier, wehte ein so widriger und kalter Boreas, dass ein Seher rieth, den Wind durch Opfer zu besänftigen. Als dies geschehen war, glaubten Alle ganz deutlich das Abnehmen der Heftigkeit des Windes zu bemerken.³²⁷)

B.

Hermes als Beförderer des Verkehrs und Handels zu Wasser und zu Lande.

Da aller Seehandel, auf den die Griechen bei der eigenthümlichen Natur ihres Landes vorzugsweise angewiesen waren, hauptsächlich von Wind und Wetter abhängig ist, so ist es begreiflich, dass H. als Windgott auch zu einem Gotte des Handels und der Kaufleute werden musste.³²⁸) Als solcher führte er die Beinamen ἐμπολαῖος, ἀγοραῖος, παλιγκάπηλος und κερδέμπορος³²⁹), wurde mit dem Beutel als dem Symbol

---

326) Hermann, gr. Privatalt. § 51, 3 u. 4.
327) Wie gefährlich der Wind mitunter dem Fussgänger in Gebirgsgegenden der Balkanhalbinsel werden kann, ersieht man namentlich aus der oben angeführten Stelle in Noë's Dalmatien S. 333. Od. τ 201: εἷλει γὰρ Βορέης ἄνεμος μέγας, οὐδ' ἐπὶ γαίῃ | εἴα ἵστασθαι. Theophr. de vent. 21: οἱ ὁδοιπόροι καὶ θερισταὶ πολλάκις ἀποθνήσκουσιν ὑπὸ τῶν τοιούτων πνευμάτων.
328) Artem. Onirocr. 141 (II.) Ἑρμῆς ἀγαθός . . . πᾶσι τοῖς ἐμπορικὸν βίον ἔχουσι καὶ ζυγοστάταις διὰ τὸ πάντας τοὺς τοιούτους ἐπίκουρον τὸν θεὸν νομίζειν, καὶ τοῖς ἀποδημεῖν βουλομένοις.
329) H. ἐμπολαῖος: Ar. Plut. 1155: ἀλλ' ἐμπολαῖον [ἱδρύσασθέ με]. Schol.: ἐμπ. πραγματευτήν, ἢ ἀντὶ τοῦ ἀγοραῖον καὶ τῆς καπηλείας προεστῶτα κ. τ. λ. Ar. Acharn. 816: Ἑρμᾶ 'μπολαῖε, τὰν γυναῖκα τὰν ἐμὰν οὕτω μ' ἀποδόσθαι. Hes. s. v. ἐμπολαῖος ὁ κερδῷος Ε. Poll. VII, 15: τούτων δὲ καὶ θεοὶ ἴδιοι, ἐμπολαῖος Ε. καὶ ἀγοραῖος. Plut. c. princ. philos. II, 4. ἀγοραῖος: Paus. I, 15, 1. II, 9, 7. III, 11, 8. VII, 22, 2. IX, 17, 1. Welcker, G. II, 455. παλιγκάπηλος: Ar. Plut. 1156: Schol. zu v. 1155: π. δὲ ὁ ἀπὸ τοῦ ἐμπόρου ἀγοράζων καὶ πωλῶν.

des Handels abgebildet³³⁰), auf Marktplützen bildlich dargestellt³³¹) und besonders von den Kaufleuten verehrt.³³²) Seit dem Jahre 289 u. c. wurde bekanntlich sein Kult auch bei den Römern eingeführt. Hier hiess er *Mercurius* und galt für den göttlichen Beschützer der *mercatores* und *negotiatores*, welche allmählich seinen Cultus über den ganzen orbis terrarum verbreiteten.³³³) Uebrigens mag zur Ausbildung dieser Seite seines Wesens nicht wenig der Umstand beigetragen haben, dass der Klein- und Zwischenhandel in Folge der vielfachen Betrügereien, die sich seine Vertreter zu Schulden kommen liessen, das allgemeine Vorurtheil gegen sich hatte³³⁴), so dass H. auch als Gott der betrügerischen List zu einem Handelsgotte werden musste.

Sehr ausgebreitet muss schon in ältester Zeit der Kult des Wegegottes H. ('E. ὅδιος, ἐνόδιος, ἡγεμόνιος, ἀγήτωρ) gewesen sein³³⁵), unter dessen mächtigem Schutze alle Wanderer und Reisenden standen.³³⁶) Wenn neben diesem H.

κερδέμπορος: Orph. h. 27, 6. So berührt sich dieser H. mit dem δόλιος (s. oben S. 48 Anm. 184).

330) Lauer, Syst. d. gr. M. 226. Preller, r. Myth.¹ 599, 4. Müller, Hdb. d. Arch. § 380, 8.

331) Daher der Beiname ἀγοραῖος, s. Anm. 329.

332) Die καπηλίδες opfern ihm nach Ar. Plut. 1120 οἰνοῦττα, μέλι, ἰσχάδες. Schol. κάπηλις ἡ τὸν οἶνον πωλοῦσα.

333) Preller, r. Myth.¹ 599, 3.- Liv. II, 21 u. 27.

334) Oft wird die Lügenhaftigkeit der Kleinhändler hervorgehoben: Hermann, gr. Privatalt. § 44, 3.

335) H. ὅδιος: Hes. s. v. ὅδιος . . . ἐπίθετον Ἑρμοῦ. Phot. s. v. ἐνόδιος: Arr. de ven. 34: τοὺς ἐπὶ θήρᾳ ἐσπουδακότας οὐ χρὴ ἀμελεῖν . . . Ἑρμοῦ ἐνοδίου καὶ ἡγεμονίου. Hes. s. v. ἐνόδιος. Theocr. id. 25, 4. ἡγεμόνιος: Ar. Plut. 1159 ų. Schol. zu d. St.: κατὰ χρησμὸν οἱ Ἀθηναῖοι ἡγεμόνιον Ἑ. ἱδρύσαντο. Dem H. ἡγεμόνιος opferten die Feldherren in Athen beim Ausmarsche im Frühjahr: Boeckh, Staatsh. II, 254. ἀγήτωρ in Megalopolis: Paus. VIII, 31, 7. Eine ganz ähnliche Bedeutung hatte der keltische Teutates nach Caes. de b. Gall. VI, 17, 1: Deum maxime Mercurium colunt: hunc omnium inventorem artium ferunt, hunc viarum atque itinerum ducem, hunc ad quaestus pecuniae mercaturasque habere vim maximam arbitrantur.

336) Wer dem Wanderer keine Auskunft gab, beleidigte den H. ἐνόδιος nach Theocr. id. 25, 4: Ἐκ τοι, ξεῖνε, πρόφρων μυθήσομαι ὅσσ' ἐρεείνεις, ‖ Ἑρμέω ἀζόμενος δεινὴν ὄπιν εἰνοδίοιο. ‖ τὸν γάρ φασι μέγιστον ἐπουρανίων κεχολῶσθαι, ‖ εἴ κεν ὁδοῦ ζαχρεῖον ἀνήνηταί τις ὁδίτην.

nicht selten auch eine 'Εκάτη ένοδία genannt und verehrt wurde[337]), so ist der Grund davon ohne Zweifel in der grossen Bedeutung zu suchen, welche der Mond als Leuchte für den nächtlichen Wanderer hat.[338]) Wahrscheinlich haben wir auch bei dieser Funktion unseres Gottes ein Zusammenfliessen zweier an sich verschiedenen Ideen anzunehmen, insofern die beiden Vorstellungen eines göttlichen Heroldes und Geleiters (s. oben Kap. I S. 24) und des ένόδιος sich von vornherein ziemlich nahe standen. Dem Wegegott H. waren ferner die Wegweiser und Wegezeichen geheiligt, die entweder als einfache Steinhaufen oder als viereckige Säulen, oft mit einem Hermeskopfe geziert, an den Strassen standen.[339]) Die Bezeichnung derselben war dem Namen des Gottes entlehnt: man nannte sie einfach έρμαῖα, έρμαῖοι λόφοι, ἕρμακες und 'Ερμαῖ. Gewiss mit Recht nimmt Welcker (G. II, 450) an, dass die

337) Schömann, gr. Alt.² II, 23. Preller, gr. M.² I, 247.
338) Hekate δᾳδοῦχος, ἐκολάμπτειρα u. φωσφόρος: Preller, gr. M.² I, 246 f.
339) Dass dies in der That ihre ursprünglichste Bedeutung war, scheint aus folgenden Stellen hervorzugehen: Strabo VIII, 343: συχνὰ δὲ καὶ ἑρμεῖα ἐν ταῖς ὁδοῖς. Antikleides beim Schol. zu Od. π 471: ὁ σωρὸς τῶν λίθων ἐν ταῖς ὁδοῖς ἑρμαῖον ὀνομάζεται ... Ἑρμῆς πρῶτος ἱκάθηρε τὰς ὁδούς. καὶ εἶπον ἱκάθηρε, λίθον ἀπέθετο ἔξω τῆς ὁδοῦ, ὃ σημεῖον ἦν. Ἑρμαῖος οὖν λόφος ἀντὶ τοῦ σημείου τῆς ὁδοῦ. τὰ γὰρ σημεῖα τῶν ὁδῶν μειλίων ἑρμαίους λόφους καλοῦσιν. ὅθεν καὶ τοὺς ἀνθρώπους ἄχρι τοῦ νῦν εἰς τιμὴν Ἑρμοῦ κατὰ τὰς ὁδοὺς διὰ τὸ τὸν θεὸν εἶναι τοῦτον καθηγεμόνα καὶ ἐπίτροπον τῶν ἐκδημούντων σωροὺς ποιεῖν λίθων καὶ διάγοντας προβάλλειν λίθους καὶ τούτους καλεῖν ἑρμαίους λόφους. ἡ ἱστορία παρ' Ἀντικλείδῃ. Dasselbe steht im Et. M. 376, 1, wo statt des Antikleides ein Xanthos genannt ist u. bei Eust. zur Od. π 471. Theophr. Char. XVI: ὁ δὲ δεισιδαίμων τοιοῦτός τις, οἷος ... τῶν λιπαρῶν λίθων τῶν ἐν ταῖς τριόδοις παριὼν ἐκ τῆς ληκύθου ἔλαιον καταχεῖν καὶ ἐπὶ γόνατα πεσὼν καὶ προσκυνήσας ἀπαλλάττεσθαι. Vgl. Corn. 16 u Babr. fab. 48. Schol. Nic. Th. 150: ἕρμακας ... λίθους ἐσωρευμένους εἰς τιμὴν τοῦ Ἑρμοῦ. Et. M. 375, 55: Ἑρμαῖον τὸν σωρὸν τῶν λίθων καὶ συνόλως τοὺς ἐνοδίους λίθους. Suid. s. v. Ἑρμαῖον· λίθων σωροὺς ἀφιέρουν τῷ Ἑ. ἐν ταῖς ὁδοῖς ταῖς ἀδήλοις. Noch jetzt finden sich solche έρμαῖα: Ross, Pelop. I, 18; 174. Mitunter muss auch eine Vereinigung von ἑρμαῖα und ἑρμαῖ vorgekommen sein: Schol. zu Il. B 104: προσάπτουσι δὲ καὶ λίθους τῷ τούτου ἀγάλματι, δηλοῦντες ὡς ἐκ μικρῶν μερῶν συνίσταται ὁ προφορικὸς λόγος. Vgl. Paus. VIII, 34, 6, wo unter Ἑρμαῖον entweder ein Tempel oder ein Steinhaufen zu verstehen ist.

Sitte an bestimmten Punkten des Weges Steine zusammenzulegen, um dem Wanderer anzuzeigen, dass er sich nicht von einer bestimmten Richtung ab in das Weite verloren habe, eine Reliquie aus dem höchsten, noch wegelosen Alterthum sei. „Der Vorübergehende legte im Gefühl der Dankbarkeit für die allen einsamen Wanderern, die in weiten unbewohnten Strichen sich als eine unsichtbare Genossenschaft empfinden, erwünschte Führung ... seinen Stein hinzu, und dies dauerte, wie ein Scholiast der Odyssee (16, 471) sagt, bis jetzt fort." Auf den Landstrassen in Attika dienten Hermen seit dem Pisistratiden Hipparchos als Meilensteine und Wegweiser, damit die in ihren Geschäften und zu den Festen nach der Stadt ziehende Menge wissen könnte, wie viel des zum Theil beträchtlichen Wegs sie zurückgelegt habe und etwa Halt machen und die Sprüche lesen möchte, die an den Basen angebracht waren.[340]) In Athen waren ihrer eine grosse Anzahl, theils von Privaten, theils von Korporationen aufgestellt, in einer langen Colonnade zwischen der Poikile und der Stoa des Basileus beisammen, die deswegen auch Halle der Hermen genannt wurde.[311]) Nicht undenkbar wäre es, dass die viereckige Form (τὸ τετράγωνον) der meisten Hermen mit ihrer ursprünglichen Bedeutung als Wegweiser in Zusammenhang stände, insofern, wie das auch Macrobius annimmt[342]), die vier Seiten der Basis die vier Himmelsgegenden und die Richtung der vier Hauptwinde zur Orientirung der Reisenden andeuten sollten. Auf Kreuzwegen mögen drei- und vierköpfige Hermen aufgestellt worden sein.[343]) Wer armen Reisenden eine Wohlthat erweisen wollte, legte wohl eine milde

---

340) Boeckh, C. I. Gr. no. 12 p. 32; Welcker, G. II, 457; Schömann, gr. Alt.² II, 528. Suid. s. v. Ἑρμαῖ· ἐκαλοῦντο δέ τινες καὶ Ἱππάρχειοι Ἑρμαῖ, ἀπὸ Ἱππάρχου τοῦ Πεισιστράτου. Ebenso bei Harpocr. u. Phot. s. v. Ἑρμαῖ. Curtius, Wegebau d. Gr. 43. Gerhard, Abh. d. Berl. Ak. 1855.
341) Harpocr. Suid. Phot. s. v. Ἑρμαῖ. Schömann a. a. O. 528, 1.
342) Macrob. Sat I, 19, 14 f.: pleraque ... simulacra Mercurii quadrato statu figurantur solo capite insignita et virilibus erectis ... quippe significat hic numerus ... totidem plagas mundi.
343) Phot. s. v. Ἑρμῆς τρικέφαλος und τετρακέφαλος· ἐν Κεραμεικῷ Τελεσαρχίδου ἔργον. Lycophr. 674 und Tztz. zu d. St. Eust. p. 1353,3. Ebenso gab es eine Hekate τρίμορφος, τριπρόσωπος, τριοδῖτις.

Gabe, bestehend in allerlei Früchten, namentlich in trocknén Feigen, auf solchen am Wege stehenden Heiligthümern des Hermes nieder, damit wer Lust dazu hatte, sich daran erlaben konnte, und solche Gaben scheinen ebenso wie unverhoffte Gaben des Glückes Ἕρμαια genannt worden zu sein.[345]) Derartige Hermesheiligthümer, mögen sie nun blosse Steinhaufen oder Bildwerke gewesen sein, konnten auch leicht als Grenzmarken verwerthet werden, um dem Wanderer den Uebertritt auf ein anderes Gebiet anzuzeigen. So hören wir in der That von einem Hermes ἐπιτέρμιος[345]), sowie von Hermäen und Hermen auf der Grenze von Messenien und Megalopolis, von Argos und Lakedämon.[346]) Eine weitere Konsequenz derselben Idee eines Gottes der Wege und Grenzen mag endlich die Sitte gewesen sein an und in den Eingängen der Häuser Hermen anzubringen, die zugleich als Wahrzeichen göttlichen Schutzes beim Ein- und Ausgehen und als Marksteine zwischen dem öffentlichen und Privateigenthume galten.[347]) Diese Hermen waren dem H. στροφαῖος und προπύλαιος geheiligt.[348]) Von dem στροφαῖος wird ausdrücklich bezeugt, dass er wie ein Thürhüter[349]) den Eingang bewachen sollte, um etwa hereinschleichende Diebe ab-

---

244) Et. M. 376, 16: Ἕρμαιον τὸ ἀπροσδόκητον κέρδος ἀπὸ τῶν ἐν ταῖς ὁδοῖς τιθεμένων ἀπαρχῶν, ἃς οἱ ὁδοιπόροι κατεσθίουσι. Ebenso Phot. u. Suid. s. v. Darauf bezieht sich wahrscheinlich das Sprichwort σῦκον ἐφ' Ἑρμῇ· πορομία ἐπὶ τῶν κειμένων ἐπ' ὠφελείᾳ τῶν βουλομένων. ὁπότε φανείη σῦκον πρῶτον τῷ Ἑρμῇ ἀνετίθεσαν Hesych. Vgl. Zenob. V, 92 p. 157. Eust. 1572, 57.

345) Hes. s. v.

346) Paus. II, 38, 7: ἑστήκασι δὲ ἐπὶ τοῖς ὅροις [Λακεδαιμονίων πρὸς Ἀργείους] Ἑρμαῖ λίθου καὶ τοῦ χωρίου τὸ ὄνομά ἐστιν ἀπ' αὐτῶν. (Vgl. III, 1, 1 u. 10, 6.) Id. VIII, 34, 6: Ἑρμαῖον, ἐς ὃ Μεσσηνίοις καὶ Μεγαλοπολίταις εἰσὶν ὅροι. πεποίηνται δ' αὐτόθι καὶ Ἑρμῆν ἐπὶ στήλῃ (vgl. 35, 2). Polyaen., Strat. VI, 24.

347) Hermann, de terminis Gotting. 1847 p. 26 u. Charikles² II, 96. Ebenso gab es eine Hekate προθυριδία, προπυλαία, πρόπολις: Preller, gr. M.² I, 218, 1.

348) Hermann, Gottesd. Alt. § 15, 9. Ar. Plut. 1153. Paus. I, 29, 8. Thuk. VI, 27. Einen H. πυληδόκος erwähnt schon der homer. Hymnus v. 15. Vgl. die von Jacobi, Hdwörterb. d. Myth. 411 gesammelten Stellen, der auch einen H. προθύραιος und πρόναος anführt.

349) Becker, Charikles² II, 97. Aristot. Oec. I, 6.

zuwehren.³⁵⁰) Vielleicht ist aber auch diese Funktion unmittelbar von der ursprünglichen Bedeutung des H. als Wind- und Luftgottes abzuleiten, insofern die Thore und Thüren der stete Sitz eines mehr oder weniger kräftigen Luftzuges sind³⁵¹), welcher gewissermassen die Häuser reinigt und deshalb für gesundheitsbefördernd galt.³⁵²) Dann wäre der Hermes στροφαῖος ursprünglich der Windgott, welcher die Thürangel (στρόφιγξ) und damit die Thüren selbst in Bewegung setzt.

Kapitel IX.
Sonstige Beziehungen des Hermes zum Winde.

Wir haben schliesslich noch mehrerer einzelner Beziehungen des H. zum Winde zu gedenken, die wir unsern bisherigen Betrachtungen nicht wohl einzureihen im Stande waren. Zunächst kommen hier die uralten Benennungen Ἀργειφόντης, διάκτορος und Ἑρμείας in Betracht. Was Ἀργειφόντης anlangt, das bei Homer oft als Hauptname, gewöhnlich in Verbindung mit den Epithetis διάκτορος und κρατύς (seltener χρυσόρραπις und ἐΰσκοπος) vorkommt³⁵³), so ist aus den homerischen Gedichten selbst keine Etymologie des Ausdrucks zu entnehmen. Daher gab es schon frühzeitig eine ganze Reihe von Deutungen, die aber grössten-

---

350) Schol. Ar. Plut. 1153: στροφαῖον· πυλωρόν. ἐπωνυμία ἐστὶ τοῦτο τοῦ θεοῦ· παρὰ τὸ ταῖς θύραις ἱδρύσθαι ἐπὶ φυλακῇ τῶν ἄλλων κλεπτῶν.

351) Theophr. de vent. 29: ἐν τοῖς στενωποῖς ὅταν καταχλεισθῶσι καὶ συμπέσωσι λαμπροὶ πνέουσι, καὶ ἐν ταῖς πύλαις, καὶ αἱ θυρίδες ἕλκουσιν ἀεὶ καὶ πνοὴν παρέχουσι.

352) Arist. Probl. V, 34: πόλις ὑγιεινὴ καὶ τόπος εὔπνους, διὸ καὶ ἡ θάλαττα ὑγιεινή. Ib. XIV, 5: οἱ μὲν ἐν τοῖς εὐπνόοις τόποις βραδέως γηράσκουσιν ... ἐν μὲν οὖν τοῖς ὑψηλοῖς διὰ τὴν εὔπνοιαν ὁ ἀὴρ ἐν κινήσει ἐστίν, ἐν δὲ τοῖς κοίλοις μένει. Ἔτι δ᾽ ἐκεῖ μὲν διὰ τὴν κίνησιν ἀεὶ καθαρὸς ὁ ἀὴρ καὶ ἕτερος γίνεται. Oecon. VI, 7: Καὶ πρὸς εὐημερίαν δὲ καὶ πρὸς ὑγίειαν δεῖ εἶναι [τὴν οἰκίαν], εὔπνουν μὲν τοῦ θέρους, εὐήλιον δὲ τοῦ χειμῶνος.

353) διάκτορος Ἀργειφόντης (ohne Ἑρμείας) findet sich am Schlusse des Verses Φ 477, Ω 339, 378, 389, 410, 432, 445, B 103, ε 43, 75, 94, 145, ϑ 338, ω 99, in Verbindung mit Ἑρμείας α 84. κρατὺς Ἀργ. Π 181, Ω 345, ε 49, 148. ἐΰσκοπος Ἀργ. η 137, Ω 24, 109, α 38. χρυσόρραπις ἀργ. κ 331.

theils so willkürlich und unwahrscheinlich sind, dass es sich nicht verlohnt sie kritisch zu widerlegen.³⁵⁴) Auf Berücksichtigung können im Grunde nur zwei von ihnen Anspruch machen. Nach der einen hätte Ἀργειφόντης die Bedeutung „Argostödter" und beziehe sich auf den bekannten Mythus von der im Auftrage des Zeus vollzogenen Tödtung des Argos, des vieläugigen Wächters der Iokuh.³⁵⁵) Unter den Neuern hat sich namentlich Preller für diese Deutung ausgesprochen.³⁵⁶) Von den Meisten jedoch, z. B. von Welcker, Kuhn, Ameis, Pott, Goebel, Clemm, Mehlis³⁵⁷) ist nunmehr diese Erklärung wohl endgültig aufgegeben worden, und zwar hauptsächlich deshalb, weil, wie schon die Alten bemerkten³⁵⁸), der Mythus von der Tödtung des Argos in den homerischen Gedichten nirgends angedeutet und aller Wahrscheinlichkeit nach neueren Ursprungs ist. Hierzu kommt noch die nach meiner Ansicht gewichtigere Erwägung, dass ein so alter und gewiss auch verbreiteter Name, der sogar mitunter als Hauptname gebraucht wurde, schwerlich einem lokalen Mythus entsprungen sein dürfte, in welchem Hermes genau genommen nur die Nebenrolle eines im Auftrage des Zeus auftretenden Dieners spielt. Wie ganz anders verhält es sich in dieser Beziehung mit den Apollinischen Beinamen Πύθιος und Πυθαεύς (Πυθοκτόνος) oder mit γοργοφόνος, dem Epitheton des Perseus und Βελλεροφόντης, der uralten Benennung des Hipponoos³⁵⁹), welche sich nur auf Mythen beziehen, in denen ihre Träger die Hauptrollen spielen! Ja es wäre keineswegs undenkbar, dass der Mythus vom Hermes Ἀργειφόντης erst durch falsche Interpretation des schon frühzeitig unver-

---

354) Vgl. Et. M. 136, 47. Hesych. s. v. ἀργ. Apollon Soph. lex. 42, 10 Bekker. Schol. zu Il. B 103 u. 104 u. zu Od. α 38.
355) Vgl. Anm. 354.
356) Preller, gr. M.² I, 303 u. f.
357) Welcker, Götterl. I, 336. Kuhn, Ztschr. f. vgl. Spr. V, 64. Ameis, Anhang z. Od. α 84. Pott in Fleckeisens Jahrb. Suppl. III, 316. Goebel, Lexil. I, 220. Clemm in Curtius, Studien z. gr. u. lat. Gr. VII, 33 f. Mehlis, Grundidee d. Hermes I, 31 f. u. s. w.
358) Schol. zu Il. B 103: τὸν Ἰοῦς ἔρωτα οὐκ οἶδεν ὁ ποιητής, πέπλασται δὲ τοῖς νεωτέροις τὰ περὶ Ἄργον.
359) Schol. Il. Z 155: οὗτος πρότερον ἐκαλεῖτο Ἱππόνους· ἀνελὼν δὲ Βέλλερον τὸν Κορινθίων δυνάστην Βελλ. ἐκλήθη. Vgl. über den

ständlich gewordenen Namens entstanden sein könnte, da eine solche Annahme durch zahlreiche Analogien gestützt würde.³⁶⁰) Viel weniger Bedenken erregt dagegen die zweite ebenfalls schon im Alterthume und zwar von keiner geringeren Autorität als Aristarch ausgesprochene Ansicht³⁶¹), dass *Ἀργειφόντης* aus ἀργός und φαίνω zusammengesetzt sei, eine Erklärung, der sich auch die meisten Neuern angeschlossen haben.³⁶²) Freilich lässt auch diese Etymologie sehr verschiedene Deutungen zu, wie denn Aristarch den Namen Ἀργειφόντης durch ταχέως καὶ τρανῶς ἀποφαινόμενος³⁶³), Ameis mit der Uebersetzung „Eilbote" (ebenso Goebel, Lexilog. I, 220) erklärt, während Welcker ihn als den „Alles weiss erscheinen Lassenden", Clemm als den „durch Glanz Tödtenden" deutet.³⁶⁴).

Was nun meine eigene Deutung betrifft, so stelle ich mich unbedingt auf die Seite derjenigen, welche in ἀργειφόντης ein aus ἀργός und φαίνω entstandenes Compositum erblicken und lege diesem alten Namen die Bedeutung „Aufheller" oder „Hellmacher" (des Wetters) bei.³⁶⁵) Die Erwägungen, die mich zu einer solchen Annahme bestimmen, sind kurz folgende:

1. Nach Athen. 498 F nannte Alkman einen Käse ἀργειφόντας (τυρὸν ἐτύρησας μέγαν ἄτρυφον ἀργειφόνταν), in welchem Zusammenhange das Wort schwerlich etwas Anderes als „weissglänzend" bedeuten kann (vgl. Rhein. Mus. X, 255).

Ursprung des Namens Pott, Ztschr. f. vgl. Spr. IV, 416 ff. u. Müller ebenda V, 140 f.

360) So entstand z. B. die Sage von der Ernährung des Τήλεφος; (= Τηλεφάνης S. 95 Anm. 367) durch eine Hirschkuh wahrscheinlich aus einer missverständlichen Deutung des Namens Τήλεφος = θηλάζων ἔλαφον: Apollod. III, 9, 1. Auch erregt es Bedenken, dass H. sonst nirgends als Tödter auftritt. Es liegt wohl im Wesen des H. den Argos einzuschläfern und ihm die Kuh zu entführen, nicht aber ihn zu tödten. Dieser Zug des Mythus scheint daher lediglich auf der falschen Deutung von ἀργειφόντης = Argostödter zu beruhen.

361) Sengebusch, Ariston. p. 26.
362) Vgl. Anm. 357.
363) Hesych. erklärt ἀργ. auch durch καθαροφόντης und λευκοφόντης.
364) Vgl. Anm. 357.
365) Vgl. Hesych. s. v. Ἀργειφόντης· καθαροφόντης, λευκοφόνης.

2. Nach mehreren Zeugnissen war Ἀργ. auch ein Beiname des Apollon bei Sophokles und des Telephos bei Parthenios.[366]) Da nun Apollon ebenso wie Telephos ursprünglich Lichtgottheiten waren[367]), so wird man auch hier wohl nur an unsere Deutung von ἀργ. denken dürfen.

3. Goebel (Lexil. I, 220) hält es für glaublich, dass das ο in Ἀργειφόντης auf einer volksetymologischen Verstümmelung eines ursprünglichen Ἀργειφάντης beruhe. Ohne diese Möglichkeit als solche bestreiten zu wollen — obwohl Analogien hierfür meines Wissens aus den Homerischen Gedichten noch nicht beigebracht sind — nehme ich zur Erklärung des ο statt α einfach eine Neigung zu Aeolismen an[368]), deren mehrere bei Homer vorkommen, z. B. πίσυρες statt τέσσαρες (welches ebenfalls in den homerischen Gedichten erscheint), ἐπασσύτεροι statt ἐπασσότεροι[369]) und Aehnliches.

4. Der Diphthong ει statt des eigentlich zu erwartenden ο dürfte sich ebenso erklären wie in ἀνδρειφόντης statt ἀνδροφόντης.[370])

5. -της ist natürlich Suffixum agentis wie in Κλεοφόντης und Ἀριστοφόντης, denen die verkürzten Formen Κλεοφῶν und Ἀριστοφῶν zur Seite stehen. Auch bei diesen beiden Eigennamen wird man viel eher an eine Zusammensetzung mit φαίνω als mit φένω (ἔπεφνον) zu denken haben.

6. Der Hauptgrund für meine Auffassung des Namens Ἀργ. liegt für mich jedoch in der Erwägung, dass wir durch sie eine höchst willkommene Parallele zu einem sehr verbreiteten Beiworte des Windes, das mitunter auch zum selbständigen Namen geworden ist, gewinnen. Ich meine das

---

366) Et. Gud. 72, 53. Eust. ad Il. B 103 p. 183, 8. Welcker, Götterl. I, 337. Meineke, Anall. Al. 286.

367) Wahrscheinlich steht Τήλεφος für Τηλεφάνης wie Τηλέφη für Τηλεφάη oder Τηλεφάασσα, Τήλεκλος für Τηλεκλῆς; Ἐτέοκλος für Ἐτεοκλῆς, Εὔρυμος für Εὐρύμαχος u. s. w. Da seine Mutter Αὔγη wahrscheinlich eine Personifikation des strahlenden Mondes ist, so deutet ihn Preller, gr. M.² II, 241 als den Morgenstern.

368) Ahrens, de dial. Aeol. p. 76 f.

369) Ahrens a. a. O. p. 81 f.

370) Kühner, ausf. Gr. d. gr. Spr.² I, 744.

Epitheton ἀργέστης, das bei Homer in Verbindung mit Νότος[371]), bei Hesiod als Beiwort des Ζέφυρος erscheint[372]) und als selbständiger Name gewöhnlich eine bestimmte Art des Westwindes[373]) (Iapyx, Olympias, Skiron, Caurus), selten den Ostwind[374]) (Euros, Apeliotes) bezeichnet. Fragen wir nemlich nach der Bedeutung dieses Wortes, so kann es kaum zweifelhaft sein, dass es einen Wind charakterisiren soll, welcher, wie die genannten, die Wolken am Himmel verjagt und

---

371) Λ 306: ἀργεστᾶο νότοιο (vgl. Φ 334). Hierzu bemerkt der Scholiast: εἰ μὲν τὸν Εὖρον δηλοῖ, ἔστι κύριον προπαροξυνόμενον· εἰ δὲ ᾖ τοῦ νότου ἐπίθετον, προπερισπᾶται. δηλοῖ δὲ ἢ τὸν λευκὸν ἢ τὸν ταχύν, und (zu Φ 334): ἀργεστὴς δὲ ὁ Νότος, ὅτι λευκαίνει τὰς νεφέλας. ἀργεστᾶο Ν. τοῦ λεγομένου λευκονότου. Apoll. Soph. lex. 42, 26 (B). Vgl. Apoll. Rh. IV, 1628, Strab. I, 29. Galen. ed. K. IX p. 258: Φαίνεται γὰρ [ὁ νότος] ἐνίοτε ξηρὸς γενόμενος, ὃν προσαγορεύουσιν οἱ ἰδιῶται λευκόνοτον. Hor. ca. I, 7, 15: Albus ut obscuro deterget nubila caelo | Saepe Notus neque parturit imbres. Arist. ed. Didot. IV, 45, 38: Λευκόνοτος .... τὸ δ' ὄνομα ἀπὸ τοῦ συμβαίνοντος· λευκαίνεται γάρ. Theophr. de ventis 11: αἴθριοι γὰρ [οἱ λευκόνοτοι] καὶ ἀσυννεφεῖς ὡς ἐπίπαν. Vgl. anch Hy. in Ap. 433, wo αἴθριος die Bedeutung von ἀργ. hat.
372) Theog. 378: Ἀστραίῳ δ' Ἠὼς ἀνέμους τέκε καρτεροθύμους, ἀργεστὴν Ζέφυρον, Βορέην τ' αἰψηροκέλευθον | καὶ Νότον, wo Andere freilich Ἀργέστην, Ζέφυρον lesen und, wie schon Aristarch, nach dem Schol. bei Gaisford (τοῦτον τὸν Ἀργέστην Ἀρίσταρχος ἀπηλιώτην φησί) darunter den Ostwind verstehen, obwohl dagegen, wie schon die Alten bemerkten, das Fehlen eines τε spricht. Uebrigens fasste schon Akusilaos ἀργέστην als Beiwort zu Ζέφυρον. Ebenso ist Theog. 870 wohl ἀργέστεω Ζεφύροιο und nicht Ἀργέστεω Ζεφύρου τε zu lesen. Der Euros galt in der Regel als regnerisch: Aristot. ed. Didot. III, 590, 18.
373) Apollon. Rh. II, 961: ἀργεστᾶο παράσσον ἐπιπνείοντος ἔβησαν. Schol. τοῦ ζεφύρου ἢ οὕτως λεγομένου, ὃς ἄρχεται πνεῖν ἀπὸ θερινῶν δύσεων. Aristot. Meteor. II, 6: ἐναντίος δὲ τούτῳ [Euro] .. ὁ ἀπὸ τοῦ Ε, ὃν καλοῦσιν οἱ μὲν Ἀργέστην, οἱ δὲ Ὀλυμπίαν, οἱ δὲ Σκίρωνα. Id. de mundo IV. Met. II, 6, 16: ἀργέσται ... αἰθριώτατοί εἰσι τῶν ἀνέμων ... καὶ ἀποφυσῶντες τὰ συνιστάμενα νέφη ποιοῦσιν αἰθρίαν. Theophr. de ventis 62. de sign. pluv. 36. Pseudoarist. de vent. IV, 973, 17 ed. Didot: Ἰάπυξ ... παρὰ δὲ πολλοῖς Ἀργέστης. Hor. ca. III, 7, 1: candidi Favonii. III, 27, 19: albus Iapyx. Hesych. s. v. ἀργέσται οἱ ἐτησίαι. Galen. VIII, 569 Κ. ἀργέστης, ὃν καὶ Καῦρον τινὲς ὀνομάζουσιν. Plin. h. n. II, 126: Hi [Corus et Aquilo] et reliquos compescunt et nubes abigunt. Id. II, 119: Zephyrum et Argesten vocant (vgl. 121).
374) Vgl. Schol. zu Il. Λ 306 (Anm. 371) und Anm. 372.

dadurch helles Wetter erzeugt.[375]) Eine solche Wirkung schreiben auch die Veden dem Winde (Vaju) zu, wenn es I, 134 (Grassmann, Uebers. II S. 137) von ihm heisst:
„Erhell die Welten und die Morgen mache licht,
Zur Herrlichkeit erleuchte sie."

Bei den Griechen und Römern galten besonders der Nordwind, eine bestimmte Art des Südwinds, der sogenannte Leukonotos, und der Nordwestwind für Vertreiber der Wolken und somit für Aufheller des Wetters[376]), während der Südwind (Notos) und der Nordost (Kaikias, Aquilo) in der Regel Wolken und somit Regen brachten.[377])

Ist nun diese Erklärung von Ἀργειφόντης richtig, so können wir sie wohl auch für die Deutung des ebenfalls uralten und namentlich bei Homer häufig erscheinenden Beiwortes διάκτορος verwerthen. Offenbar gehören διάκτορος und Ἀργειφόντης schon um deswillen zusammen, weil διάκτορος in der Ilias und Odyssee fast nur mit Ἀργ. verbunden am Schlusse des Verses vorkommt und sich somit als dessen stehendes Beiwort dokumentirt. Was nun die Etymologie des Epithetons anbetrifft, so stehen sich zwei Deutungen gegenüber. Nach der einen, welche schon im Alterthum verbreitet[378]) war und in neuester Zeit namentlich von Nitzsch und Ameis (zu Od. α 84) vertreten worden ist, ist διάκτορος von διάγω abzuleiten und bedeutet den Geleiter oder den Boten. Gegen diese Erklärung scheint mir Folgendes zu sprechen.

---

375) Vgl. Anm. 371 u. 373. ἀργέσ-της von ἄργος (= helles Wetter) wie Ὀρέσ-της von ὄρος, Ὀφελίσ-της von ὄφελος.
376) Vgl. Anm. 371 u. 373.
377) Pauly, Realencycl. III, 752 f. Arist. Probl. 26, 1. Stob. I, 672.
378) Apoll. Soph. 58, 17 (ed. Bekker): διάκτορε· διάγων τὰς ἀγγελίας. Schol. zu Od. α 38: λέγεται [διάκτορος] ἐκ τοῦ διατορεῖν καὶ ἀγγέλλειν τὰ τῶν θεῶν Hes. s. v. διάκτορος. ἄγγελος, ἀπὸ τοῦ διάγειν τὰς ἀγγελίας· ἢ οἷον διατόρως καὶ σαφῶς διαλεγόμενος. s. v. διάκτωρ. διάκονος, ἢ ἄγγελος ἀπαγγέλλων. s. v. διάκτοροι· ἡγεμόσι. βασιλεῦσιν. Vgl. Welcker, G. I 345 u. 346 Anm. 30 u. Preller, gr. M.² I, 301, die διάκτορος mit Ausrichter, Besteller übersetzen, trotzdem dass διάγειν in der Bedeutung vollführen, ausrichten erst bei Platon vorkommt. Callimachus gebrauchte διάκτορος von der Eule als Dienerin der Athene, scheint also das Wort ähnlich wie Welcker und Preller gefasst zu haben.

1) In dieser Bedeutung passt διάκτορος schlecht zu dem Namen Ἀργειφόντης, dem wir die Bedeutung „Hellmacher" oder „Aufheller" beilegen müssen.
2) Lässt sich διάγω überhaupt nicht, geschweige denn bei Homer, in der Bedeutung „geleiten" nachweisen. διάγω bedeutet vielmehr an der einzigen Stelle, wo es vorkommt (Od. υ 187 πορθμῆες δ' ἄρα τούς γε διήγαγον), überfahren oder übersetzen.
3) Ist es bei der offenbaren hohen Alterthümlichkeit des Ausdrucks von vornherein einigermassen wahrscheinlich, dass wir seinen Begriff in einer mehr sinnlichen Sphäre zu suchen haben als diejenige ist, welcher der Begriff des Geleiters angehört.

Viel grössere Wahrscheinlichkeit hat deshalb die andere Ableitung von διώκω, welche, so viel ich weiss, zuerst von Buttmann aufgestellt worden ist und mehrfache Zustimmung gefunden hat.[379]) Von den verschiedenen Bedeutungen, welche jenes Verbum bei Homer hat, scheinen mir für die Erklärung von διάκτορος nur „wegtreiben, jagen" und „in Bewegung setzen"[380]) in Betracht kommen zu können. Auf solche Weise erhalten wir für διάκτορος Ἀργειφόντης die passende Deutung: „Der [die Wolken] vertreibende Aufheller des Wetters", eine Erklärung, gegen die sich weder sprachlich noch mythologisch gegründete Einwendungen erheben lassen, während alle übrigen Deutungen von dem einen oder dem andern Standpunkte aus betrachtet sich als ungenügend erwiesen haben. Derselben Vorstellung des wolkentreibenden Windes entsprechen übrigens auch die drei andern Epitheta, welche dem Ἀργειφόντης eignen: κρατύς, χρυσόρραπις und ἐύσκοπος[381]): κρατύς insofern bedeutende Kraft dazu zu gehören

---

379) Buttmann, Lexil. I, 218. Curtius, Grundz.⁴ 647. Leo Meyer, Bemerkungen z. ält. Gesch. d. gr. Myth. 52 u. vgl. Gr. II, 360. Mehlis, Grundidee d. H. 28 f.

380) Da διώκω nach Curtius, Gr.⁴ 647 mit dem deutschen „jagen" verwandt ist, so lässt sich Hermes als διάκτορος recht wohl mit unserem „wilden Jäger", als welcher Wodan erscheint, vergleichen. Vgl. Theocr. id. VII, 53 ὅταν Νότος ὑγρὰ διώκῃ κύματα. Id. XXV, 89: βόες ... ἐρχόμεναι φαίνονθ' ὡσεὶ νέφη ὑδατόεντα, ‖ ἄσσα τ' ἐν οὐρανῷ εἰσιν ἐλαυνόμενα προτέρωσε ‖ ἠὲ Νότοιο βίῃ ἠὲ Θρῃκὸς Βορέαο. Il. Ψ 213: Βορέης καὶ Ζέφ.] νέφεα κλονέοντε πάροιθεν.

381) Vgl. oben Anm. 353. Ov. Met. VI, 690 sagt Boreas: apta mihi vis est: vi tristia nubila pello, ‖ vi freta concutio, nodosaque robora verto, ‖ induroque nives, et terras grandine pulso.

scheint, wenn es gilt die oft so gewaltigen Wolkenmassen rasch dahinzujagen, χρυσόρραπις weil der Treiber der Wolken sich wie ein treibender Hirte eines unwiderstehlichen Treibersteckens bedient, εὔσκοπος endlich, weil es eine Hauptaufgabe eines guten Treibers ist scharf zuzusehen, dass kein Stück der Heerde zurückbleibe, und ein verlorenes Thier wieder aufzufinden.[382])

Dieser Reihe scheint endlich auch der Hauptname Ἑρμείας selbst anzugehören. Dies ist bekanntlich die älteste bei Homer gewöhnliche Form; ausserdem finden sich noch folgende Formen: Ἑρμέας (Il. E 390), Ἑρμάων (Hesiod. b. Str. I, 42), Ἑρμάν auf einer messenischen Inschrift, Ἑρμᾶς dorisch. Auch Ἕρμης -ητος und der Genetivus Ἑρμᾶο sind inschriftlich bezeugt.[383]) Schon bei den Alten finden sich die verschiedensten Deutungen des Namens, die jedoch ohne Ausnahme gänzlich unhaltbar sind. Platon erblickt in Ἑρμῆς ein Compositum von εἴρω und μήσασθαι, Diodor denkt an Ableitung von ἑρμηνεύω, während Andere, wahrscheinlich von stoischer Philosophie beeinflusst, Ἑρμῆς auf ἐρῶ zurückführen und im Sinne von λόγος fassen wollen.[384]) Kaum besser ist es mit den meisten neueren Etymologien bestellt. Zoega möchte den Namen aus dem Aegyptischen erklären,

---

382) Vgl. Colum. de re rust. XI, 1: ubi crepusculum incesserit, neminem post se relinquat [villicus] sed omnes subsequatur more optimi pastoris, qui e grege nullam pecudem patitur in agro relinqui.

383) Vgl. ausser Pape-Benselers Wörterb. d. gr Eigennamen noch Ahrens, de dial.¹ II, 530, 568 u. 571 und Sauppe, Mysterieninschr. a. Andania 17. Denselben Wechsel der Endungen -είας, -ίας, -ῆς sehen wir auch in folgenden Eigennamen: Αὐγείας, Αὐγίας, Αὐγῆς, Αἰνείας, Αἰνίας, Μνασείας, Μνασίας, Δαρείας, Δαμᾶς, Δημῆς u. s. w. Vgl. Benseler a. a. O. I S. XVII u. Lobeck, Pathol. Serm. gr. proll. 495 f.

384) Plat. Crat. 408ᵃ: ἐξ ἀμφοτέρων οὖν τούτων τὸ τὸ λέγειν τε καὶ τὸν λόγον μησάμενον — τὸ δὲ λέγειν δή ἐστιν εἴρειν — τοῦτον τὸν θεὸν ὡσπερεὶ ἐπιτάττει ἡμῖν ὁ νομοθέτης· ὦ ἄνθρωποι, ὃς τὸ εἴρειν ἐμήσατο, δικαίως ἂν καλοῖτο ὑπὸ ὑμῶν Εἰρέμης· νῦν δὲ ... Ἑρμῆν καλοῦμεν. Diod. Sic. I, 16: τοὺς Ἕλληνας διδάξαι τοῦτον τὰ περὶ ἑρμηνείαν, ὑπὲρ ὦν Ἑρμῆν αὐτὸν ὀνομάσθαι. Et. M. 376, 20: παρὰ τὸ ἐρῶ τὸ λέγω, Ἐρέας καὶ Ἑρμέας καὶ Ἑρμείας. Vgl. ib. 376, 27. Suidas s. v. Ἑρμῆν. Plut. vita Hom. 126. Luc. Herc. 4. Schol. zu Il. B 104. Creuzer, Symb. II, 102.

Haupt bringt ihn mit ἔρση Thau, Schwenck mit ἔρα Erde,
O. Müller mit ἕρμα oder ἕρμαξ, Döderlein mit ἕρμα oder
εὑρεῖν zusammen.³⁸⁵) Dagegen will Kuhn in seinem bekannten Aufsatze (Haupts Zeitschr. f. d. Alt. VI, 131), unter
Beistimmung von Mommsen, Christ, Benary, Leo Meyer und
Schwartz³⁸⁶), Ἑρμείας mit skr. *Sarameyas*, als Sturmgott gefasst, identificiren. Dass diese Identificirung sachlich unbegründet sei, haben wir bereits oben gesehen, weil, wie namentlich
Max Müller (Vorles.² II, 495 f.) ausgeführt hat, weder *Sarama*
noch *Sarameyas* irgend eine Beziehung zum Winde, sondern
viel eher zur Morgendämmerung oder Morgenröthe verrathen.
Welcker endlich (Götterl. I, 342) denkt an Ableitung von
ὁρμάω, indem er Ἑρμείας als den Gott der Bewegung deutet.
Was nun meine eigene Ansicht betrifft, so stimme ich den
beiden letztgenannten Gelehrten insofern bei, als auch ich —
jedoch ohne an eine mehr als formelle Identificirung von
Sarameyas und Ἑρμείας zu denken — den griechischen Namen von der Wurzel *sar* eilen (in Zusammensetzungen auch
in der Bedeutung antreiben vorkommend) ableiten möchte.
Auf diese Wurzel sind in der That skr. *sar-aŋju* eilig, behend
(Beiwort der Maruts), *sar-aṇa* die rasche Bewegung, *sar-aju*
Wind, gr. ὁρμάω und ἅλλομαι, lat. *salio* zurückzuführen.³⁸⁷)
So wäre ohne irgend ein formales Bedenken für den Gott
des Windes ein höchst passender Name, der ihn als den
Raschen oder Eilenden kennzeichnet, gefunden, ohne dass
man mit Welcker nöthig hätte den abstrakten Begriff der
Bewegung schlechthin zu Grunde zu legen. Wir haben bereits früher dargelegt, wie die Schnelligkeit für eine der hervorragendsten Eigenschaften des Windes gilt und wie sich
aus dieser Seite seines Wesens das dienstliche Verhältniss
des H. zu Zeus und andern Göttern erklärt.

---

385) Zoega, de obelisc. 221 u. 581. Haupt, Z. f. Alterthumsw.
1842 No. 32. Schwenck, Andeut. 121. O. Müller, Hdb. d. Arch. § 379.
Döderlein, Homer. Glossar 2483.
386) Mommsen, röm. G. I, 18. Christ, Lautl. 135. Benary bei
Heffter, Rel. d. Gr. u. Rö.² S. 10. Leo Meyer, z. ält. Gesch. d. gr.
Mythol. 51. Schwartz, Urspr. d. Myth. Vorr. S. V. Zweifelnd spricht
sich Curtius, Gr.⁴ 349 hierüber aus.
387) Curtius, Gr.⁴ 349. Fick, Wörterb. d. indog. Spr.² 195.

Von anderweitigen Beziehungen des H. zum Winde aus dem Bereiche des Kultus ist Folgendes zu bemerken.

Eine jedenfalls sehr alte Sitte war es am **vierten Monatstage** (τετράς) den Gott zu verehren und seine Geburt zu feiern.[388]) Ich erkläre diesen Gebrauch nicht sowohl aus der Vierzahl der Winde auf der ältesten Windrose, als vielmehr aus dem sehr weit verbreiteten und vielfach bezeugten Volksglauben, dass der vierte Tag des Mondmonats für Wind und Wetter während der folgenden Monatstage entscheidend sei.[389]) Wenn ferner der **Hahn** auf Münzen von Karystos und Bildwerken als der heilige Vogel des Hermes erscheint[390]), so erinnert uns das auffallend an das eigenthümliche Opfer eines weissen Hahnes, das nach Pausanias (II, 34) dem Winde dargebracht wurde, um seine schädliche Wirkung von den Weinstöcken abzuwehren. Auch ist zugleich auf die grosse Rolle aufmerksam zu machen, welche der Hahn als Wetterprophet spielte.[391]) Denn der Hahn kräht, sobald die Luft

---

388) Hy. in Merc. 18: ἑσπέριος βοῦς κλέψεν ἑκηβόλου Ἀπόλλωνος, | τετράδι τῇ προτέρῃ, τῇ μιν τέκε πότνια Μαῖα. Ar. Plut. 1126: EPM. οἴμοι πλακοῦντος τοῦ 'ν τετράδι πεπεμμένον. Schol. Ἡ τετράς ἐνομίζετο τοῦ Ἑρμοῦ· καὶ καθ' ἕκαστον μῆνα ταύτῃ τῇ ἡμέρᾳ ἀπετίθεντο τῷ Ἑ. κ. τ. λ. Plut. qu. sympos. IX, 3, 2. Procl. ad Hesiod. ἑ. κ. ἡ. 770. Suid. III p. 76. C. Fr. Hermann, Gottesd. Alt². § 44, 5.

389) Theophr. de sign. pl. 8: μεταβάλλει .. ὡς ἐπὶ τὸ πολὺ ἐν τῇ τετράδι. Arat. 781, 792, 805 (c. schol.), 1150. Varro b. Plin. n. h. XVIII, 348: Si quarta die Luna erit directa, magnam tempestatem in mari praesagiet. Ib. 347. Verg. Geo. I, 432: Sin ortu quarto — namque is certissimus auctor — | Pura neque obtusis per coelum cornibus ibit, | Totus et ille dies, et qui nascentur ab illo | Exactum ad mensem pluvia ventisque carebunt, | Votaque servati solvent in litore nautae | Glauco et Panopeae et Inoo Melicertae. Der vierte Tag der Woche war nach Grimm, d. Myth.³ 114 dem Wuotan geheiligt.

390) Gerhard, gr. Myth. § 271, 3. Hirt, Taf. VIII, 4, 6. Albric. deor. imag. G. Müller-Wieseler, Denkm. d. a. K. II, 325, 337ᵈ, 337ᵉ.

391) Theophr. de sign. pl. 17: ἀλεκτρυόνες φθειριζόμενοι ὑδατικὸν σημεῖον (vgl. 18). Der Hahn zeigt Sturm an nach Aristot. fr. 159ᵇ. Dasselbe besagen italienische und französische Wetterregeln: Quando il gallo canta a pollajo | Aspetta l'acqua sotto il grandajo. | Quando il gallo beve | di stato, tosto piove. Quand on esté le haut coq boit | la pluie soudain vient et paroist. Brinkmann im Archiv f. d. Stud. d. neu. Spr. LVIII S. 207. Aehnliches behauptete ein alter Bauer der Meissner Gegend, als ich ihn darum befragte. Windfahnen in der Gestalt von Hähnen sind sehr verbreitet.

sich ändert, wie auch moderne Zoologen beobachtet haben.[392]) Sicherlich hängt damit die altitalische Sitte prophetische Hühner zu halten und zu beobachten ursprünglich zusammen.[393]) Zunächst mochte der Landmann (Hirte oder Ackerbauer), dem viel an der Erforschung des Windes und Wetters gelegen war, das ·Fressen und sonstige Gebahren der Hühner beobachten, um daraus einen sicheren Anhalt für die Bestimmung des Wetters zu gewinnen. Ebenso beobachtete man Raben, Habichte, Wölfe, Delphine und andere Thiere, von denen man glaubte, dass sie eine bevorstehende Aenderung des Wetters anzeigten[394]), und so wurden dieselben schliesslich dem mantischen Gotte Apollon geheiligt. Ueberhaupt ist es mir bei der ungemeinen Wichtigkeit die eine Vorausbestimmung des Wetters für den ursprünglichen Menschen, sei er nun Jäger und Fischer oder Hirte und Ackerbauer, nothwendig haben muss, im höchsten Grade wahrscheinlich, dass die ältesten Orakel hauptsächlich Wetterorakel waren.

Als Hermesopfer werden schon in der Odyssee Lämmer und Böckchen genannt[395]), also dieselben Thiere, welche in der Regel auch den Winden und Stürmen dargebracht wurden.[396]) Der Grund davon möchte einerseits in ihrer Fähigkeit das Wetter vorauszuahnen[397]), anderseits in der eigenthümlichen Bedeutung zu erblicken sein, die man dem Untergang des Sternbildes der ἔριφοι (haedi) zuschrieb. Man glaubte nemlich, dass bei ihrem Untergang Sturm und Unwetter ausbreche, weshalb derselbe namentlich von Schiffern und Landleuten sehr gefürchtet wurde.[398])

---

392) Lenz, Zool. d. alt. Gr. u. Rö. 334 Anm. 1046.
393) Plin. n. h. X, 21, 24.
394) Theophr. de sign. pl. 16, 17, 19, 39, 40, 46, 52, Aristot. fr. 159ᵇ.
395) Od. I, 397: Ἑρμείας· τῷ γὰρ κεχαρισμένα μηρία καῖεν | ἀρνῶν ἠδ' ἐρίφων.
396) Aristoph. Ran. 847: ἄρν' ἄρνα μέλαιναν παῖδες ἐξενέγκατε· | τυφὼς γὰρ ἐκβαίνειν παρασκευάζεται. Vgl. d. Schol. z. d. St. Verg. Aen. III, 117 und die übrigen von Forbiger zu dieser Stelle und von Preller, r. Myth.¹ 292 gesammelten Belege.
397) Arat. 1104f. Theophr. de sign. pl. 40: πρόβατα ἐὰν πρωΐ ὀχεύηται πρωΐον χειμῶνα σημαίνουσι. ib. 41: μαχόμενα πρόβατα χειμέριον. Dieselbe Wetterregel kennen auch die deutschen Bauern, z. B. die der Meissner Gegend.
398) Theocr. VII, 53: χὤταν ἐφ' ἑσπερίοις ἐρίφοις Νότος ὑγρὰ

Schliesslich mache ich noch auf folgende auffallende Uebereinstimmung aufmerksam. Für Griechenland gilt ebenso wie für Deutschland die Wetterregel, dass der Wind, welcher den Tag über weht, sich meistens schon in der frühesten Morgenstunde, genauer mit Sonnenaufgang, erhebt.[399]) Aus diesem Grunde ist nach Hesiod (Theog. 378) Eos die Mutter der Winde vom Astraeos, den man als Personifikation des gestirnten Himmels zu fassen hat. Wenn daher im Hymnus auf Hermes Vers 17[400]) die erste Morgenstunde ausdrücklich als die Geburtsstunde dieses Gottes genannt wird, so dürfte der Grund davon schwerlich in etwas Anderem als eben jener wohl bezeugten Thatsache zu erblicken sein, dass der Wind sich mit der Morgenröthe zu erheben pflegt. Wer die ausserordentliche Genauigkeit der Naturbeobachtung, welche sich in den antiken Mythen offenbart, zu schätzen weiss, wird diese Erklärung eines scheinbar so unbedeutenden Zuges im Hermesmythus gewiss nicht für zu kühn halten.[401])

διώκη | κύματα, χωρίων ὅτ' ἐπ' ὠκεανῷ πόδας ἴσχει. Vgl. auch den Schol. z. d. St. Arat. 158: .. Ἐρίφων, οἷτ' εἰν ἀλὶ πορφυρούσῃ | πολλάκις ἐσκέψαντο κεδαιομένους ἀνθρώπους. Schol. ἡ γὰρ ἑῴα δύσις τῶν Ἑ. χειμῶνα φέρει. Verg. Geo. 1, 205. Aen. IX, 668. Hor. ca. III, 1, 27. Ov. trist. I, 11, 13. Plin. n. h. XVIII, 28, 69 u. 31, 77. Stat. Theb. VIII, 407.

399) Vgl. das deutsche Sprichwort: „De Wind steit med den Swinen up un geit med den Swinen to Bedde" Wander, Deu. Sprichwörterlex. V S. 248 No. 23. Theophr. de vent. 15: ὁ ἥλιος δοκεῖ καὶ κινεῖν ἀνατέλλων καὶ κατακαύειν τὰ πνεύματα. Vgl. auch Aristot. Meteor. II, 5. Plin. n. h. II, 127. 129. Hesych. s. v. κιναύρα· ψῦχος τὸ ἅμα ἡμέρᾳ. Κύπριοι.

400) ἠῶος γεγονώς μέσῳ ἤματι ἐγκιθάριζεν. Dass H. am Mittag gewissermassen unthätig ist, während er am Abend die Rinder stiehlt (ἑσπέριος βοῦς κλέψεν v. 18) erklärt sich aus der von Theophrast mitgetheilten Naturbeobachtung: πανταχοῦ γὰρ τῆς μεσημβρίας ἀπολήγει τὰ πνεύματα διὰ τὸν ἥλιον, ἅμα δὲ τῇ δείλῃ πάλιν αἴρεται (de vent. 31 vgl. ib. 16 u. 18).

401) Wohl aus keinem andern Grunde opferte der Priester zu Titane den vier Hauptwinden zur Nachtzeit nach Paus. II, 12, 2: βωμός ἐστιν ἀνέμων, ἐφ' οὗ τοῖς ἀνέμοις ὁ ἱερεὺς μιᾷ νυκτὶ ἀνὰ πᾶν ἔτος θύει κ. τ. λ. Man opferte bei Nacht, weil der Wind erst mit Sonnenaufgang zu wehen anfängt und um Mitternacht Windstille herrscht (Theophr. de vent. 18).

Kapitel X.

Dem Hermes vergleichbare Götter verwandter Völker.

Wir vergleichen mit Hermes zunächst diejenigen Gottheiten der verwandten Völker, über deren Beziehung zu Wind oder Sturm kein Zweifel herrscht. Wenn bei dieser Vergleichung sich das Resultat ergeben wird, dass die anerkannten Wind- und Sturmgötter der verwandten Völker grösstentheils dieselben Funktionen wie Hermes besitzen, so kann dies als eine willkommene Probe der Richtigkeit unserer in den vorstehenden Kapiteln gegebenen Deutung des griechischen Gottes angesehen werden.

Wie schon oben bemerkt wurde, gibt es unter den sämmtlichen Göttern der verwandten Völker keinen, der dem Hermes vergleichbarer wäre als der germanische Wuotan (nord. Odhin). In der That ist die Aehnlichkeit der beiden Götter auf den ersten Blick so auffallend, dass bereits die alten Römer, nachdem sie die Götter der Germanen kennen gelernt hatten, ihren Mercurius mit Wuotan identificirten.[402]

Schon der Name *Wuotan* (nord. *Odhin*) weist klar auf ursprüngliche Windbedeutung hin. Nach den im Wesentlichen übereinstimmenden Darlegungen Grimms, Simrocks, Mannhardts, W. Müllers[403] ist *Wuotan* (*Odhin*) von einem Verbum *watan, wuot* (altnord. *vadha, ódh*) in der Bedeutung „stürmen, cum impetu ferri" abzuleiten. Nach Zimmer[404] wäre sogar an direkte Wurzelverwandtschaft mit Skr. *Váta* und *Váyu* (Wind) zu denken. Dass Wuotan wirklich ein altgermanischer Wind- und Luftgott war, lehren folgende Thatsachen. Sein Bereich, in dem er waltet, ist die Luft, durch welche Wuotan und Odhin stürmend dahinfahren.[405] Wo

---

402) Grimm, d. Myth.³ 108 f. 121. Mannhardt, D. Götter d. deu. u. nord. Völker 107 Anm.
403) Grimm. d. Myth.³ 120; Simrock, Hdb. d. deu. Myth.⁷ 184; Mannhardt, D. Götter d. deu. u. nord. Völker 107 f.; W. Müller, Gesch. u. System d. alt. deu. Religion 181.
404) Zimmer, Ztschr. f. deu. Alterthum u. deu. Literatur N. F. VII, S. 164 f.
405) Mannhardt a. a. O. S. 108 u. 113.

das Ross Wuotans grast, weht fortwährender Wind.[406]) Odhin verleiht Schiffern günstigen Wind und geleitet dieselben, er vermag den Sturm zu besänftigen.[407]) Nach einer nordischen Sage führt Odhin einen seiner Lieblinge, den er in seinen Mantel gehüllt hat, weit durch die Luft fort und durch ein Loch des Mantels gewahrt jener, wie das Ross Odhins über Wellen und Wolken dahineilt.[408]) Wuotans Hunde, mit denen er in den Lüften jagt, sind offenbar die einzelnen Windstösse. Nach einer von Mannhardt mitgetheilten Sage wurde ein solcher Hund des Wuotan einst von einem Bauer gefangen und in einen Sack (Schlauch) gesteckt.[409]) Das erinnert lebhaft an einen auch bei den Griechen vorkommenden Brauch die Winde in Schläuche oder Säcke zu bannen.[410]) Oft lässt Wuotan einen Hund auf dem Feuerheerd des Hauses, durch welches er gezogen ist, zurück. Da liegt er dann heulend und winselnd ein ganzes Jahr und lebt von nichts als Asche.[411]) Vorzüglich lieben Wuotans Hunde das Mehl und wer sich vor ihnen schützen will stellt einen Sack mit Mehl vor sie hin, der im Winde zerstiebend von ihnen gefressen wird.[412]) Eine Reihe von Sagen, die dasselbe was hier von den Hunden des Wodan behauptet wird dem Winde zuschreiben, hat Mannhardt (a. a. O. S. 96 f.) angeführt.[413]) Als Gott des Windes und Wetters führt Odhin die höchst

---

406) Mannhardt a. a. O. S. 110.
407) Simrock a. a. O. S. 188; Müller a. a. O. S. 187 u. 185 Anm. 5 u. 6; Grimm 116.
408) Simrock S. 198.
409) Mannhardt S. 111.
410) Vgl. Od. x 19: Αἴολος] δῶκέ μοι ἐκδείρας ἀσκὸν βοὸς ἐννεώροιο, | ἔνθα δὲ βυκτάων ἀνέμων κατέδησε κέλευθα. Laert. Diog. v. Empedocl. 60: ἐτησίων ποτὲ σφοδρῶς πνευσάντων ὡς τοὺς καρποὺς λυμῆναι, κελεύσας [ὁ Ἐμπεδοκλῆς] ὄνους ἐκδαρῆναι καὶ ἀσκοὺς ποιῆσαι, πρὸς τοὺς λόφους καὶ τὰς ἀκρωρείας διέτεινε πρὸς τὸ συλλαβεῖν τὸ πνεῦμα, λήξαντος δὲ Κωλυσανέμαν κληθῆναι.
411) Mannhardt S. 111 u. 116. Auf dem Feuerheerd liegt der Hund deshalb, weil hier beständiger Luftzug herrscht, der die Asche emporwirbelt.
412) Mannhardt S. 111 u. 116. Uebrigens erinnert diese Fresslust der Hunde des Wuotan lebhaft an die Gefrässigkeit, welche man den Harpyien zuschrieb. Vgl. Mannhardt, Ant. Wald- u. Feldkulte 95.
413) Vgl. auch Simrock a. a. O. S. 33 u. 224 f.

bezeichnenden Beinamen *Vidhrir* (Wetterer), *Vafudhr* (bebende Luft), *Biflindi* (der lind bebende).⁴¹⁴) Gewöhnlich werden Wuotan und Odhin als jagende Schimmelreiter gedacht.⁴¹⁵) Das Ross ist unzweifelhaft ein Symbol des Windes gewesen ⁴¹⁶), was auch aus einzelnen griechischen Mythen erhellt.⁴¹⁷) Das Objekt der himmlischen Jagd sind Waldweibchen (d. h. den griechischen Dryaden vergleichbare Nymphen der Bäume) und Wolkenfrauen.⁴¹⁸)

Im Folgenden sollen nun der Reihe nach kurz diejenigen Funktionen des Wuotan-Odhin aufgeführt werden, welche den in den vorigen Kapiteln behandelten Funktionen des Hermes entsprechen.

Wie Hermes als Sohn des Aethergottes Zeus und der Wolkengöttin (Pleiade) Maia dem Himmel entstammt, so hat auch Wuotan-Odhin in diesem seinen Sitz, von ihm aus schaut er durch eine fensterartige Oeffnung auf die Erde nieder.⁴¹⁹) Aus dem Beinamen *Hlidskialf* (Thürbank) ist wohl zu schliessen, dass Odhin wie Janus an der Pforte des Himmels, d. h. in den Wolken, welche wie Thüren den obern und den niedern Himmel trennen, seinen ständigen Sitz hat.⁴²⁰) Wie dem Hermes das Kyllenegebirge geheiligt war, so wurden auch dem Wuotan-Odhin verschiedene Berge geweiht und nach ihm benannt.⁴²¹) Der Gebirgshöhle, in welcher Boreas haust und Hermes geboren ist, entspricht deutlich die Höhle, in welcher sich Wuotan mit seinem Gefolge im Winter, wenn der Himmel grösstentheils umwölkt ist, verbirgt.⁴²²) Wahrscheinlich hat man in beiden Fällen unter der Gebirgshöhle die Wolke zu verstehen, aus welcher der Sturm hervorzubrechen scheint.⁴²³)

---

414) Mannhardt 153; Grimm 135; Simrock 184 u. 189; Müller 185.
415) Mannhardt 108, 132, 156.
416) Mannhardt, Antike Wald- u. Feldkulte S. 359 unter „Wind".
417) Preller, gr. Myth.² I, 371.
418) Mannhardt S. 112 u. 116; Simrock S. 223.
419) Grimm 124 f.; Müller 183.
420) Müller 189. Vgl. Simrock 192. Auch Homer Il. E 749 u. Θ 393, 411 nennt die Wolken πύλαι οὐρανοῦ. Römische Dichter reden von einer
421) Grimm 139. [porta caeli.
422) Mannhardt 126, 135, 156.
423) Siehe oben Anm. 44 u. 47.

Zwar fehlt dem Wuotan-Odhin das griechische Symbol des raschen Schwebens durch die Lüfte, die Beflügelung — er wird vielmehr, wie schon gesagt, als Reiter des Windrosses gedacht — dass aber auch ihm die bei Hermes bemerkbaren Eigenschaften der **Schnelligkeit, Gewandtheit** und **Stärke** zugeschrieben wurden, lehrt namentlich Wuotans Auffassung als wilder Jäger und die eigenthümliche Thatsache, dass Odhin ein **achtfüssiges Ross** reitet, welches als germanisches Symbol der Schnelligkeit angesehen werden darf.[424] Wie Simrock (S. 202) bemerkt, scheinen Wuotan-Odhin ursprünglich auch die **Siebenmeilenstiefel** eigen gewesen zu sein, die in verschiedenen Sagen eine so bedeutsame Rolle spielen. Sollte dies wirklich der Fall sein, so würden diese Siebenmeilenstiefel Wuotan-Odhins eine willkommene Parallele zu den Flügelschuhen des Hermes abgeben. Als Gott der Kraft zeigt sich der germanische Windgott in verschiedenen Sagen, in denen er als Beschützer der kraftvollen und muthigen Helden auftritt. Häuser, welche dem Zuge des wilden Heeres im Wege stehen, stürzen zusammen.[425] Wer den Gott nahen sieht, muss sich mit dem Antlitz glatt auf den Boden werfen, sonst wird er hoch **durch die Lüfte entführt** und weit von der Heimath in fremden Ländern zu Boden gesetzt.[426] Während aber Hermes als Gott der Schnelligkeit, Kraft und Gewandtheit zu einem göttlichen Vorsteher der Wettkämpfe geworden ist, hat sich Wuotan-Odhin von derselben Grundlage aus vielmehr zu einem Beschützer der Kämpfer und Helden oder mit andern Worten zu einem Gott des Kampfes und Krieges entwickelt.[427]

Wie Hermes so wird auch Wuotan als **Entführer von Kühen** (= Wolken) gedacht. Wuotan entführt mit seinem Heere Kühe hoch in die Wolken und bringt sie erst nach drei Tagen ausgemolken oder nie zurück.[428] Mehrfach kehrt die Sage wieder, dass die Geister des wüthenden Heeres eine **Kuh schlachteten** und verzehrten, die sie dann aus der abgezogenen Haut wieder erneuten.[429] Ebenso wie Kühe wer-

---

424) Simrock 198f.   425) Mannhardt 115.   426) Mannhardt 110.
427) Simrock 209.   428) Mannhardt 118.   429) Mannhardt 117;
Simrock 224. Vgl. oben Anm. 81.

den aber auch Menschen entführt[130]), was an die Harpyien erinnert (s. oben S. 39 f.). Dem Hermes als Erfinder der ältesten musikalischen Instrumente, der Flöte, Syrinx und Lyra lässt sich Wuotan-Odhin als Gott der Dichtkunst und Musik vergleichen. „Wenn das wüthende Heer sich naht, so vernimmt man zuerst einen leisen Gesang, der den Hörer durchschauert. Das Gras der Matten und das Laub der Buchenwälder wogt und neigt sich im Mondschein, so oft die Töne neu ansetzen. Bald zieht es näher und näher, eine Musik von tausend Instrumenten. Hinterher aber bricht der rasende Orkan los und stürzt krachend die Eichen des Forstes.[131]) Oft zeigt es sich als eine grosse schwarze Kutsche (= Wetterwolke), in welcher Hunderte von Geistern sitzen, die einen wunderbar schönen Gesang anstimmen."[432]) „Wôdan, der Anführer der wilden Genossenschaft, welche das alles tanzenmachende Sturmlied singt[433]) und die Seelen aller Alter und Geschlechter in ihren Zug aufnimmt, ist in einigen Sagen zu einem Spielmann von wunderbarer Kunstfertigkeit geworden, dessen Weisen alles zum Tanze zwingen und der mit süssem Spiel Kinder in ganzen Schaaren an seine Fersen bannt und in einen Berg oder See, d. i. die Wolke[434]), verlockt. So soll im Harz ein alter Dudelsackbläser von Haus zu Haus gezogen sein und mit seiner Pfeife davor gepfiffen haben. Dann starb jedesmal ein junges Mädchen und folgte ihm. Zuletzt hatte er wohl 50 Mädchenseelen hinter sich. Am berühmtesten ist seit dem 16. Jahrhundert unter den vielen lokalen Gestaltungen dieser in ganz Süd- und Norddeutschland, Frankreich und Irland verbreiteten Sage die Tradition der Stadt Hameln geworden. Einst waren die Felder des Ortes von Mäusen heimgesucht. Da erschien ein fremder Pfeifer, welcher sich erbot, die Landplage zu entfernen. Er blies so wunderbare Weisen auf seiner Pfeife, dass alle Mäuse[435]) zusammenliefen und ihm bis an die Weser nachfolgten, wo sie ertranken.

---

430) Mannhardt 110.   431) Mannhardt 113.   432) Mannhardt 114.
433) Mannhardt 49, 50, 114.   434) Mannhardt 88, 117.
435) Unter diesen Mäusen sind nach Mannhardt a. a. O. S. 123 Anm. Seelen zu verstehen.

Als man darauf dem Fremden den bedungenen Lohn nicht auszahlte, erschien er am nächsten Morgen wieder in Jägertracht mit rothem Hut und schrecklichem Blick und blies auf einem andern Instrument so herzbewegende Töne, dass alle Kinder in Hameln aus dem Bette aufstanden und dem fremden Manne folgten, über Stock und Stein, bis sie zu einem Berge gelangten. Darin that sich plötzlich eine nie gesehene Höhle auf, welche den Zug aufnahm und sich hinter ihm schloss."[436]) Offenbar sind in allen diesen Sagen die Vorstellungen von Wuotan als einem göttlichen Pfeifer und als einem Seelenführer (Psychopomp) in eins zusammengeflossen. „Edler war die Gestalt des die gewaltigen Sturmlieder pfeifenden oder singenden Wodan in der höheren Mythologie hervorgebildet. Hier führte der Götterherrscher in jener Eigenschaft den Namen ahd. *Horant*, bei Angelsachsen *Heorrenda*, im Norden *Hjarrandi*, wie die Edda uns kundgibt. In der deutschen Heldensage von Gûdrûn tritt er auf. Da beginnt er eine Weise, die nie ein Mensch vernahm und keiner lernet je, der sie nicht erlauschet auf den wilden Meereswellen:

Der Lieder sang er dreie, | die waren wundersam;
Keinem ward es lange, | der solchen Ton vernahm.
Die Zeit, die einer brauchte, | tausend Wegesstunden
Zu reiten, wäre hier ihm | wie ein einziger Augenblick entschwunden.

Lauschend liess die Weide | im Wald das scheue Wild,
Die Würmlein, die da krochen | im grünen Grasgefild,
Die Fischlein, die im Wasser | schwammen auf und nieder,
Die liessen ihre Wege, | ja nicht umsonst sang er seine Lieder."[437])

Genau dieselben Vorstellungen lassen sich auch bei Odhin nachweisen. „Es gab in Schweden eine alte Weise vom Nachtgeist und seinem Heer. Wenn man die spielt, so fangen Tische, Bänke, Kannen und Becher, Greise und Grossmütter, Blinde und Lahme, selbst die Kinder in der Wiege zu tanzen an."[438]) „Von Odhin heisst es, dass er selber der Lieder-

---
436) Mannhardt 123 f.
437) Mannhardt 124.
438) Mannhardt 155; Simrock 246.

schmiede bester war, und mehrfach wird erzählt, wie er berühmten Skalden und Helden die Gabe der Poesie verlieh, so dass sie gleich fertig dichten wie sprechen konnten."[439]) Ein eddischer Mythus erzählt ausführlich, wie der Gott in Schlangengestalt zu der Gunlödh kam und aus der Höhle ihres Vaters den Meth, welcher die Gabe der Dichtkunst verleiht, heraufholte.[440] „Aus diesem Grunde schrieb man auch dem Odhin selbst eine Reihe ererbter Sinnsprüche zu, die, der Volkspoesie entsprossen, ohne dass man ihre Verfasser kannte, Jahrhunderte lang von Mund zu Mund getragen wurden."[441])

Dem Hermes Psychopompos entspricht deutlich der Todtengott Wuotan-Odhin, welcher an der Spitze der Seelenschaaren durch die Lüfte zieht.[442]) Gewiss mit Recht meint Mannhardt, dass diese Anschauung auf der Luftartigkeit beruhe, welche man den Seelen zuschrieb. Naturgemäss glaubte man, dass die Seelen der Verstorbenen, als Lufthauche die entathmenden Leichname verlassend, sich mit dem Winde verbänden und durch diesen in Bewegung gesetzt durch den Luftraum dahinschwebten. Als ein Geisterzug erscheint das Heer des Wuotan, man erblickt in demselben Gespenster, die den Kopf unter dem Arme tragen; man erkennt in Einzelnen unlängst gestorbene Menschen. Besonders hervorzuheben ist, dass die ungetauft gestorbenen Kinder und die Menschen, welche auf eine gewaltsame Weise um das Leben gekommen sind, in das Heer versetzt werden.[443]) Im Odhinmythus erscheint die alte Vorstellung von einem allgemeinen Todtengott insofern eingeschränkt, als nach bestimmten Angaben nur die im Kampfe gefallenen Helden zu ihm kommen. Nichtsdestoweniger muss auch Odhin, wie wohl allgemein angenommen wird, ursprünglich ein Todtengott schlechthin sein, da auch die an einer Krankheit gestorbenen Fürsten zu ihm

---

439) Mannhardt 171; Müller 190 Anm. 5.
440) Müller 191.
441) Mannhardt 171 f.
442) Mannhardt 108 f., 113, 164; Simrock 212 f.; Müller 200 f.; Grimm³ 122 u. 871 f.
443) Müller 202.

kommen und „zu Odhin fahren, bei Odhin zu Gaste sein" überhaupt so viel als sterben bedeutet.[444]) Als Todtengott führte Odhin die Beinamen *Draugadrottinn* (Herr der Gespenster) und *Helblindi*.[445]) In einzelnen Sagen scheint dem Stabe Odhins die Kraft Todte zu erwecken zugeschrieben zu werden.[446])

Dem Hermes als Gott der Wege, Wanderer, Schiffer, Kaufleute lässt sich Wuotan-Odhin insofern vergleichen, als er nicht nur ein **unermüdlicher Wanderer** sondern auch ein **Gott der Frachten**, ein **göttlicher Geleiter der Wanderer** und Reisenden und Verleiher günstigen Fahrwindes ist.[447])

Wie Hermes so wurde auch Wuotan-Odhin als Verleiher des **Glückes** und **Reichthums** gedacht. Wuotan selbst hiess „*Wunsch*", mit welchem Ausdrucke unsere Vorfahren den Inbegriff von Heil und Seligkeit, die Erfüllung aller Gaben bezeichneten. Noch mittelhochdeutsche Dichter des 13. Jahrhunderts stellen sich den Wunsch als ein gewaltiges schöpferisches Wesen vor.[448]) Eine Menge hierher gehöriger Belege verdanken wir dem Sammelfleisse Jakob Grimms (Myth.³ 126 f.), der auch darauf aufmerksam macht, dass der zauberhafte Stab, durch dessen Anschlagen Schätze erworben werden, *wunsciligerta*, d. i. Wünschelruthe hiess. Derjenige dient dem Odhin in rechter Weise, der viele Schätze sammelt.[449]) In der Eigenschaft als Glücksgott verleiht Wuotan-Odhin auch die höchste aller Glücksgaben: den Sieg.[450]) Sogar die **Loose** (Loosrunen) und **Glücksspiele** waren ihm wie dem Hermes geheiligt: er gilt als deren Erfinder.[451])

Wie Hermes wird auch Wuotan-Odhin als ein **Befruchter**, namentlich des Getraides verehrt. Darauf führt eine merk-

---

444) Müller 200; Grimm³ 132.
445) Müller a. a. O.
446) Simrock 197 f.
447) Simrock 189, 227, 188; Müller 187; Grimm 116; Müller 185 Anm. 5.
448) Mannhardt 152; Simrock 188; Müller 186.
449) Müller 187 Anm. 3; Simrock 202; Grimm³ 926.
450) Grimm³ 125.
451) Mannhardt 176; Grimm³ 136; Simrock 202 u. 233.

würdige Gewohnheit des niedersächsischen Volks bei der Kornernte. Man pflegt einen Büschel Getraide auf dem Feld stehen zu lassen dem *Woden für sein Pferd*. *Sleipnis verdhr* (Speise des achtfüssigen Rosses Odhins) ist dichterische Benennung des Heues. In Schonen und Blekingen blieb es lange Sitte, dass die Ernter auf dem Acker eine Gabe für *Odens Pferde* zurückliessen. Denselben Brauch hat Grimm, dem wir alle diese Mittheilungen verdanken, auch für Mecklenburg, Oldenburg und das Schaumburgische nachgewiesen.[452] Zieht das Muotesheer um Betzingen recht zeitig im Frühjahr, so wird bald alles grün und es gibt ein fruchtbares Jahr, kommt es später, so gibt es einen späten Frühling. In der Richtung, in welcher der Rodensteiner (= Wuotan) zum Schnellerts hinüberfährt, sieht es deutlich aus wie ein Weg und wo es durch die Frucht läuft, geht mitten durch das Korn ein Strich. Da steht es höher und gedeiht besser als anderswo. In Schleswig bringen die Bauern aus Mielberg jedesmal, wenn ein gewisses Stück Land mit Hafer besät wird, einen Sack mit diesem Korn auf den Hesterberg und lassen ihn da stehen. Nachts kommt dann jemand und braucht den Hafer für sein Pferd.[453] Aus vielfachen Spuren geht hervor, dass der im Frühling mit gewissen Ceremonien eingeholte Maigraf oder Maikönig einst Wuotan darstellen sollte, der, nachdem er sieben Monate als Wintersturm im beschneiten und bereiften Waldesdickicht gelebt hat, sich plötzlich in den sanften befruchtenden Frühlingswind verwandelt, mit dem Drachen des Winters den Strauss besteht und Flur und Feld segnend umreitet.[454] Auch als **Förderer der Gesundheit**, als Heilgott tritt Wuotan auf, wie aus dem bekannten Merseburger Zauberspruch hervorgeht, in welchem erzählt wird, dass Wuotan einst die Fussverrenkung eines Rosses heilte. Schon Mannhardt hat diesen Mythus auf die Grundbedeutung Wuotans, des segnenden Windes, der mit sanftem Wehen die Luft reinigt und Krankheiten verscheucht,

---

452) Grimm, d. Myth.³ 140 f. Vgl. auch Mannhardt a. a. O. 129 f. u. 186; Müller a. a. O. 186 f.
453) Mannhardt 129; Simrock² 211.
454) Mannhardt 147.

zurückgeführt.[455] Andere Belege für diese Funktion Wuotan-Odhins hat Müller S. 191 Anm. 2) gesammelt.

Dem Beinamen διάκτορος, welchen Hermes bei Homer führt, lässt sich recht wohl die sehr verbreitete Auffassung Wuotans als eines Jägers vergleichen. Die Objekte seiner Jagd sind, wie schon oben gezeigt worden ist, ursprünglich Wolken und Bäume gewesen, mit denen der Wind zu buhlen scheint (s. oben S. 50 u. 76.

Selbst in der äusseren Erscheinung ähnelt Wuotan-Odhin auffallend dem Hermes in seiner älteren Gestalt. Wie dieser den Petasos (Breithut) und die Chlamys, so trägt auch jener einen breiten Hut und einen Mantel.[456]) Beides lässt sich als Symbol der Wolke fassen. Die Wölfe, Raben und Habichte sind Wuotan-Odhin wohl deshalb heilig[457]), weil sie Wetterpropheten waren[458]), wie der Hahn der Vogel des Hermes. Der vierte Tag der Woche gehört dem Wuotan wie die τετράς dem Hermes.[459])

Von den vedischen Göttern sind offenbar Vaju und die Maruts dem Hermes nahe verwandt, beide haben die deutlichsten Beziehungen zu Wind und Sturm.[460]) Vaju (= Wind) scheint die höhere Einheit sämmtlicher Winde, die einzeln als Maruts angeschaut wurden, zu bedeuten. Wie Hermes so stammen auch die Maruts vom Himmel und aus dem weiten Luftgebiet. Rigv. V, 53, 8 heisst es:

Vom Himmel kommt, o Maruts, her,
aus weiter Luft, von nahem Ort,
nicht bleibet in der Ferne stehn.

An andern Stellen wird geschildert, wie die Maruts durch die Lüfte brausen und stürmen, sich im Wirbel drehend

---

455) Mannhardt 147.
456) Grimm³ 928; Simrock² 191; Mannhardt 108.
457) Müller 204 f.; Simrock 192.
458) In Betreff des Raben und der Krähe als Wetterpropheten s. Wander, deu. Sprichwörterlex. V, 209, 12 und 211,'50. Dieselbe Bedeutung hatten Raben und Krähen auch für die Griechen: Theophr. de sign. 16, 39, 40, 52. Ebenso der Habicht (Theophr. de sign. 17) und der Wolf (ib. 46).
459) Grimm³ 116.
460) Max Müller, Vorl.² übers. v. Böttger II, 413.

Waldungen und Gebirge durchfahren, Wetterwolken häufen, die Wolkenberge verdrängen [461]), Winde und Blitze (= Gewitter) erzeugen, so dass über ihre Bedeutung als Winde und Stürme kein Zweifel bestehen kann.

Rigv. VII, 56, 8: Mit Licht bestreuen — sie selbst einander,
Die Adler kämpften — wie Winde brausend.

14: Vor dringet aus der Tiefe euer Glänzen,
macht herrlich eu'r Erscheinen, o ihr Stürmer.

V, 52, 7: Die sich auf Erden zeigen gross
und in dem weiten Luftgebiet,
Im Bett der Wolkenströme auch
und in des grossen Himmels Sitz.

VI, 66, 7: Auch ohne Hirsche, ohne Rosse, Maruts,
durchfährt eu'r Wagen, den kein Lenker treibet,
Auch ohne Zügel, rastlos Luft durchdringend,
die Welten dennoch, stracks den Weg verfolgend.

V, 53, 3: Die auf Luftrossen täglich her
zum Rausche flogen . . . .

V, 52, 9: Sie zogen an ihr woll'nes Kleid
die schmucken in dem Sturmgewölk.

I, 64, 5: Die Macht gebrauchend, stürmend, tilgend jeden Feind,
erzeugen Winde, Blitze sie durch ihre Kraft,
Und melken schüttelnd aus dem Euter Himmelsgut;
die Erde füllen ringsum laufend sie mit Milch.

6: Die tropfenreichen Maruts giessen Wasser aus
und, bei den Opfern gegenwärtig, fette Milch,
Zum Wasserlassen treiben sie das schnelle Ross,
die Donnerwolke melkend, welche nie versiegt.

7: Ihr zauberreichen Büffel strahlend hell an Glanz
voll eigner Kraft wie Berge ihr, in schnellem Lauf
Vernichtet gleich den Elefanten Wälder ihr,
wenn ihr in eure rothen Stuten Kraft gelegt.

11: Wie Wegebahner drängen sie die Berge weg
mit ihren gold'nen Rädern, sie an Fluthen reich,
Rastlose Kämpfer, Festen brechend in der Fahrt,
die Maruts stürmend, blitzend hell mit Schwerterschein.

I, 39, 3: Wenn ihr hinweg das Feste schlagt,
das Wuchtige im Wirbel dreht,

---

461) Max Müller a. a. O.

Durchfahrt ihr Männer dann der Erde Waldungen
und der Gebirge Gegenden.

> 5: Sie machen, dass der Berg erbebt,
> des Waldes Bäume schütteln sie;
> Ihr Maruts dränget wild hervor, wie Rasende,
> Ihr Götter mit der ganzen Schaar.

I, 87, 2: Wenn ihr die Wetterwolke häuft am Niederhang,
die, Maruts, ihr auf jedem Pfad wie Vögel fliegt,
Dann träufeln Eimer die auf eurem Wagen stehn,
dann giesst dem Sänger honigfarb'ne Butter zu.

Dass Vaju und die Maruts zu Indra in einem ähnlichen Verhältniss wie Hermes zu Zeus stehen, ist bereits oben (S. 16 f.) dargelegt worden. Ihre Mutter ist Priçni, d. h. die gefleckte Kuh, deren Euter sie melken, wenn sie den befruchtenden Regen strömen lassen. Sonach kann es keinem Zweifel unterliegen, dass wir unter Priçni die Regenwolke zu verstehen haben, die wie die Plejade Maia als Mutter der Winde gedacht ist. Mehrfach wird die ausserordentliche Schnelligkeit-und Kraft der Maruts hervorgehoben.

Rigv. V, 54, 3:
> Blitzglänzend sind die Männer, Felsen schleudern sie,
> windschnell die Maruts, sie die Bergerschütterer;
> Zu regnen, rollen rasch sie Hagelwetter her,
> mit Donner stürmend, ungestüm und überstark.

V, 41, 5: Beglückt durch eure Züge, die ihr schnell seid,
o Maruts, wird des Eifervollen Priester.

V, 55, 1: Die schnellen Maruts angethan mit blankem Speer,
Gold an den Brüsten haben grosse Kraft erlangt,
Mit leichtgelenkten raschen Rossen eilen sie,
es rollen ihre Wagen, wenn zum Schmuck sie geh'n.

2: Ihr nehmet Kraft aus eigner Macht, wie sich's gebührt.

V, 57, 4: Die Maruts windschnell, eingehüllt in Regenkleid.

VII, 56, 6: Im Lauf die schnellsten, — an Glanz die hellsten,
Gepaart mit Schönheit, — an Kraft gewaltig.

Besonders zeigt sich ihre Stärke im Zerspalten und Schleudern der Felsen, auch machen sie Berge erbeben und Schluchten stürzen. Unter diesen Felsen, Schluchten, Bergen hat man natürlich die Wolken zu verstehen.[462] Den

---

[462] Max Müller, Vorl. übers. v. Böttger² II, 413.

schon oben angeführten Belegen sind noch folgende hinzuzufügen.

Rigv. V, 54, 1:
   Der Marutschaar habt kunstvoll ihr dies Lied erdacht,
   die glänzend strahlt und die die Berge beben macht.
12: Zusammen stürzen Schluchten, wenn erregt ihr seid,
   wenn ihr, die heil'gen, weithin sendet eu'r Getön.

V, 56, 4: Des Himmels Felsen auch und den gewalt'gen Berg
   erschüttern sie durch ihren Gang.

Selbst kraftbegabt verleihen sie ihren Verehrern Kraft und Sieg im Kampf und Wettkampf, was lebhaft an Hermes als Gott der Gymnastik und Agonistik erinnert. S. Kap. II.

Rigv. VII, 66, 23:
   Durch Maruts ist der Held in Schlachten siegreich,
   durch sie erlangt das Ross den Preis des Wettlaufs.

VII, 58, 4: Durch euch empfängt der Sänger hundert Güter,
   durch euch das Ross im Wettlauf tausend Preise,
   durch euch besiegt der Herrscher auch die Feinde,
   das sei, Erschüttrer, eure beste Gabe.

V, 58, 4: Von euch geht aus der armgewandte Ringer,
   von euch der Held auf starkem Ross, o Maruts.

I, 64, 13: Der Mann fürwahr geht allen Menschen vor an Kraft,
   den ihr, o Maruts, vorwärts bringt durch eure Huld.
   Durch Renner trägt er Preis davon, durch Helden Gut,
   empfängt und bringt zur Blüthe vielbegehrte Kraft.

Dem Hermes als Räuber der Götterrinder entsprechen die Maruts als Plünderer des Wolkenmeeres. S. Kap. III.

Rigv. V, 54, 6:
   In Schaaren glänzt ihr, Maruts, wenn das Wolkenmeer
   ihr, wie den Baum die Raupe, plündert.

Wie Hermes werden auch die Maruts und Vaju als Treiber der Götterrinder (= Wolken) gedacht, aus deren Eutern der erquickende Regen niederträufelt. Vgl. oben S. 41 f.

Rigv. II, 34, 1:
   Die Maruts, Regen liebend, ungestüm an Kraft,
   wie grimm'ge Löwen, vorwärtsschiessend graden Laufs,
   Wie Flammen leuchtend, Strahlen schiessend mit Gewalt
   den Wirbel blasend liessen sie die Küh' heraus.
6: Wie einer Stute schwellt der Milchkuh Euter ihr,
   und macht das Lied dem Sänger reich mit Gut geschmückt.

Rigv. I. 2. 3: ... Vaju, komme Mit ihri mit
vom angebeten zum Somatrunk
Und scheinet dem Frommen reichlich Gut.

An mehreren Stellen werden die Marut und Vaju als Sänger und Musiker gepriesen. Vgl. Kap. IV.

Rigv. V, 41. 4:
Den Vaju rufe ich an mit dem Wagenschirme,
den Gott als Sänger, der mit Liedern preiset.

V, 52, 1: Auf, Jüngling, stimme ein
in den Gesang der Marut ein.

12: Lied singet ihr, höhnet munter sie
her in dem Born die jubelnden.

I, 52, 15: Es sangen da bei ihrem Kampf die Marut.

I, 85, 10: Des Sturmes Pfeife tönend hat im Sonnenreich
die reiche Schaar der Marut herrliches vollbracht.

I, 166, 7: Sie haben Sang erschallen in der Sitze Tract.

I, 168, 8: Von ihren Schienen hallt der Luftstrom wieder,
wenn sie der Wetterwolken Sang erheben.

Eine Art Psychopompie lässt sich wenigstens für den Wind nachweisen. In einem zur Leichenfeier gesungenen Liede heisst es:

Rigv. X, 16, 3: Zur Sonne geh' Dein Aug', Dein Hauch zum Winde.

Eine Beziehung des Vaju zum Traume liegt vielleicht in folgendem Verse vor:

Rigv. I, 134, 5: Nach deiner Art beschirmst vor jedem Wesen du,
beschirmest vor der Geisterwelt.

Sehr zahlreich sind die Verse, welche Vaju und die Marut als Reichthum spendende und Fruchtbarkeit verleihende Gottheiten preisen. Indem sie die Wolken heranführen und regnen lassen befruchten sie die Vegetation und erzeugen dadurch Nahrung für Thiere und Menschen. Vgl. oben Kap. VI.

Rigv. VII, 72, 3:
Mit welchem Vielgespannen du o Vaju.
zum Frommen kommst in's Haus, um ihm zu helfen.
Mit denen führ uns nahrungsreiches Gut zu.
uns einen Sohn und Ross und Rinderfülle.

VII, 90, 3: Gott Vaju fahren eigne Vielgespanne
und seinen Silberschatz in unsre Nähe.

VIII, 26, 22: Des Tvachtar Eidam flehn wir an,
der über vieles Gut verfügt,
Um Schatz den Vaju, trankversehne Männer wir.

Rigv. VIII, 26, 25:
>So schaffe du, o Vaju, her,
>erfreut im Herzen, bester du,
>O Gott, uns Speise, Trank, Verstand.

VIII, 46, 25: Komm her zu langer Dauer uns,
>dem Kämpfer, Vaju, recht zur Kraft,
>Wir dienten dir, damit du viel uns schenken sollst,
>recht Grosses du uns schenken sollst.

IV, 48, 3: Die dunkeln, allgestaltigen
>Schatzkammern [= Wolken] beide folgen nach;
>Auf lichtem Wagen komme her,
>o Vaju, zu des Saftes Trank.

V, 53, 13: Den Schatz gewährt uns, [o Maruts,] den, um welchen
>wir euch flehn,
>durch den für Kind und Enkel ihr
>Getreidesamen bringet, unvergänglichen,
>das Glück, das alles Leben schafft.

I, 64, 5: Und melken schüttelnd aus dem Euter Himmelsgut
>die Erde füllen ringsum laufend sie mit Milch.

V, 57, 7: Verleiht, o Maruts, glänzendes Geschenk uns
>an Rindern, Rossen, Wagen, tapfern Helden;
>O Rudrasöhne, schafft uns hohen Reichthum.

VII, 56, 15: Wenn wirklich ihr des Lobs gedenkt, o Maruts,
>bei dem Gebet des opferreichen Sängers:
>So gebet bald ihm männerreiche Habe
>die nie ein Andrer neidisch ihm verkürze.

V, 58, 8: Wohlan ihr Männer, Maruts, seid uns gnädig,
>o schätzereiche Götter, die ihr Recht kennt.

VII, 58, 4: Durch euch empfängt der Sänger hundert Güter.

VII, 59, 2: Der mehrt sein Gut, erlanget reiche Labungen,
>wer euch in Liebe huldiget.

V, 58, 7: Bei ihrem Gange streckte sich die Erde,
>sie legten Kraft hinein, wie Frucht der Gatte.

In Verbindung mit diesen Anschauungen steht der Gedanke, dass Vaju und die Maruts ebenso wie Hermes Kindersegen, Gesundheit und langes Leben verleihen (vgl. oben S. 71 f.).

Rigv. VII, 90, 2:
>Wer dir, dem Herrscher, ersten Trunk bereitet,
>den reinen Soma dir, der Reines trinket,
>Den machst berühmt du, Vaju, unter Menschen,
>und Sohn auf Sohn wird kräftig ihm geboren
>>(vgl. VII, 92, 3).

VII, 56, 20: O treibt hinweg die Finsterniss, ihr Stiere,
>und gebet viele Kinder uns und Enkel.

Rigv. VII, 57, 6: Verleihet unsern Kindern langes Leben, erweckt des Reichthums gabenreiche Fülle.

Wie Hermes Argeiphontes und der Argestes erhellen Vaju und die Maruts die Welt, indem sie die finstern Wolken vertreiben.

Rigv. I, 134, 3: Erhell [o Vaju] die Welten und die Morgen mache licht, zur Herrlichkeit erleuchte sie.

VII, 56, 20: O treibt hinweg die Finsterniss, ihr Stiere [= Maruts]!

Unter den altitalischen Göttern findet sich, wie schon oben (S. 3) bemerkt, keiner der dem Hermes als völlig kongruent, keiner der mit Sicherheit als ein einheitlich gedachter Windgott zu bezeichnen wäre. Wenn ich dennoch im Folgenden Janus mit Hermes zu vergleichen und als Windgott aufzufassen wage [463]), so thue ich das natürlich nur mit einer gewissen Reserve und aus keinem andern Grunde als weil derselbe in der That in mehreren Punkten mit Hermes übereinzustimmen und trotz der Lückenhaftigkeit der Ueberlieferung noch ziemlich deutliche Beziehungen zum Winde zu haben scheint.

Was zunächst den Namen *Ianus* anbetrifft, so könnte sich schon darin die Spur eines alten Windgottes erhalten haben. Wie jetzt nach dem Vorgange des Nigidius Figulus [464]) und Buttmanns (Mythologus II, 72) wohl ziemlich allgemein angenommen wird, setzt der Name *Ianus* ein älteres *Dianus* voraus und ist ebenso wie *Iuppiter, Iuno* (= $\varDelta\iota\acute{\omega}\nu\eta$) [465]), *Diana* u. s. w. von der sehr verbreiteten Wurzel *di(v)* glänzen abzuleiten. Es fragt sich nur, welche specielle Bedeutung

---

463) Nicht verschweigen will ich, dass auch zwischen Faunus und Hermes eine gewisse Aehnlichkeit besteht. Beide sind Hirtengötter und Befruchter, beide musikalisch, Traumbringer und Liebhaber der Nymphen. Ferner empfangen beide Opfer von Böcken und Schafen. Endlich war dem Faunus ein wilder Oelbaum heilig, an welchem die Schiffer nach glücklicher Heimkehr Weihgeschenke aufhingen (Preller, r. M.¹ 342). Deutliche Beziehungen des Faunus zum Winde hat Mannhardt (ant. Wald- und Feldkulte 113 ff.) nachgewiesen. Der Name *Faunus* erinnert an *Favonius*. Eine ausführliche Besprechung dieser Gottheit behalte ich mir vor.
464) Bei Macrob. I, 9, 8.
465) Roscher, Studien z. vgl. Mythol. d. Griechen u. Römer II, 24.

die Wurzel *di(v)* in diesem Falle angenommen hat. Ich bin geneigt, hier die Bedeutung „Himmel" anzunehmen, die sich sicher in der Redensart *sub dio (divo)* sowie in εὐ-δί-α heiterer Himmel, skr. *djáus* Himmel, Himmelsgott, *Iuppiter*, Ζεύς (Διός) u. s. w. nachweisen lässt, so dass *Dianus, Ianus* den Himmlischen bezeichnen würde, was augenscheinlich nach unsern oben (S. 19, 106, 113) gegebenen Ausführungen ein nicht unpassender Ausdruck für den aus dem Himmel stammenden Wind wäre.[466]) Die Endung *-anus* würde alsdann, wie auch sonst, die Zugehörigkeit (zum Himmel) bezeichnen (Leo Meyer, vgl. Grammatik II, 567).

Ist unsere Auffassung richtig, so gewinnen wir damit auch eine passende Erklärung der merkwürdigen und bisher noch nicht recht verstandenen Funktion des Janus als *Patulcius* und *Clusius (Clusivius)*, d. i. als eines himmlischen Oeffners und Schliessers oder Thürhüters. Nach meiner Ueberzeugung nemlich lässt sich dieses Amt des Janus nicht besser verstehen als wenn man das Oeffnen und Schliessen auf den Himmel bezieht, dessen Pforten die den Aether von der Luft sondernden Wolken bilden. Bekanntlich ist die Vorstellung des Himmels als eines Hauses oder einer Burg bei Griechen und Römern gleich verbreitet gewesen. So redet Homer oft von einem Hause des Zeus auf dem obersten Gipfel des Olympos und lateinische Dichter von einer Himmelsburg (*arx caeli*).[467]) Für die Pforten oder Thore des

---

466) Nach Corssen, Ausspr. etc.² I, 213 haben die Ausdrücke *ianus, ianua, ianitor* ihre Benennung erst von *Ianus* erhalten, welche Deutung von Curtius, Grdz.⁴ 602 gewiss mit Recht bekämpft wird. Curtius will dagegen *Ianus, ianua, ianitor* von Wurzel *i* oder *ia* gehen (vgl. skr. *já-na-s* Bahn) ableiten. Dann würde in *Ia-nus* dasselbe Suffix wie in *sa-nus, do-num, fa-num* vorliegen. Auch die Curtius'sche Hypothese liesse sich mit meiner Ansicht von der Bedeutung des *Ianus* als Wind- und Luftgott recht wohl vereinigen, wenn man annehmen wollte, dass *Ianus* ebenso wie Ἑρμείας (von Wurzel *sar* gehen, bewegen) den Wind als den Beweger bezeichnet. Bekanntlich wurde Janus als ein göttlicher Wanderer gedacht (Preller, r. M.¹ 157).

467) Il. A 221: ἡ δ' Οὐλυμπόνδε βεβήκει | δώματ' ἐς αἰγιόχοιο Διός. Vgl. A 533, 570, 600, E 398, 907 etc. Pind. Nem. X, 88: οὐρανοῦ ἐν δόμοισιν. Völcker, homer. Geogr. 11. Verg. Aen. I, 250: arx caeli. Ov. trist. V, 3, 19: arces aetheriae. Ov. am. III, 10, 21: arx siderea mundi. Met. I, 163: summa arx. Lucan. I, 46: regia caeli.

Himmelsgebäudes aber gälten Sie Wolken, deren Oeffnen und Schliessen bei Homer die Horen zu besorgen haben.⁴⁶⁸) So kommt es, dass bei den Römern so oft von einem *caelum apertum* oder *patens* und *clausum* die Rede ist. War nemlich der Himmel heiter, unbewölkt, so sprach man von einem *caelum apertum*, im entgegengesetzten Falle von einem *caelum clausum*.⁴⁶⁹ Was kann nun einfacher sein als die Vorstellung, dass der Wind, welcher den Himmel bald mit Wolken bedeckt bald davon befreit, der Oeffner und Schliesser des himmlischen Hauses sei? So konnte Janus als Windgott sehr leicht zu einem *ianitor coelestis aulae*, wie Ovid fast. I, 139 ihn nennt, werden⁴⁷⁰, dessen Symbole der Schlüssel und die Ruthe (*virga* sind)⁴⁷¹, wie sie auch die menschlichen Thürhüter führten.⁴⁷²

Dem Götterdiener und Opferherold Hermes, welcher, wie wir gesehen haben, ebensowohl als ein Vermittler des Verkehrs der Götter untereinander wie zwischen Göttern und Menschen aufgefasst wurde, dürfte sich Janus als Gott der Opfer, namentlich der Rauch- und Brandopfer vergleichen lassen. Denn vom Winde vornehmlich hängt es ab, ob der

---

468) Il. E 749: αὐτόμαται δὲ πύλαι μύκον οὐρανοῦ, ἃς ἔχον Ὥραι, | τῇς ἐπιτέτραπται μέγας οὐρανός; Οὔλυμπός τε, | ἠμὲν ἀνακλῖναι πυκινὸν νέφος ἠδ' ἐπιθεῖναι. Vgl. Θ 393 u. 411. Verg. Georg. III, 261: porta *sonat* caeli. Ebenso Ennius bei Seneca epist. 108, 34: mi soli caeli maxima porta patet. Vgl. auch Il. Δ 591: ῥίψε, ποδὸς τεταγών, ἀπὸ βηλοῦ θεσπεσίοιο.
469) Lucr. VI, 817: aperta promptaque caeli. Cic. de divin. I, 1: patens caelum ex omni parte atque apertum intueri. Verg. Aen. I, 587: scindit se nubes et in aethera purgat apertum. ib. I, 155: caeloque invectus aperto. ib. VIII, 523: ni signum caelo Cytherea dedisset aperto. Geo. I, 393: aperta serena. Val. Flaccus Arg. I, 655: emicuit reserata dies caelumque resolvit | arcus et in summos redierunt nubila montes. Liv. XXII, 6: diem aperit dispulsa nebula. Ov. Met. VI, 693: fratres coelo sum nactus aperto. Sen. Hipp. 499: aperto aethere. Eur. Ion 1445: λαμπρᾶς αἰθέρος ἀναπτυχαί. Der Ausdruck ἀναπτύσσω wird oft von Thüren gebraucht.
470) Vgl. Ov. fast. I, 173: Ut possis aditum per me, qui limina servo, | ad quoscunque voles, inquit, habere deos.
471) Ov. fast. I, 99: ille tenens baculum dextra clavemque sinistra. Jo. Lyd. de mens. I, 4. Macrob. I. 9, 7: cum clavi et virga figuratur, quasi omnium et portarum custos et rector viarum.
472) Petron. 134. Sen. de const. sap. 14.

Opferdampf gen Himmel steigt oder seitab über die Erde dahingetrieben und verweht wird. Ich berufe mich in dieser Beziehung nur auf zwei Stellen Homers, welche die gedachte Anschauung genügend bestätigen. Il. A 317 heisst es von einem wohlgefälligen Opfer κνίση δ' οὐρανὸν ἷκεν ἑλισσομένη περὶ καπνῷ. Θ 549 werden die Winde ausdrücklich als Träger des Opferdampfes genannt: κνίσην δ' ἐκ πεδίου ἄνεμοι φέρον οὐρανὸν εἴσω. Weil also vom Winde das Gelingen der Opfer abhängt, so wurde Janus bei allen Opfern zuerst bedacht und in allen Gebetsformeln zuerst und noch vor Juppiter genannt, man glaubte eben nur durch Janus, den Himmelspförtner Zugang zu den Himmlischen zu haben.[473] Vielleicht trug zu dieser Auffassung des Janus auch die von Jedem leicht zu machende Beobachtung mit bei, dass der Schall sich stets in der Richtung der herrschenden Luftströmung fortpflanzt, so dass in der That ein heftiger Wind das (lautgesprochene) Gebet für die im Himmel wohnenden Götter unhörbar zu machen vermag[474]), weshalb man sich veranlasst sah, bei jedem Gebete sich zunächst der Vermittelung des Janus zu versichern. Im Zusammenhang damit steht es, wenn Janus als Erfinder des Opferfeuers und alles Götterdienstes gilt.[475]) Dieselbe Idee haben wir oben (S. 24) auch für Hermes nachgewiesen. Möglicherweise ist sie ebenfalls unmittelbar der einfachsten Naturbeobachtung entsprungen, indem der Wind bei der Feuererzeugung

---

473) Preller, r. Myth.¹ 148, 1. 150, 3. Cic. de nat. deor. II, 27: principem in sacrificando Ianum esse voluerunt. Ovid fast. I, 171: Mox ego: Cur, quamvis aliorum numina placem, | Iane, tibi primo thura merumque fero? | Ut possis aditum per me, qui limina servo, | Ad quoscunque voles, inquit, habere deos. Arnob. III, 29: Ianum] in cunctis anteponitis precibus et viam vobis pandere deorum ad audientiam creditis. Macrob. I, 9, 9: per eum patet ad illum cui immolatur accessus.

474) Vgl. die oben Anm. 473 angeführten Worte des Arnobius III, 29: Ianum] viam vobis pandere deorum ad audientiam creditis. Nigidius bei Macrob. I, 9, 9: Ianus] quasi preces supplicum per portas suas ad deos ipse transmittit. Vgl. oben S. 25 *precum minister* als Beiname des Hermes.

475) Macrob. I, 9, 3: Xenon ... tradit Ianum in Italia primum dis templa fecisse et ritus instituisse sacrorum. ideo eum in sacrificiis praefationem meruisse perpetuam.

eine wichtige Rolle spielt. Il. Ψ 192 ff. ruft Achilles die Winde herbei, um den Scheiterhaufen des Patroklos, welcher nicht brennen will, anzufachen:

οὐδὲ πυρὴ Πατρόκλου ἐκαίετο τεθνηῶτος.
ἔνθ᾽ αὖτ᾽ ἄλλ᾽ ἐνόησεν ποδάρκης δῖος Ἀχιλλεύς,
στὰς ἀπάνευθε πυρῆς δοιοῖς ἠρᾶτ᾽ ἀνέμοισιν
Βορέῃ καὶ Ζεφύρῳ καὶ ὑπίσχετο ἱερὰ καλά·
πολλὰ δὲ καὶ σπένδων χρυσέῳ δέπαϊ λιτάνευεν
ἐλθέμεν, ὄφρα τάχιστα πυρὶ φλεγεθοίατο νεκροί
ὕλη τε σεύαιτο καήμεναι . . . .
216 ἐν δὲ πυρῇ πεσέτην, μέγα δ᾽ ἴαχε θεσπιδαὲς πῦρ·
παννύχιοι δ᾽ ἄρα τοί γε πυρῆς ἄμυδις φλόγ᾽ ἔβαλλον,
φυσῶντες λιγέως.

Wohl aus keinem andern Grunde als weil ein Luftzug oder Wind, wie er auch durch den Blasebalg (φῦσα)[476]) erzeugt wird, zum Anfachen des durch Reiben und Bohren zweier Hölzer gewonnenen Feuerfunkens[477]) unbedingt nothwendig ist, musste Hermes der Windgott auch zum Erfinder des Feuers und alles Opferkultus werden. Desshalb heisst es von ihm im Hymnus V. 108:

σὺν δ᾽ ἐφόρει ξύλα πολλά, πυρὸς δ᾽ ἐπεμαίετο τέχνην.
δάφνης ἀγλαὸν ὄζον ἑλὼν ἐπέλεψε σιδήρῳ,
ἄρμενον ἐν παλάμῃ· ἄμπνυτο[478]) δὲ θερμὸς ἀϋτμή κ.τ.λ.

Ganz besonders galt der Nordwind, weniger der Südwind, der Feuererzeugung für förderlich: Theophr. h. pl. V, 9: πάντα δὲ τὰ πυρεῖα βορείοις μὲν θᾶττον καὶ μᾶλλον ἐξάπτεται νοτίοις δὲ ἧττον (vgl. Theophr. de igne 64).

---
476) Blasebälge erscheinen bekanntlich schon in der Ilias.
477) Vgl über die älteste Art der Feuererzeugung Kuhn, Herabkunft d. Feuers u. Göttertranks S. 36 ff.
478) Man beachte wohl, dass von dem lodernden Feuer hier die Ausdrücke ἀϋτμή und ἀναπνεῖν gebraucht werden. Vgl. Theophr. hist. pl. V, 9 ed. Wimmer: κιττὸς τὸ πῦρ] τάχιστα καὶ πλεῖστον ἀναπνεῖ. hy. in Merc. 114: λάμπετο δὲ φλὸξ ǁ τηλόσε φῦσαν ἱεῖσα πυρὸς μέγα δαιομένοιο. Od. π 290: πυρὸς ἵκετ᾽ ἀϋτμή. ι 389: πάντα δέ οἱ βλέφαρ᾽ ἀμφὶ καὶ ὀφρύας εὖσεν ἀϋτμή ǁ γλήνης καιομένης. Pind. Ol. VIII, 47: λάβρον ἀμπνεῦσαι καπνόν. Ap. Rh. III, 231: ἐκ δὲ πυρὸς δεινὸν σέλας ἀμπνείεσκον. Il. Φ 355: πνοιῇ τειρόμενοι πολυμήτιος Ἡφαίστοιο. Eur. Tro. 815: πυρὸς φοίνικι πνοᾷ. Sollte nicht in diesen Ausdrücken ebenfalls eine deutliche Beziehung des Feuers zum Winde ausgesprochen sein?

Ein sehr gewichtiges Moment für die Deutung des Janus als Windgott scheint mir ferner die Thatsache zu sein, dass Janus wie Hermes als *portarum custos et rector viarum*[479] und als *Portunus*[480]) oder mit andern Worten als ein Gott des Verkehrs zu Wasser und zu Lande verehrt wurde. Auf diese seine Funktion dürfte auch das Gepräge der altrömischen asses hinweisen, insofern dieselben auf der einen Seite mit dem Januskopf auf der andern mit dem Bilde eines Schiffes[481]), des wichtigsten Vehikels alles Handelsverkehrs verziert waren. So erblicke ich mit Preller in Janus den echtitalischen Gott des Handels, der später jedoch diese Funktion an den griechischen Mercurius abtreten musste.[482]) Der Stab (*baculum*), den Janus nach Ovid[483]) führte, soll ihn nach Preller (r. M.¹ 157) als rüstigen Wanderer kennzeichnen. Wie dem auch sein möge, jedenfalls gewinnen wir damit eine willkommene Parallele zu dem ebenfalls mit einem Stabe ausgerüsteten Götterboten und Wegegott Hermes.

Wenn Horaz[484]) den Gott Janus an jedem neuen Morgen als *Matutinus pater* anrufen lässt, so erblicke ich in dieser Kultsitte dieselbe Vorstellung, welche ich (oben S. 103) bereits in den Mythen von Eos als Mutter der Winde und von der Geburt des Hermes am frühen Morgen nachgewiesen habe. Man pflegte wohl den Gott des Windes bei Sonnenaufgang um gutes Wetter für den beginnenden Tag anzuflehen.

Die monatliche Janusfeier an den Neumonden oder Kalenden, die zugleich der Mondgöttin Juno geheiligt waren[485]), lässt sich wohl den dem Hermes und der Hekate gemeinschaftlich an jedem Neumondtage dargebrachten Opfern ver-

---

479) Worte des Macrob. I, 9, 7.
480) Preller, r. M.¹ 158.
481) Preller, r. M.¹ 158.
482) Preller a. a. O.
483) Ovid fa. I, 99: Ille tenens baculum dextra clavemque sinistra.
484) Hor. Sat. II, 6, 20: Matutine pater seu Iane˙ libentius audis, unde homines operum primos vitaeque labores instituunt. Vgl. Martial IV, 8: matutinum Iovem, d. i. den Juppiter, der des Morgens begrüsst wird.
485) Roscher, Juno und Hera S. 22. Daher hiess Ianus Iunonius: Preller¹ 151, 159.

gleichen.⁴⁸⁶) Als Grund des Brauches glaube ich auch bei Janus die Bedeutung annehmen zu dürfen, welche nach antikem Volksglauben der Neumond für die Voraussbestimmung des Windes und Wetters der folgenden Monatstage haben sollte.

Auch als ein befruchtender Gott tritt Janus auf, wie sich aus seinen Beinamen *dwonus cerus* (= creator bonus) und *Consivius* ergibt.⁴⁸⁷) Aus dieser Vorstellung ist, wie Preller, r. M.¹ 153 entwickelt hat, schliesslich dieselbe Idee eines kosmischen Demiurgen und Stammvaters altberühmter Geschlechter entstanden, welche wir oben (S. 55) bei den attischen Tritopatoren nachgewiesen haben.

Die merkwürdige und sonst auf italischem Boden unbekannte Darstellung des Janus als eines zwei- oder vierköpfigen Gottes erinnert unverkennbar an die griechischen Doppelhermen⁴⁸⁸) sowie an den Hermes τριχέφαλος und τετραχέφαλος.⁴⁸⁹) Eine Bildsäule mit vier Gesichtern wurde aus der eroberten Stadt Falerii nach Rom gebracht⁴⁹⁰) und diente wohl zum Vorbild für diese Art von Statuen, dergleichen eine noch zur Zeit des Jo. Lydus (de mens. IV, 1) auf dem Forum Nervae stand.

Als Opferthiere des Janus werden uns Schafböcke genannt⁴⁹¹), die, wie wir oben⁴⁹²) gesehen haben, auch den Winden und Hermes dargebracht wurden.

Die auffallende Sitte endlich in Friedenszeiten den Janustempel geschlossen und im Kriege offen zu halten bringe ich mit der Vorstellung vom Janus als Oeffner und Schliesser der Himmelsthüren (Wolken) in unmittelbaren Zusammenhang. Es lässt sich wohl annehmen, dass ursprünglich die Sitte bestand den Janustempel zu öffnen oder zu schliessen je nachdem der Himmel geöffnet oder geschlossen, d. i. von

---

486) S. oben S. 78. Anm. 286.
487) Preller, r. M.¹ 70 Anm. 1. 152. 575.
488) Vgl. Preller a. a. O. 164.
489) S. oben S. 90 Anm. 343.
490) Serv. ad Verg. Aen. VI, 607. Macrob. Sat. I, 9.
491) Preller, r. M.¹ 154 u 159, 2.
492) S. oben S. 102.

Wolken bedeckt oder befreit war.⁴⁹³) Vielleicht glaubte man auch durch Oeffnen oder Schliessen des Janustempels einen Einfluss auf das Wetter ausüben zu können. So mochte sich allmählich der Brauch entwickeln, sobald das römische Heer marschirte oder im Felde stand und folglich gutes Wetter brauchte, den Tempel zu öffnen, nach der Rückkehr der Krieger aber, wenn die Hülfe des Gottes der Wege und der Winde nicht mehr so nothwendig war, die Tempelthüren zu schliessen. Leider bin ich nicht dazu im Stande diese Hypothese durch den Hinweis auf bestimmte Ueberlieferungen zu stützen.

Von den keltischen Gottheiten scheint Teutates ein Windgott und mit Hermes verwandt gewesen zu sein. Wenigstens wissen wir von ihm erstens, dass er schon von den Römern ihrem Mercurius gleichgesetzt wurde und zweitens, dass man ihn als den Erfinder aller möglichen Künste, als den Geleiter auf allen Wegen und Reisen und endlich als den Beschützer alles Geld- und Handelsverkehrs verehrte.⁴⁹⁴).

---

493) Zahlreiche Beispiele ähnlicher aus Nachahmung gewisser Naturerscheinungen entstandener Gebräuche findet man in Mannhardt's Ant. Wald- u. Feldkulten. Es genügt hier an verschiedene Arten des sogenannten Regenzaubers und an den Erntemai zu erinnern. (Vgl. Mannhardt a. a. O. S. 353 unter Erntemai und S. 357 unter Regenzauber).

494) Caes. de b. Gall. VI, 17: Deum maxime Mercurium colunt. Huius sunt plurima simulacra (vielleicht sind seine zahlreichen Bilder auf allen Strassen und Heerstrassen gemeint), hunc omnium inventorem artium ferunt, hunc viarum atque itinerum ducem, hunc ad quaestus pecuniae mercaturasque habere vim maximam arbitrantur.

Alphabetisches Register.

(Die blosse Zahl bedeutet die Seite. A. = Anmerkung).

adspirare = begünstigen 82.
ἄελλα s. Wind.
Aeolos 18.
ἀήρ πυροφόρος (fruchtbarer Wind) 73.
Aethalides 27.
αἰθήρ = ἀήρ 60 f.
Akakesion 80 A. 298.
ἄναιρος = ὄνειρος 62.
ἄναρ = ὄναρ 62.
ἀνδρειφόντης 95.
ἄνεμος s. Wind.
ἀνεμοτρεφής 6; 71 A. 265.
anima 5; 54.
ἀντιπνεῖν metaphorisch vom Glücke 82.
Apeliotes s. Wind.
Apollon erfindet die Lyra und Flöte 53 A. 208.
Aquilo s. Wind.
ἀργειφόντης = Hellmacher 92 f.
— — Argostödter 93 f.
— Beiname des Apollon und Telephos 95.
Ἀργέστης u. ἀργεστής 6; 96.
Aristaios getragen von Hermes 23.
Arkas — — — 23.
Asklepios — — — 23.
Athene erfindet die Flöte 53 A. 208.
αὔρα s. Wind.

Böcke als Windopfer 102 A. 396.
Boreaden 5; 32.
Boreas mit Nimbus 19.
— wohnt in einer Höhle 20.
— raubt Oreithyia 40.
übrigens s. Wind.

Cacus 11.
caelum apertum 121 A. 469.
Caurus (Corus) s. Wind.
Circius s. Wind.

Delphine Wetterpropheten 102.
Δελφίς μέλισσα = Pythia 84 A. 316.
δημιοεργοί 22.
διάκτορος 97 f.
Dionysos getragen von Hermes 23.
Dioskuren — — — 23.
Dryaden buhlen mit Hermes 76.
δυσερμία 85.

-είας -έας -ῆς 99 A. 383.
ἐκνεφίας 20.
Empedokles Windbeschwörer 73.
ἐμπορία, ἔμποροι 86.
Eos Mutter der Winde 103.
Epicharms Ansicht von der Seele 59 f.
ἔριφοι (Sternbild der haedi) 102.
Ἑρμαῖ 25; 89; 91.
Ἕρμαια Fest des H. 27; 38.
ἑρμαῖα 85; 89; 91; A. 244.
ἑρμαῖοι λόφοι 89.
Ἕρμαιον 85.
Ἑρμαῖος Monat 68 f.
ἕρμακες 89; 100.
ἑρμηνεύω = sermonari 29.
Ἑρμῆς, -εῖας -έας -άν -ᾶς etc. 99.
Ἑρμῆς = Schlaftrunk 70.
Ἑρμῆς κοινός 85.
Ἐρύθεια 44.
Etesien s. Wind.
Eudoros Sohn des Hermes 79.
εὐερμία 85.
εὕρημα 85.
Euripides Ansicht von der Seele 60.
Euros s. Wind.
Εὔρυμος = Εὐρύμαχος 95. A. 367.
ἠνεμόεις 20.

Faunus musikalisch 51; 73; = Hermes (?) 119 A. 463.
Favonius genitabilis s. Wind.
flatus = Glück.

— 128 —

Flöte des Windes 51; von Hermes erfunden 53.
fortuna adversa u. *secunda* 82.
Fortuna zu Praeneste 84.
Ganymedes vom Winde emporgetragen 25 A. 87.
Geryoneus' rothe Rinder 44; 11.
Glück — Wind 6; 81 f.
Glücksruthe 6; 83.
Habicht Wetterprophet 102 A. 394; 113.
Hahn Wetterprophet 6; 73; 101,
— Vogel des Hermes 101.
— Windopfer 73.
Harpalyke u. Harpalykos 40 f.
Harpyien geflügelt 32 A. 126.
— räuberisch u. gefrässig 39.
— entführen Seelen 58.
Hekate verleiht Heerdenreichthum 77. Beinamen ἐνοδία 89: προθυριδία, πρόπολις, προπυλαία 91 A. 347. τρίμορφος, τριοδῖτις, τριπρόσωπος 90.
Herakles 11; 24; 37; 44.
Hermen 89; 91.
Hermes: Etymologie des Namens 99 f.
Griechische Epitheta des H:
ἀγήτωρ 88.
ἀγοραῖος 87.
ἀγρότηρ 78.
ἀγώνιος 36.
αἰμυλομήτης 48.
ἀκάκητα 80.
ἀργειφόντης 6; 93 f.
ἀρχεδάμας 69.
ἀρχὸς φηλητέων 48.
αὐξίδημος 79.
βοίκλεψ 48.
διάκτορος 6; 97 f.
Διὸς ἄγγελος 21; 33.
— ἄλκιμος υἱός 36 A. 141.
— κῆρυξ 21.
— λάτρις 21.
— τρόχις 21; 33.
δόλιος 48.
δολομήτης 48.
δολοφραδής 48.
δώτωρ ἑάων 6; 80.
ἐλατὴρ βοῶν 48.
ἐμπολαῖος 87.
ἐναγώνιος 36; 38.
ἐνόδιος 88.
ἐπιθαλαμίτης 79.
ἐπιμήλιος 78.
ἐπιτέρμιος 91.
ἐριούνιος 6; 80.
εὔγλαξ 78.

εὔκολος 34.
εὔπτερος 35.
εὔσκοπος 48; 98.
εὐταφιάστης 69.
ἡγεμόνιος 88.
ἡγήτωρ ὀνείρων 70.
ἠπεροπευτής 48.
θεῶν ἄγγελος 22.
— κῆρυξ 22.
θοὸς ἄγγελος 33.
καταιβάτης 69.
κάτοχος 69.
κερδέμπορος 87.
κλέπτης 48.
κλεψίφρων 48.
κοινός 85.
κρατύς 36.
κριοφόρος 79 A. 291.
Κυλλήνιος 31 A. 118.
κυνάγχης 48 A. 181.
ληϊστήρ 48.
λόγιος 28.
μεγαλοδωρότατος 81.
μελαίνης νυκτὸς ἑταῖρος 48.
μηλοσσόος 78.
νεμεοπομπός 69.
νόμιος 68.
νυκτὸς ὀπωπητήρ 48.
νύχιος 48.
ὄδιος 88.
ὀνειροπομπός 70.
παλιγκάπηλος 87.
ποικιλομήτης 48.
πλουτοδότης 81.
πολύγυιος 34.
πολύτροπος 48.
πομπαῖος 68; 24.
πομπός 68; 24.
προθύραιος 91 A. 348.
πρόναος 91 A. 348.
προπύλαιος 91.
πτανός 35.
πτερόπους 35.
πτηνοπέδιλος 35.
πυληδόκος 91 A. 348.
στροφαῖος 91.
σφηνοπώγων 38.
σῶκος 36.
ταμίας τῶν ψυχῶν 59 A. 226.
ταχινός 33.
τετρακέφαλος 90 A. 343.
τρικέφαλος 90 A. 343.
τυρευτήρ 78.
ὑπνοδότης 70.
ὕπνου προστάτης 70.
Φάλης 75 A. 279.
φηλητῶν ἄναξ 48.
— ὄρχαμος 48.

φιλανθρωπότατος 81.
φωρῶν ἑταῖρος 48.
χαριδώτης 49; 38 A. 150.
χθόνιος 68.
χρυσόρραπις 26.
ψυδρός 48 A. 185.
ψυχαγωγός 69.
ψυχοπομπός 66 f.
ὠκὺς ἄγγελος 33.
Lateinische Epitheta:
callidus 48.
precum minister 25.
somniorum dator (comes) 70.

Funktionen des H.
H. beflügelt 5; 33 f.
Diener des Zeus 5; 21; 23.
Diener der Götter 5; 22.
Sohn des Zeus 5; 30.
Sohn der Plejade Maia 5; 30.
schnell 5; 33 A. 129.
gewandt 5; 34 f.
kraftvoll 5; 36 f.
Räuber, Dieb, Betrüger 5; 47 f.
raubt Götterrinder (Wolken) 5; 42 f.
musikalisch 5; 52 f.
Erfinder der Flöte 5; 52 f.
— — Syrinx 5; 52 f.
— — Lyra 5; 52 f.
Todtengott 5; 66 f.
Seelenführer 5; 66 f.
Traumgott 5; 69 f.
Schlafgott 5; 69 f.
Glücksgott 6; 81 f.
phallisch 6; 75 f.
Heerdenbefruchter 6; 77 f.
Gesundheitsgott 6; 79 f.
Gott der Wege und Wanderer 6; 88 f.
Am frühen Morgen geboren 6; 103.
Abstrakte Deutungen des H. 8.
Rationalistische — — — 8.
Physikalische — — — 8.
Begleiter der Götter 22 f.
Mundschenk der Götter 23.
Kampfwart — — 23.
Errettet und trägt Götterkinder 23.
Geleiter von Helden 24.
Opferherold 24.
Mit Opferwidder 24; 79.
Erfinder des Opfercultus 24; 123.
— — Opferfeuers 24; 123.
Patron der Köche (μάγειροι) 25.
Trägt das Kerykeion 26.
— die Chlamys 28.
— den Petasos 27.
Aeltere Gestalt des H. 27.

Feste des H. 27.
Gott der Rede, Klugheit, der Erfindungen 28.
Idealer Typus der Redner 29.
Als νοῦς 30.
— λόγος προφορικός 30.
Gott der Agonistik und Gymnastik 36.
Statuen des H. in Gymnasien und Palästren aufgestellt 37.
Als Diskobol 37.
— Läufer 37.
— Faustkämpfer 37.
Mit Diskus und Strigel 37.
Vater des Prylis und der Palästra 37 A. 143.
Als Jüngling dargestellt 38.
Verleiht Anmuth 38.
Schlüpft als Herbstlüftchen durch's Schlüsselloch 47.
Patron der Diebe 48 f.
H. stiehlt bei Nacht 48.
Vater der Araber 49.
Diebesfest auf Samos 49.
Patron der Vogelsteller 49.
Stattet Pandora aus 49.
Entführt Nymphen 49 f.
Todtenführer 66 f.
Hermesbilder auf Gräbern 69.
Todtenbeschwörer 69.
Empfängt die letzte Spende vor dem Schlafengehen 69.
Bilder des H. an Betten 70.
Gott der Fruchtbarkeit 75 ff.
Phallisch 75 f.
buhlt mit Nymphen 76.
H. mit Aehren auf Münzen 76.
Verleiht Heerdenreichthum 77.
Sorgt für alle möglichen Thiere 78.
Schutzgott des Kleinviehes (μῆλα) 78.
Fährt mit Widdern 78.
Sitzt auf einem Bocke 78.
H. neben Hygieia verehrt 80.
Führt den Stab des Glückes und Reichthums 83.
Gott der Loose und Würfel 83.
Gott des Fundes (εὕρημα) 85.
Trägt einen Beutel 87.
Statuen des H. auf Märkten aufgestellt 88.
Gott des Handels 87.
— der Thüren und Eingänge 91.
Thürhüter 91.
Am 4. Monatstage verehrt 101.
Der Hahn sein Vogel 101.
Böcke und Lämmer seine Opferthiere 102.

Hesiods Ansicht von den Dämonen 59 A. 226.
Hierokeryken 25.
Hipparchische Hermen 90.
Höhle des Boreas 4; 20.
— des Wuotan 100.
— des Hermes 30 f.
Holda Wolkengöttin 44; 55 A. 211.
Honig mantischer 84 A. 316.
Horant = Wuotan 109.
Hund = Wind 19.
Hunde des Wuotan 105.
Hyagnis 53.
Hygieia u. Hermes 89.
Hypnos geflügelt 65; 70 f.

Ianus Windgott (?) 119 f.
— Name 119 f.
— Patulcius und Clusius 120.
— ianitor 121.
— Opfergott 121 f.
— Gott der Thüren und Wege 124.
— Portunus 128.
— Gott des Verkehrs und Handels 124.
— Matutinus pater 124.
— an Neumondtagen verehrt 124 f.
— Gott der Befruchtung 125.
— zwei- und vierköpfig 125.
— Opferthiere 125.
— Kultsitte 125 f.
Iapyx s. Wind.
Indra Herr der Winde 16; 115.
— und Vaju 16; 115.
Iuppiter Herr des Windes 4; 17.

Kaikias s. Wind.
Κάλαϊς s. Boreaden.
Kamele = Wolken 44.
καταιγίζειν vom Winde 4; 20.
καταιγίδες 20.
κατιέναι vom Winde 20.
κήρυκες, ihr Amt 22 f. 24; 27.
κηρύκειον 26; 35; 69.
Κηρύκιον Berg bei Tanagra 131.
κλῆρος Ἑρμοῦ 83.
-κλος = -κλῆς 95 A. 367.
Köche = Herolde 25.
Kuh = Wolke s. Wolke.
Κυλλήνη = Hohlberg 5; 21; 31.
κυνάγχη 48 A. 181.

Lyra, Erfindung der L. 5; 52.

Maia Mutter des H. 5; 30 A. 115.
— Pricni 115.
Maren Windgeister 47.
Marsyas Erfinder der Flöte 53.
Maruts 3; 6; 113 f.

Maruts Sänger 5; 117.
— Diener des Indra 16 f.; 115.
— Söhne des Vaju 16.
— Besitzer von Kühen 43; 116.
— musikalisch 5; 117.
— verleihen Heerdenreichthum 81 A. 300; 117 f.
— fahren durch die Luft, fliegen, häufen Wetterwolken, verdrängen Wolkenberge, brausen und stürmen 114.
— schnell und stark 115.
— melken und treiben die Wolkenkuh 115; 116.
— zerspalten die Wolkenberge 115.
— Götter des Wettkampfes 116.
— plündern das Wolkenmeer 116.
— befruchten 118.
— verleihen Gesundheit 119.
— hellen das Wetter auf 119.
Mercurius 88.
Milch = Regen 43.

Neumond beeinflusst das Wetter 46 A. 178; 78 A. 286; 125.
Notos's. Wind.
Nymphen befördern die Fruchtbarkeit 77.

ὀδαῖα, ὀδᾶν 86.
Odhin s. Wuotan.
Olympias s. Wind.
Olymp 81; von Wolken umlagert 45 A. 176.
Olympos erfindet die Flöte 53.
ὄναρ, ὄνειρος. Etymologie des Wortes 62.
ὄνειρος πίπτει 65.
ὄνειρος μελανόπτερυξ 65.
— πτανός 65.
— ὑποπετρίδιος 65.
Orphiker. Ihre Ansicht über das Leben der Seele 56.
οὐρίζειν beglücken 82.
οὔριος glücklich 82.
οὖρος = Wind 18.
οὖρος = Glück 82.

Pan musikalisch 51.
— lässt die Hamadryaden tanzen 51.
— liebt Pitys 51; 76.
— erfindet die Syrinx 53.
— κήλων, πάνσπορος, πολύσπορος 76.
Pandareos Töchter von Winden geraubt 40.
Pandora von Hermes ausgestattet 49.
Panis 11; 13.
Persephone 67.
πέμπειν vom Winde gebraucht 18.

πέτασος des Hermes 27.
Platons Ansicht von der Seele 61.
Πληϊάδες 30 A. 115.
πνοαί s. Wind.
Polymele Geliebte des Hermes 79-
Prićni 115.
Ψυδρεύς Monat des H. Ψυδρός 48,
ψυχή 54.
Pylos Tropfsteinhöhle 42.
Pythagoras Ansicht von der Seele
 69 A. 227; 66; 67.
Raben Wetterpropheten 102; 113.
Rhene Geliebte des H. 79.
Rinderdiebstähle der ältesten Zeit
 42 A. 164.
Ῥιπαῖα ὄρη 20.
Ross = Wind 107.
Saon Sohn des H. 79.
Saramâ 11 f.
Sarameja 9 f. 100.
Satyrn musikalisch 51.
Schlüsselloch Weg des Windes und
 der Geister (Träume) 47; 64.
Seelen hauchartig 54 f.
— aus der Luft oder dem Winde
 stammend 55.
— beflügelt 56 A. 215.
— — Dämonen 59.
— entschweben in die Luft (Aether)
 59 f.
— Epicharms, Pindars, Euripides',
 Platons Ansicht darüber 59 f.
sermonari — ἑρμηνεύειν 30.
sibilare vom Winde gebraucht 5; 52.
Silvane buhlen mit Nymphen 76.
Skiron 96. Dieser Wind wurde auch
 als Räuber gedacht und erscheint
 als solcher in der Theseussage:
 Preller gr. Myth.³ II, 290. Dies ist
 noch zu Kap. III A nachzutragen.
somnus 63.
Stentor 27.
Stoiker. Ansicht der St. von Hermes 8.
stridere vom Winde gebraucht 52.
susurrare vom Winde gebraucht
 5; 52.
σῦριγξ. H. Erfinder der σῦριγξ 5; 53 f.
συρίζω, σύριγμα vom Winde gebraucht 5; 52.

Tanagra. Kult des H. zu T. 79.
τετράς 46; 101.
Τηλέφη — Τηλεφάασσα 95 A. 367.
Τήλεφος — Τηλεφάνης 94 A. 360.
 95 A. 367.
Teutates 88 A. 335; 126.

Thôrr — Indra 17.
— Herr des Windes 17.
Thoth 12; 29.
θριαί 84.
θύελλα s. Wind.
Todtenorakel 65 f.
Todtenreich in der Luft 57 ff.
— — — Unterwelt 62.
Träume kommen aus der Luft 62 f. 65.
— ähnlich den Seelen 64 f.
— — εἴδωλα, simulacra, σκιαί,
 umbrae 63 f.
— geflügelt 64 f.
— schweben über dem Haupte der
 Schlafenden 64.
— in der Unterwelt 65.
Traumorakel 65 f.
Traumbilder im Winde daherfahrend 64.
— fahren durch's Schlüsselloch 64.
Tritopatoren 55.

Vaju 3; 6.
— Genosse des Indra 16.
— Vater der Maruts 16.
— musikalisch 51; 117.
— verleiht Reichthum 81; 117.
— hellt das Wetter auf 97; 119.
— besitzt Kühe 117.
— befruchtet 117.
ventus — Glück 82.
Vierte Tag des Monats s. τετράς.
— — der Woche — Wodanstag 113.

Wetterorakel 102.
Wind befruchtend 6; 74.
— Werkzeug und Diener der Götter
 4; 17; 18.
— von Zeus und andern Göttern
 gesendet 4; 17; 18 A. 38; 19; 21.
— äthergeboren 4; 19 A. 45.
— aus den Wolken kommend 4;
 19 A. 44.
— in Berghöhlen wohnend 4; 20.
— von Bergen niederfahrend 4; 19;
 20 A. 48.
— beflügelt 5; 32.
— Räuber, Dieb, Betrüger 5; 38 f.
— musikalisch 5; 50 f.
— Pfeifer 5; 50.
— Sänger 5; 50.
— Seelenträger 5; 57; 108; 117.
— Traumbringer 5; 64 f. 117.
— Regenbringer 6; 97.
— trocknes und helles Wetter bringend 6; 96 f. 119.
— Sinnbild des Zufalls, des Glückes
 6; 81 f.

Wind reinigt die Luft 6; 92.
— fördert und hemmt die Reisen 6; 86; 87: 124.
— erhebt sich am frühen Morgen 6; 103; 124.
— Zahl der Winde 14 f.; 133.
— Geleiter 18; 26.
— trägt den Opferdampf empor 18; 122.
— — Hund 19.
— Nordwind (Boreas) mit Nimbus 21.
— schnell 31.
— stark 33 A. 128.
— entführt Menschen 40; 25 A. 87.
— in Schläuchen gefangen 41 A. 162; 73; 105 A. 410.
— wechselt am vierten Monatstage 46; 101.
— buhlt mit den Bäumen 50.
— belebt und beseelt 54 f.
— bringt Schlaf 65.
— macht das Getraide und die Bäume fruchtbar 71; 112.
— schadet der Vegetation 72.
Westwind erzeugt und reift die Früchte 72 A. 266—298.
— weht im Elysium 72.
Nordwind fruchtbar und nützlich 73.
Winde empfangen Hahnenopfer 73.
— befruchten Thiere 74.
Nordwind erzeugt männliche, Südwind weibliche Geburten 74.
Wind befördert und hemmt die Gesundheit 26; 74 f. 80 A. 294; 112.
— empfängt Opfer von Böcken und Lämmern 80 A. 295; 102.
— jagt Wolken 98 A. 380 u. 381.
— — Ross 107.
— gefrässig 105 A. 412.
— schürt das Feuer 122 f.
Wolf Wetterprophet 102; 113.
Wolken = Berge 5; 20 A. 52; 115.
— = Götterrinder 5; 11; 42 f. 107; 115; 116.
— erzeugen Winde 19 f.
— sind hohl 21 A. 53.
— = Plejaden 30 A. 115.
— = Schafe 43; 45.
— = Lämmer 44.
— = Kamele 44.
— = Rinder des Geryoneus 44.

Wolken umhüllen die Berggipfel 45.
— = Höhlen 106.
— = Wagen (Kutschen) 108.
— = Himmelsthüren 120; 121 A. 468.
— = Mantel und Hut 113.
Wünschelruthe 83; 111.
Wuotan-Odhin Wind- und Luftgott 104 f.
— Sänger 5; 51; 108 f.
— Todtengott 57; 109 f.
— Glücksgott 83; 111.
— Gott der Loose und Würfel 83.
— verleiht günstigen Wind 105.
— entführt Menschen durch die Luft 105; 108.
— jagt mit Hunden 105.
— Reiter 106 f.
— wohnt im Himmel und sitzt an der Himmelspforte 106.
— sind Berge geheiligt 106.
— verbirgt sich in Höhlen 106; 109 A. 436.
— trägt Siebenmeilenstiefel 107.
— wilder Jäger 107; 113.
— Gott der Kämpfe 107.
— entführt Kühe 107.
— Psychopomp 109; 110 f.
— verleiht Reichthum 111.
— — Sieg 111.
— befruchtet das Getreide 112.
— empfängt Ernteopfer 112.
— Gesundheitsgott 112 f.
— trägt einen Breithut und Mantel 113.
— ist der vierte Wochentag geheiligt 112.
— sind Raben, Habichte, Wölfe als Wetterpropheten heilig 113.

Ὑπερβόρειοι 20 A. 49.
ὑποπετρίδιος 65.

Zephyros s. Wind.
Zetes s. Boreaden.
Zeus Vater des Hermes 4; 30 A. 115.
— = Indra 16.
— sendet die Winde 18 A. 38.
— schläfert die Winde ein 18 A. 38.
— εὐάνεμος, νεφεληγερέτης, οὔριος 17.
Zunge der Opferthiere dem Hermes geweiht 29.

Nachträge.

Zu S. 14 Anm. 21. Für die ursprüngliche Zweizahl der Winde spricht auch folgende Bemerkung Völckers (Homer. Geogr. 76): „Bemerkenswerth ist nun, dass der Dichter nur Boreas und Zephyros gemeinschaftlich wehen lässt, und auf der andern Seite nur Euros und Notos. Eine andere Verbindung hat nicht statt. Dazu kommt, dass er nur dem Boreas und Zephyros gemeinschaftliche Epitheta giebt, und dass kein Epitheton des Euros oder Notos auch einem der andern Winde zukommt. Daher mit in Bezug auf Homer Spätere nur zwei Hauptwinde annahmen, alle Westwinde zum Boreas rechnend, alle Ostwinde zum Notos, s. Ukert I, 2. S. 171."

Zu S. 19 Anm. 44: Füge hinzu Il. Λ 297: ἐν δ' ἔπεσ' ὑσμίνῃ ὑπεραὴς ἴσος ἀέλλῃ, ∥ ἥ τε καθαλλομένη ἰοειδέα πόντον ὀρίνει. Völcker a. a. O. 83.

Zu S. 52 Anm. 200: Zephyr heisst κελαδεινός Il. Ψ 208. Vgl. Od. β 421: ἀκραῆ Ζέφυρον, κελάδοντ' ἐπὶ οἴνοπα πόντον.

Zu S. 74 Anm. 275: Dass man auch Thiere vor dem schädlichen Einflusse des Windes zu schützen suchte ersieht man aus Od. ξ 532: βῆ δ' ἴμεναι κείων ὅθι περ σύες ἀργιόδοντες ∥ πέτρῃ ὑπὸ γλαφυρῇ εὗδον, Βορέω ὑπ' ἰωγῇ. Vgl. Il. Δ 275: ὡς δ' ὅτ' ἀπὸ σκοπιῆς εἶδεν νέφος αἰπόλος ἀνήρ ∥ ἐρχόμενον κατὰ πόντον ὑπὸ Ζεφύροιο ἰωῆς· ∥ . . . . ἄγει δέ τε λαίλαπα πολλήν· ∥ ῥίγησέν τε ἰδών, ὑπό τε σπέος ἤλασε μῆλα.

Zu S. 103 Anm. 400: Vgl. Völcker, Homer. Geogr. 83: „Bei Hesiod ist Eos Mutter des Zephyr, Notos und Boreas . . . . . gerade als Morgenröthe, nach der Kalender- und Bauernregel, dass Morgenröthe Wind oder Regen bedeutet."

Zu S. 125 f.: Die früheren Deutungen jener Sitte des Oeffnens und Schliessens der Thüren am Ianustempel findet man nunmehr alle zusammengestellt und besprochen von M. A. Krepelka in Philologus XXXVII (1878) S. 485 ff.